Hexen.
Verfolgung in Köln

Abbildungen auf der Umschlagvorderseite:
Vordergrund: Verbrennung von drei Zauberinnen,
Flugblatt (Holzschnitt), 1955
Hintergrund: Hans Baldung Grien, Drei Hexen
(Neujahrsblatt), Federzeichnung weiß gehöht, 1514

Layout: Weusthoff + Rose, Köln
Druck und Bindung: Druckhaus Köthen
Printed in Germany 2000
ISBN 3-89705-173-7

Hexen.

Verfolgung in Köln

Irene Franken und Ina Hoerner

Emons

Inhalt

Anhang

Vorwort

1987 erschien die Vorläuferin dieses Buches in Form einer hundertseitigen, anlaßbezogenen Broschüre: Zum 500jährigen Gedenktag des »Hexenhammers« wurde sie am Internationalen Frauentag präsentiert.

Die Publikation hat ihre Funktion, einer breiteren (Frauen-)Öffentlichkeit die Hexenverfolgung auf lokaler Ebene nahezubringen, recht gut und lange erfüllt; sie fand trotz ihrer layouterischen Mängel und eines gewissen pathetischen Tenors drei Auflagen. Wir erhielten viel Feedback von der Presse, von LeserInnen wie von Schulbuchverlagen; Journalistinnen haben den Text in Sendungen gegossen, Regisseurinnen in Theaterstücke umgesetzt, GeschichtslehrerInnen haben ihn didaktisiert. Das Thema wurde auch außerhalb reiner Frauenstadtrundgänge verbreitet, zum Beispiel auf Melatenführungen. Eine der dargestellten verurteilten Frauen, die sogenannte »Hexe von Köln«, Katharina Henot, wurde inzwischen als Figur auf dem Rathausturm, durch die Umbenennung einer Straße und als Namensgeberin einer Gesamtschule gewürdigt. Schon lange ist diese Broschüre vergriffen und wird doch immer wieder nachgefragt.

Seit einigen Jahren steht das Thema »Hexen« nicht mehr im Schatten der Geschichte, es ist aus der Nische der feministischen Zirkel längst in die Öffentlichkeit der historischen – meist von männlichen Wissenschaftlern verwalteten – Lehrstühle gelangt. Nicht zuletzt durch die theoretischen Grundlagen der Frauengeschichtsforschung hat sich der wissenschaftliche Diskurs seit Ende der 1980er Jahre weiterentwickelt. Eine Aktualisierung des vorhandenen Materials wurde zwingend, da wir heute differenzierter an multikausalen Erklärungsmodellen arbeiten können und wollen. Zeit für eine Neuauflage! Deutungsmuster, Zahlenangaben bei den Opfern und historische Vergleiche wurden überprüft. Besonders die Diskussionen mit der Historikerin Ingrid Ahrendt-Schulte waren befruchtend. Zwischenzeitlich erschienene Aufsätze des Frühe-

Neuzeit-Spezialisten Gerd Schwerhoff und des Kurköln-Forschers Thomas P. Becker haben die Ausrichtung unserer Darstellung letztlich bestätigt und unterstützt.

Auch das neue Buch zur Kölner Hexenverfolgung erhebt nicht den Anspruch, eine umfassende Mikrostudie zu sein – dazu fehlen uns die Bedingungen bezahlter Forschung und die Zeit für ein neuerliches systematisches Quellenstudium; für theoretische Debatten gibt es auch andere Foren. Vielmehr soll es auch für fachlich nicht vorgebildete LeserInnen verständlich und anregend sein. Daher haben wir mehr Wert auf die Bebilderung und ein großzügigeres Layout gelegt.

Die ausführliche Chronik mit den Namen der verfolgten und hingerichteten Frauen mußte diesmal aus Platzgründen entfallen, sie wird im Internet abrufbar sein.

Uns bleibt die Erkenntnis, daß wir noch viele Jahre brauchen werden, um uns den Menschen der Frühen Neuzeit anzunähern und der Komplexität des Themas gerecht zu werden. Im übrigen ist das Hexenmuster kein eingrenzbares Zeitphänomen, es lebt auch heute

Köln auf einer der ältesten Ansichten, einem Holzschnitt vom Ende des 15. Jahrhunderts. Der Dom ist noch im Bau und zur besseren Sicht seitlich gedreht.

fort. Internationale Menschenrechts- und Frauenorganisationen betreuen weltweit Menschen, die die Strukturen von Denunziation, Anklage, Folter und Hinrichtung ähnlich mörderisch erleben wie die historischen »Hexen«.

Dank sagen wir: Dr. Christel Steinmetz vom Emons Verlag für die Betreuung des Projekts, Elvira Topalovic für das Lektorat, Dr. Ingrid Ahrendt-Schulte und Prior Thomas Krauth für Hinweise auf neuere Literatur, Dr. Renate Schindler für Unterstützung bei der Transkription des Henotbriefes vom 10.5.1627, Muriel Gonzales für die Aktualisierung des Wirtschaftskapitels, Hermann-Josef Eschbach von der Universitäts- und Stadtbibliothek Köln für ein Gespräch zum Thema »*Malleus maleficarum*«, Petra Becker und Andrea Clemens, Anja Devantié und Lisbeth Qante, Denni Petrat und Gabriele Rosenberg für all die infrastrukturelle Unterstützung, ohne die ein Buch nicht entstehen kann, Gudrun Koch und Helmut Theodor für Zuhören und Feedbacks zu Textentwürfen. Und immer wieder Jennifer Hoerner.

Venefica – Hexe – Die Namen

Lateinisch:

incantatrix	Zauberin, Hexe
lamia	»die Gefräßige«, Gespenst, schöne Unholdin, die Kindern und jungen Leuten das Blut aussaugt (den röm. Lemuren verwandt)
malefica	Übeltäterin, Schadenszauberin; vgl. dazu »maleficium«: Übeltat, Frevel, Verbrechen, Schadenszauber
mulieres sortilegiae	wahrsagende Frauen
saga	Zauberin; auch: Kupplerin
saga divinatrix	Wahrsagerin
sortilegus/sortilega	Wahrsager/Wahrsagerin
strega, striga (ital.)	Hexe
venefica	Giftmischerin, Zauberin; auch als Schimpfwort verwendet; vgl. dazu »veneficium«: Vergiftung; Zaubertrunk, Liebestrank
succubus	»Untenlieger«, Teufel in weiblicher Gestalt, Dämon
incubus	männlicher nächtlicher Dämon, Buhlteufel der »Hexen«

Deutsch:

Hexe/Hexer	zauberkundige Person, die durch magische Kräfte Schadenszauber gegen andere Menschen durchzuführen vermag; abgeleitet von althochdeutsch »hagzissa, hagazussa« = Zaunreiterin (auf den Zäunen zwischen den Welten sitzend), beheimatet in (spirituellen) Grenzregionen; dämonisches weibliches Wesen; in Köln

Zaubersche
der »Bösen«

	war »Hexe« ab etwa 1556 gebräuchlich neben »Zauberin«; ab dem 17. Jh. auch – neben »Hure« – Schimpfwort zur Ehrverletzung und Stigmatisierung als »schlechte Frau«; vgl. dazu auch «Hexerei«: Befähigung, durch übernatürliche Kräfte anderen Menschen Schaden zuzufügen; kann ggf. auch unbewußt angewandt werden
Unholdin	Bezeichnung für »Zauberin«, häufig in Titeln von zeitgenössischen Büchern und Traktaten gebraucht
Zauberin	bis ins frühe 17. Jh. gängige Bezeichnung für eine Person, die sich der Zauberei bedient: Zaubern galt als relativ bewußt ausgeübte Verrichtung und beinhaltet sowohl den Aspekt des Heil- als auch des Schadenszaubers (maleficium), im Gegensatz zur »Hexe« jedoch nicht unbedingt mit Hilfe von Dämonen bzw. des Teufels. In Köln wurde der Begriff »Zauberei« schon in der ersten Überlieferung einer Verfolgung 1074/75 verwendet, war noch lange Zeit gebräuchlich und wurde später durch Hexerei ersetzt.

Weitere »zauberische« Terminologie

Kunst	bezeichnet die magische Praxis (Zauberei bezeichnet das Delikt); Hexerei gilt in Abgrenzung zu den akademischen Künsten als »freie Kunst«; »von der Kunst sein, mit der Kunst Schaden anrichten, die Kunst lernen« sind zeitgenössische Verwendungsweisen
Laster	Umschreibung für Hexerei; er sei »des lasters zumahlen unschuldig« heißt es über einen Denunzierten
weise Frau	heilkundige Frau

Kölsch:

Zaubersche	hießen die angeklagten Frauen in den Rheinischen Kriminalakten vor dem 17. Jh. Im Kölner Raum lag der Begriff »Zauberei« nahe am Niederländischen (heute »toverij«)

zowbereyen (1483), *tzuveri* (1510), *tzeuwereyen* (1521), *zeuberschen* (1574)

Verwendet werden noch heute:

Hex	für »Hexe«, hexe, hexte, jehex für »hexen, hexte, gehext«
Ahl Hex! Sauhex!	Schimpfwörter
Ärm Hex	armes Wesen
Fuul Hex	faules Weib
Klein Hex, Hexje	Kosename für kleines Mädchen
Weld Hex	mutwilliges, übermütiges Mädchen
Do sitz en Hex drin	wenn ein Knäuel nicht zu entwirren ist
Et is jrad wie verhex	... da klingt die alte Konnotation mit Zauberei noch an ...
Ich kann nit hexe	Verteidigung gegen den Vorwurf, langsam zu arbeiten

Quellen: Ahrendt-Schulte, Zauberinnen; Burghartz; Hansen, Quellen; Kölner Hexenverhöre; Soldan-Heppe, Bd. 1; Wrede

Catharina – die Namenlose

»Lieberung Catharinen sine cognomine welche sich doch folgens Catharin Bly gnandt.«

Mit diesem merkwürdigen Satz wird das Schicksal einer jungen Frau besiegelt, die auf dem Höhepunkt der Kölner Hexenverfolgungen an den Greven, den obersten Richter, übergeben wird (»Lieferung«) – sie besitzt nicht einmal einen Nachnamen, so wenig weiß sie über ihre eigene Vergangenheit; vermutlich hat sie sich den Namen Bly selbst gegeben.

Wie geriet diese junge Frau, die in den Akten auch noch auf den Namen Bentinck[1] hört, auf den Scheiterhaufen? Das Kölner Verhörprotokoll, das inzwischen transkribiert vorliegt, gibt einen Einblick in ein leidvolles kleines Leben.

Das in Köln ausgesetzte Findelkind war von zwei alten Leuten aufgenommen und erzogen worden. Der Pastor von St. Severin bezahlte ihren Lebensunterhalt und ließ es nähen und stricken lernen. Mit ungefähr zwanzig Jahren arbeitete die junge Frau in Neuss als Magd. Ihr damaliger Dienstherr Johann von Rattungen jagte sie jedoch aus dem Haus – den Grund dafür gibt sie im Rückblick mit den Worten an *»ungefher fur zehen jahren, alß sie bey Johann von Rattungen gewonnet, vonn demselben mit gewalt beschwengert worden, dessen fraw sie deßwegenn abgefragt, ob ihr mhan solches gethan hette, sollte es bekennen, wolte niemand solches offenbaren. Alß aber deren solches bekannt, hette selbige nit lang geschwiegen, sonde alles offenbaret, daruber deren mhann ihro bey den Cartheusern alhie begegnet unnd sie, alß der geburt schier nahe gewesen, zu erstechen betrouwet«*. (Das heißt, der Kindsvater drohte, die hochschwangere Frau zu erstechen.[2])

Auch Catharina sine cognomine arbeitete als Magd – Kupferstich von Wenzel Hollar, ca. 1650

Gedemütigt und verängstigt zog Catharina mit ihrem Kind wieder nach Köln. Als »gefallene« Frau, die *»ein kindt in vnehren gezillt [geboren]«* hatte, verlor sie die Unterstützung des Geistlichen von St. Severin, der *»die handt von ihr abgethan«*. Wegen der Lähmung eines Arms konnte Catharina nicht arbeiten und ernährte sich durch Betteln. Sie wußte, daß der katholische Klerus Geld hatte und zur Wohltätigkeit moralisch verpflichtet war. Daher kam sie auf die fatale Idee, sich selbst bei verschiedenen Geistlichen als Hexe anzuklagen. Sie ging in der Hoffnung auf Almosen von Beichtstuhl zu Beichtstuhl und erzählte rührselige Geschichten vom Dasein als alleinerziehende Mutter. Die Gottesmänner reagierten unterschiedlich, der eine mißtrauisch, der andere fürsorglich. Der Kaplan von St. Peter, ein Jesuitenpater namens Bolte, hatte anderes als die Nächstenliebe im Sinn. Er, der zwei Jahre zuvor eine Hebamme denunziert hatte, fragte Catharina, wer sich außer ihr noch mit der Hexerei befasse, und bot ihr einige stadtbekannte Namen zur Denunziation an: Vielleicht die Bürgermeistersche Hardenrath? Die Gräfin zu Hammersbach? Die Obstverkäuferin Christina Plum? Ganz Köln war zu dieser Zeit durch den Hexenskandal, den gerade diese Christina Plum verursacht hatte, völlig paralysiert. Catharina sagte nicht *Ja* und nicht *Nein*, sie bangte um das bißchen Geld, das sie so nötig brauchte.

Der Kaplan aber gab ihr *»guete worth«* und einen Taler und versprach, das Beichtgeheimnis zu wahren. So brachte er sie zu einer Äußerung. Sie benannte die Plum, die Hardenrath und Hartger Henot, den Bruder von Katharina Henot, drei Personen also, die bereits öffentlich im Gerede waren. Ein anderer Pater namens Lem interessierte sich im Beichtstuhl detailliert für Catharinas Sünden. Er konfrontierte sie mit obszönen Fragen aus dem dämonologischen Schrifttum, und sie bestätigte einen unsittlichen Teufelskuß und einen Besuch beim Hexensabbat (*»nackendt der leuchter aufm danß ... eine kertz zwischen den beinen«*).

Wie diese Begine geriet Catharina an zweifelhafte Geistliche – Kupferstich »Mönch und Begine« des niederrheinischen Künstlers Israhel von Meckenem, Ende 15. Jh.

Ihre Aussagen gelangten rasch in die Akten und Ohren der Inquisitoren und brachten Catharina im Januar 1630 in die Hand der Turmmeister, die sie tags darauf in den Frankenturm sperrten. Im ersten Schreck glaubte sie, ihre Verhaftung habe den Grund, daß sie (!) sich vor zehn Jahren *»ihm ehebruch vergeßen habe«*. Dann, während des Verhörs, begriff Catharina, daß die Geistlichen sie verraten hatten. Sie beklagte als Unrecht, daß Priester *»auß der beicht schwetzten«* und sie so *»in Verdries«* kommt. Also bat sie um Freilassung und Gnade und beteuerte, sie sei *»deß lasters nit schuldig«*. Allein aus Armut habe sie mehreren Geistlichen – auf deren suggestive Fragen hin – gesagt, sie diene dem Teufel. *»Wan die beichts Vetter solche sachen von der hexerei nit gefragt hetten, daß sie alßdan niemahlen in diesen ihrthumb kommen were.«*

Zwei Wochen später wurde Catharina sine cognomine ans Hohe Gericht überstellt und in Handfesseln zum Gereonsturm gebracht. Der Kerkermeister stach ihr in drei »Hexenmale« auf der Stirn, sechs auf dem Rücken und drei auf der Brust, um so zu verifizieren, daß sie eine Hexe sei. Später, unter Folterqualen, »gestand« sie Teufelsbuhlschaft und Schadenszauber, erzählte, sie habe die Gemeindewiese in Neuss vergiftet und Schlangengift in Weingärten gestreut.[3] Sie wurde zum Tode verurteilt und am 6. Februar 1630 stranguliert und verbrannt.

Catharinas Erfahrungen sind im frühneuzeitlichen Köln sicher kein Einzelfall. Sie stammte aus der Bevölkerungsmehrheit, war eine arme und abhängige Frau, sei es von Arbeitgebern oder der Wohlfahrt. Verschiedene Männer spannten sie für ihre Interessen ein: der Dienstherr für seine Begierden, die Geistlichen für die Verbalisierung ihrer verdrängten sexuellen Phantasien oder ihre offenen Rechnungen mit der Stadt. Catharina war naiv oder fahrlässig, als sie sich bei den Beichtvätern der Hexerei bezichtigte. Offenbar dachte sie, daß die eigene Bezichtigung eine gute Möglichkeit war, die Geistlichen ein wenig in Furcht zu versetzen und so ihrem Anliegen Nachdruck zu verleihen. Sie begriff nicht, daß sie sich damit in Lebensgefahr begab.

Eine Bettlerin mit ihren Kindern – Kupferstich von Vinckenboom, Anfang 17. Jh.

Die namenlose Catharina stellt nicht die »Hexe« schlechthin dar (sofern diese überhaupt bestimmt werden kann), an ihrem Fall wird jedoch mehreres deutlich:

- die Rolle, die der Klerus an der Nahtstelle zwischen privatem und öffentlichem Raum spielen konnte; der Denunziationseifer ließ einige Gottesmänner ihre menschliche Aufgabe vergessen; durch Verletzung des Beichtgeheimnisses, und auch durch Predigten, wurden sie zu Mittätern;
- die Ausweglosigkeit der Angeklagten, wenn sie einmal in die »Verfolgungsmaschinerie« geraten waren;
- die Verflechtung von alltäglichem Hexenglauben und seiner gelehrten Interpretation.

Den letzten Schlag versetzte Catharina Bly der Historiker Leonhard Ennen, als er Jahrhunderte später schrieb, *sie* habe sich eines sittlichen Vergehens schuldig gemacht.[4]

Anmerkungen

1 Auf diesen Namen stießen wir im Bestand des Historischen Archivs der Stadt Köln (HAStK), vgl. Bestand Verfassung und Verwaltung (VuV), G 187, N 1165/1

2 Rep. 84a, IRa, Nr. 105a; Abschrift des Prozeßprotokolls, Geheimes Staatsarchiv Preußischer Kulturbesitz. Abteilung Merseburg, S. 31f. Alle folgenden gedruckten Textauszüge aus: Kölner Hexenverhöre, S. 63-81

3 vgl. Herrnstadt, S. 96

4 vgl. L. Ennen, S. 791

Regionalgeschichte und Hexenverfolgung

Herrschaftsgebiet und Institutionen

Wer sich in der Frühen Neuzeit Köln näherte wußte: »*Man hält Cölln vor die größte Stadt in ganz Teutschland*« – so notierte es auch 1642 Martin Zeiller in seiner Stadtbeschreibung. Köln hatte »*keine Vorstädte*«, das heißt, es war territorial gesehen eine recht kleine Insel in dem riesigen Deutschland-Meer namens »Heiliges Römisches Reich Deutscher Nation«.[1] Das Stadtgebiet formte sich »*wie ein Bogen nach der Länge am Rhein*« – die damalige Ausdehnung ist heute noch am Verlauf der »Ringe« zu ermessen. Die hohe Mauer wies »*82 oder 83 Thürme zur Beschützung*« auf und umgrenzte ca. 400 Hektar. Wer hinein wollte, mußte durch eines der »34 Thor« und unter bedeckten Gängen durchschreiten. Innen mußte zunächst ein doppelter Graben überwunden werden – Köln war die bestgeschützte Stadt nördlich der Alpen. Und wer hinauswollte, gelangte entweder über den Rhein schippernd auf das Herrschaftsgebiet der Herzöge von Jülich-Kleve-Berg, oder gen Süden, Westen und Norden ins erzstiftische Herrschaftsgebiet (Kurköln). Hier regierte ein hoher Geistlicher und zugleich einer derjenigen sieben Kurfürsten, die das Recht hatten, den deutschen König und römischen Kaiser zu wählen. Das Verhältnis der KölnerInnen zu diesem Machthaber war jahrhundertelang zwiespältig: Sie hatten ihn schließlich 1288 entmachtet und stritten sich seitdem mit ihm um Privilegien – wichtige Herrschaftsrechte wie die Gerichtsbarkeit oder Zölle.

Die Stadttore, rechts das Salzgassentor, wurden nicht besonders scharf bewacht – Ausschnitt aus: Anton Woensam, Große Ansicht von Köln, 1531

Wer in die Stadt kam, sah »*ansehnliche Häuser*« um den Heumarkt herum, beim Rathaus oder in der Schildergasse. »*Die Gassen seyn schön weyt und mit breiten Steinen gepflastert. Es hat dort 19 Pfarrkirchen, 10 Stifftkirchen, 15 Mönchsklöster, 22 Jungfrauen Clöster, ... 60 anderer Bäginnen oder Nonnen und alte Weiber Convent, 30 Capellen, 2 Gasthäuser oder Hospitäl, 2 Siechen oder Krankenhäuser, 8 Häuser, darin Alters halber unvermögende Männer und Weiber versorget werden, item ein Findelhauß und das Hauß, darinn man die Unsinnige gefangen hält, so die Cöllner das Hundshauß nennen.*«

Der aufmerksame oder belesene Berichterstatter Zeiller erwähnte sodann, daß Köln rechtlich eine »*freye Reichsstadt*« mit *besonderen* »*Freyheiten, Regalien und Policey-Ordnungen*« war, so daß »*alle Bürger freye königliche Bürger seynd*«. Seit der Entmachtung der Patrizier Ende des 14. Jahrhunderts wurde die Stadt »*bürgerlich*« wie folgt regiert: »*Es ist die gantze Bürgerschafft in 22 Zünfften eingetheilet, so sie Gaffelen nennen, und keiner, er sey Edel, gelehrt oder wie er seyn mag, das Bürgerrecht erlangen kann, wann er sich nicht in eine der gemeldten Zünffte begiebet. Dann das Regiment dieser Stadt bestehet nicht aus sonderbaren Geschlechten, sondern aus dem Volck, aus welchem oder den Zünfften 49 Personen in den Rath erkieset werden.*« Die Kölner Regierungsstruktur basierte demnach auf Berufsgliederungen, Kaufmänner und reiche Handwerker herrschten über die Stadt. Außer dem Rat hatte in Köln – bis auf die Halsgerichtsbarkeit, die beim Erzbischof lag – nur noch der König bzw. Kaiser etwas zu sagen. Einfluß auf die Politik nahmen aber auch immer wieder Geistliche, seien es Dominikaner aus dem berühmten Konvent oder Professoren der Kölner Universität.

Bevölkerung

Für Leute aus den umliegenden kleinen Ortschaften muß Köln furchterregend gewesen sein: Fast 40.000 Menschen wohnten und arbeiteten hier. In Zeiten der Pest, die zwischen 1490 oder 1660 periodisch wiederkehrte, starb bisweilen fast ein Drittel der Bevölkerung, doch wurde der Verlust durch den großen Sog in die Stadt wieder ausgeglichen.[2]

Ein großer Teil der EinwohnerInnen war in den verschiedenen Handelsgeschäften tätig, sei es im Fernhandel oder auch im Handel mit gebrauchten Kleidern. Auch das Handwerk stellte ein großes Kontingent. Das Dienstleistungsgewerbe profitierte unter anderem

Aus dem Kölner Umland suchten viele Menschen Auskommen und Asyl in Köln – Ausschnitt aus Militaria Germanica magna

von den vielen Gästen, seien es HändlerInnen oder PilgerInnen. Ungewöhnlich hoch war schon die Zahl der geistlichen Männer und Frauen sowie laienreligiöser Frauen, die dauerhaft in Klöstern, Konventen, Klausen, Beginenhäusern und Hospitälern lebten, und gerade auf dem Höhepunkt der Kölner Hexenprozesse kamen abermals viele Nonnen und Mönche aus den nördlichen Niederlanden nach Köln, auf der Flucht vor Verfolgung.

Köln war in der Tat eine bevorzugte Einwanderungsstadt – besonders bei denen, die um ihr tägliches Überleben kämpften. Sie kamen aus der Umgebung und den benachbarten Ländern. Die Migrationsanlässe waren recht unterschiedlich: Die konfessionelle Verfolgung und Wirtschaftskrise auf dem Land trieben die Menschen auf die Straße und in die Großstadt. Personen unter Hexereiverdacht suchten Unterschlupf, Opfer politischer Machtintrigen wählten Köln als Fluchtort ebenso wie Kriegsflüchtlinge. Es gab regelrechte Einwanderungswellen: 1578 kamen viele Portugiesen aus Antwerpen, ein anderes Mal Kalvinisten aus den südlichen Niederlanden. Heiratsmigration war nicht selten – die freie Stadtluft war attraktiv. Wieder andere waren als Berufstätige nur vorübergehend in Köln tätig. Angehörige wandernder Bevölkerungsgruppen (zum Beispiel »ZigeunerInnen«) machten in Köln gern Station, ebenso wie sich in der Stadt viele PilgerInnen einfanden, um vor den Schreinen der Heiligen zu beten. Wie in anderen Städten auch werden die Frauen zahlenmäßig leicht dominiert haben.[3] Ein Drittel der Bevölkerung soll schließlich aus Kindern und Jugendlichen bestanden haben.[4]

Arme-Leute-Milieu mit Scherenschleifer von dem niederländischen Maler Gerard ter Borch – Gemälde, ca. 1653, Gemäldegalerie Berlin

Im 17. Jahrhundert gab es einen dichten »Bodensatz« von zu Randständigen definierten Menschen, die keinen Zugang zu den Machtzentren, Geldtöpfen, Kirchspielorganisationen, Bildungsinstitutionen und kulturellen Zirkeln hatten, sondern nicht einmal wußten, wovon sie sich am folgenden Tag ernähren sollten. Insofern war Köln eine »multikulturelle« und sozial polarisierte Stadt, mit all den Schwierigkeiten und Herausforderungen an die Bevölkerung, Konflikte und Ressentiments auszuhalten oder produktiv auszutragen.

Neue Horizonte

In die Zeit der Hexenverfolgungen fallen viele epochale gesellschaftliche Ereignisse und Erkenntnisse. Entdeckungsreisen, Erfindungen wie der Buchdruck, der nicht aufzuhaltende Siegeszug der Naturwissenschaften oder die Relativierung der Erde im Gefüge der Gestirne erweiterten langfristig auch den geistigen Horizont. So war Köln ein europaweit anerkanntes Buchdruckzentrum; die erste regelmäßige Zeitung erschien schon in der 1. Hälfte des 17. Jahrhunderts, und die Post öffnete sich für private Mitteilungen. Diese Beschleunigung von Informationen, die Verbreitung von neuem Wissen zog Mentalitätsveränderungen nach sich; bei manchen Menschen wird diese nicht nur Unsicherheit, sondern auch das Gefühl ausgelöst haben, ihnen werde der Boden unter den Füßen weggerissen. Nichts hatte mehr Bestand.

Luther, Papst und Calvin streiten um die richtige Konfession, die Gläubige betet inbrünstig und in »einfältiger« Frömmigkeit – Flugblatt von 1620

Glaubenskämpfe

Auch die Umwälzung durch das Aufkommen konkurrierender Glaubenssysteme sollte nicht unterschätzt werden: Es verlangte, Überzeugungen innerhalb des gewohnten (katholischen) Glaubensbekenntnisses zu überprüfen und den Pluralismus der neuen Konfessionsangebote zu bewältigen: Lutheraner, Wiedertäufer, Anhänger Melanchthons, Kalvinisten …

Seitdem die jüdischen EinwohnerInnen dauerhaft ausgewiesen waren, hatten die Christen in der Stadt das theologische Monopol (1424). Wer im späten 15. Jahrhundert nach Köln kam, konnte folglich davon ausgehen, daß – bis auf wenige »KetzerInnen« – alle Frauen und Männer katholisch waren und auf der geselligen Ebene intensiv in Kirchspielorganisationen und Bruderschaften integriert waren. Im 16. Jahrhundert hatten sie vorübergehend die Chance, Gottesdienste mehrerer Konfessionen aufzusuchen. Im 17. Jahrhundert jedoch, mit Fortschreiten der sogenannten katholischen Reform[5] waren die (Männer-)Reihen wieder fest geschlossen, und der Katholizismus hatte das alte Monopol auf geistliche Erbauung zurückerobert. Dafür gab es neue katholische Organisationen, wie zum Beispiel jesuitische Gymnasien.

In der Zeit dazwischen tobten Religionskriege auf verschiedenen Ebenen. Schon 1515 begannen orthodoxe Kölner Universitätsprofessoren den Kampf gegen die Humanisten, die Kölner Universität verschlief den Geist der Renaissance und wurde bedeutungslos. Schon nahte an den Rändern eine neue Bedrohung: der Protestantismus. 1519 verurteilten Kölner Professoren als erste überhaupt die Schriften des reformwilligen Ex-Mönches Martin Luther und verbrannten sie 1520 im Beisein von Stadtrat, Domkapitel, Professoren und Kaiser Karl auf dem Domhof.[6]

Stiftsdame Agnes von Mansfeld und ihr heimlicher Geliebter, der Erzbischof Gebhard Truchseß von Waldburg – Stich von Daniel Chodowiecki, um 1800

1529 kamen zwei lutherische »Ketzer« auf den Scheiterhaufen. Auch die 1534 entstandene Wiedertäufergemeinde wurde verfolgt. Sodann erwuchs eine Gefahr von innen: Der amtierende Erzbischof Hermann V. (1543) fand Melanchthons Thesen attraktiv und erstellte darauf basierende Reformpläne, die aber bei Stadtrat, Domkapitel und Universität keinen Widerhall fanden. Daher wurde der kurfürstliche Greis 1546 exkommuniziert, er gab seine Ämter auf und starb friedlich als Lutheraner.

Als »Gegengift« kamen 1541 die Jesuiten nach Köln; sie verstärkten wieder die katholische Seite und propagierten aggressiv die Ideen der katholischen »Reformation«. Es erstaunt nicht, daß ab 1550 die Spannungen zwischen den zwei Konfessionen zunahmen, zumal eine neue Variante des Protestantismus erstarkte: AnhängerInnen Calvins aus den südlichen Niederlanden begehrten Unterschlupf; da sie reichen Handelsfamilien entstammten und es zahlreiche etablierte Wirtschaftskontakte gab, durften sie eine Zeitlang bleiben. Der Kurs der Stadtväter gegenüber der reformierten und lutherischen Konfession schwankte fortan: Mal nahm die Stadt Protestanten auf (1570er), dann wieder veranlaßte sie die Ausweisung aller »unkatholischen Fremden und Ketzer« (1582).

Ein weiterer Erzbischof, Gebhard II. Truchseß von Waldburg, wurde Protestant. Er heiratete nicht nur seine Angebetete Agnes (eine frühere Nonne), sondern beabsichtigte, das Kur-Erzstift in ein weltliches Fürstentum umzuwandeln. Das war weder erlaubt noch erwünscht – auch er wurde abgesetzt. Diesmal ging es nicht so friedlich ab, es kam zu einem sechsjährigen Krieg. 1583 brannten die bezahlten Truppen Gebhards Deutz nieder, 1585 nahmen Protestanten Neuss und Bonn ein, und Köln versetzte die wachpflichtigen Bürger in Alarmbereitschaft. Erst 1588 kam der Umschwung. Gebhard gab auf, und Ernst von Wittelsbach nahm seine Stelle ein. Dieser von Rom favorisierte Lebemann kümmerte sich am liebsten um gar nichts, er hatte nur den Vorteil, papsttreu zu sein und seine Liebschaften ohne ketzerische Nebengedanken wie Heirat auszuleben. Dafür betrieb er jedoch Mißwirtschaft auf Kosten der UntertanInnen.

Wegen der vielen suspekten oder abtrünnigen Erzbischöfe wurde 1592 eine ständige päpstliche Nuntiatur in Köln angesiedelt. Der Nuntius schrieb nach Rom, das Erzbistum von Köln sei völlig verwahrlost.[7] An der Hexenverfolgung hatte die Nuntiatur vermutlich keinen Anteil, wohl aber der »wackere und fromme« Ferdinand von Bayern, der neue Fürst und Erzbischof aus dem Haus Wittelsbach, der noch als Coadjutor eine erste Hexenordnung erließ (24.7.1607). Die Stadt Köln zeigte sich zu dieser Zeit ihm gegenüber zahm, erklärte Protestanten als nicht ratsfähig und drohte allen BesucherInnen protestantischer Gottesdienste in Mülheim mit Geldstrafen. Inzwischen waren immerhin zehn Prozent der KölnerInnen schon SympathisantInnen der evangelischen Bekenntnisse.[8] Fast alle wurden nun kriminalisiert und vertrieben.

Die Ruhe war wieder hergestellt. Kurfürst Ferdinand führte derweil neue Moden im Erzbistum ein: Er war ein Anhänger von Geißelprozessionen.[9] Anfang des 17. Jahrhunderts fand die erste Kölner Prozession statt, bei der der junge Mann barfuß und mit einem schweren geschulterten Holzkreuz versuchte, sich selbst zu kasteien und die Leiden Christi nachzufühlen – hinter ihm peitschten sich die Höflinge, die sicher anderes im Sinn hatten, bis aufs Blut, und weil es modisch war, ahmte die vornehme Gesellschaft dies zeitweilig fanatisch nach.[10]

Die neuen Glaubensangebote und -praktiken sowie die kirchenpolitischen Aufs und Abs werden viele Menschen verunsichert oder geängstigt haben. Der Höhepunkt der Kölner Hexenverfolgung fällt jedoch in eine Phase, als die verbliebene Stadtbevölkerung sich bereits vollständig auf den katholischen Glauben zurückbesonnen hatte. Schormann vermutet, daß das relativ geringe Ausmaß der Kölner Hexenprozesse eben damit verbunden sei, daß sich in der Stadt frühzeitig und wirkungsvoll der Katholizismus durchsetzte.[11]

Es gab lange das Vorurteil, katholische Länder hätten die Hexenverfolgung stärker betrieben als die protestantischen. Das lag angesichts der Tatsache, daß Mönche und katholische Theologen als erste das neue Hexenstereotyp definiert und beschrieben hatten, auch nicht fern. Diese Verknüpfung wird jedoch inzwischen differenzierter gesehen. Viele protestantische Länder zogen gleich, überholten sogar katholische Territorien.

Kriege

Köln versuchte meistens, sich nicht direkt in Kriege verstricken zu lassen, mußte aber bisweilen Solidaritätstruppen schicken, so im Neusser Krieg von 1474/75. Im späten 16. Jahrhundert kämpften die Truppen des Erzbischofs vor dem Stadttor, um 1611 gab es den Jülich-Klevischen Erbfolgestreit – Köln hielt sich wie immer heraus. Beim Dreißigjährigen Krieg, der 1618 begann, hatte die Bevölkerung unter Erschwernissen zu leiden, nicht zuletzt durch behinderte Handelswege und hohe Steuern. Ab 1630 rückte der Feind näher, und die eingekesselten Katholiken wurden langsam angespannt; 1632 schien sogar die Vorherrschaft der katholischen Mächte auf Reichsebene verlorenzugehen. Nicht nur Hexenkommissar Franz Buirmann deutete den Siegeszug der Protestanten als Strafe Gottes an denjenigen katholischen Fürsten, die die »Hexen« nicht ausreichend verfolgten.[12]

1632 standen die Truppen der protestantischen Schweden vor Köln, sie besetzten Deutz. Kölner Artillerie zerstörte einen Kirchturm und legte Lunte an das darin gelagerte Pulver – Kupferstich von Matthäus Merian d.Ä. Kölnisches Stadtmuseum

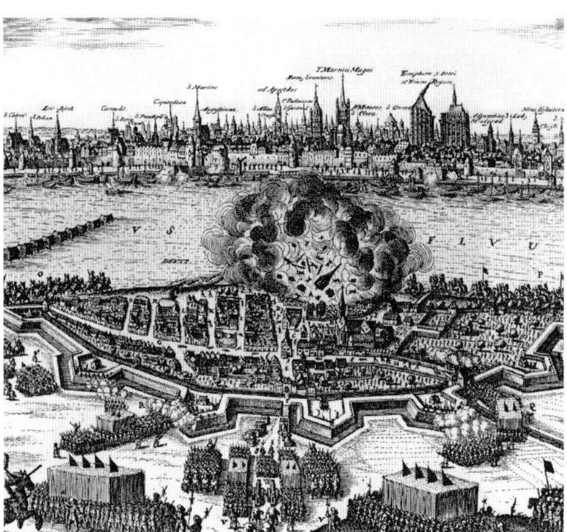

Diese Auseinandersetzungen brachten das normale Leben ins Wanken – vorbeiziehende Armeen schlachteten und wüteten. Erntekrisen, Inflation und sinkender Lebensstandard gefährdeten die Bevölkerung. Nicht wenige Frauen wurden von logierenden Soldaten als schwangere »Braut« zurückgelassen.

Ob es zwischen den kurzzeitigen Siegern in diesem Krieg und der Hexenverfolgung wechselseitige Impulse gab, ist eine Frage, die sich aufdrängt, denn in vielen Regionen wurde zwischen 1627 und 1631 eine zweite »Welle« von Verfolgungen initiiert. Erfolgte sie vor dem Hintergrund des drohenden Erstarkens der Protestanten? Oder – wie Schormann vermutet – als Parallele zu Siegen der katholischen Mächte?[13] 1629, als die Verfolgungszahlen besonders vehement nach oben schnellten, seien die Katholiken stark gewesen – das sei eine günstige Situation für einen gleichzeitigen Schlag gegen protestantische Ketzer und Mitglieder der gefürchteten Hexensekte gewesen. Und in der Tat sind mit dem Friedensschluß 1648 die Hexenverfolgungen abgeebbt. Dennoch fällt es schwer, diesen Zusammenhang für mehr als nur ein Bausteinchen im multikausalen Erklärungsgefüge zu halten.

Kölner Pestbüchlein, Holzschnitt von 1514

Krankheiten

Noch heute erinnert die Kalker Prozession an eine der großen frühneuzeitlichen Krankheitsepidemien. 1529 raffte das »Schweißfieber« die KölnerInnen dahin; 1518, 1554, 1564 und 1605 waren es die großen Pestepidemien. Sie hinterließen laut Jütte tiefe Spuren im kollektiven Gedächtnis.[14] Mangelernährung und schlechte Wohnverhältnisse machten die Menschen anfällig für Grippe, Typhus und Ruhr. Die Verbreitung der Syphilis – in Köln erstmals um 1490 diagnostiziert – schockte die ZeitgenossInnen.

Zur Zeit der intensiven Hexenverfolgungen um 1630 starben in Köln gerade wieder Menschen an der Pest, aber es waren dieses Mal wesentlich weniger als davor oder danach.[15] 1665/66 gab es die letzte Pestwelle – allein in Köln wurden 11.400 Menschen ihr Opfer. Die Reichen betrieben wie immer ihren Massenexodus, die Armen verblieben aus Mangel an Alternativen in der Stadt. In diesen 1660er Jahren gab es zwar in anderen Territorien eine dritte Verfolgungswelle gegen vermeintliche »Hexen«, die durchaus im Dienst der Suche nach Schuldigen für die Epidemie gesehen werden kann – nicht aber in Köln. Eine Korrelation von epidemischer Krankheit und »epidemischer« Hexenverfolgung läßt sich demnach nicht konstruieren.

St. Maria im Kapitol, Nikolauskapelle, Klein-St.-Martin, die Augustinerkirche, St. Peter, St. Cäcilien (heute Schnütgen-Museum),

St. Mauritus, der Gürzenich, die Antoniterkirche, St. Alban, St. Aposteln

Das Stapelrecht sicherte über Jahrhunderte den Reichtum der Stadt – Ausschnitt aus: Anton Woensam, Große Ansicht von Köln, 1531

Unwetter und Klimakatastrophen waren an den Epidemien oft nicht unschuldig. Sie belasteten die Bevölkerung unermeßlich und wurden – besonders auf Abbildungen – oft dem Wetterzauber von »Hexen« zugeschrieben. Herausragende Kölner Wetterereignisse waren zum Beispiel überlange Winter (1513/14 mit Eisgang von November bis März, 1565, 1571 oder 1620), extreme Hitze (1522 und 1540) oder auch massive Überschwemmungen (1552, 1565, 1571, 1595 usw.). All diese Phänomene beeinträchtigten die Ernährungssituation, sie korrelieren daher bisweilen – recht naheliegend – mit politischen Unruhen, aber sie decken sich ebenso wenig mit Phasen verstärkter Hexenverfolgung wie die anderen Katastrophen.

Regionalspezifische Besonderheiten spielen an mehreren Stellen des Buches eine Rolle, sei es beim Thema Rechtsinstitutionen, bei der Versorgung mit medizinischem Personal oder auch bei der Gruppe der theologischen Gelehrten der Universität, ohne daß dies stets durch Vergleiche herausgestellt werden kann. Die lange Anwesenheit des berühmten Dominikanerkonventes prägte die Stadt Köln ebenso wie die kurze des Jesuitenordens. Die nahe Grenze zu den südlichen Niederlanden mit ihrer zeitweiligen Neigung zum

Kalvinismus und die Nähe zum Jülich-Klevischen Herzogtum mit einer vollständigen Reduzierung der Hexenverfolgungen im 17. Jahrhundert – immer wieder können Handlungsmuster, die das Thema berühren, aus lokal- und regionalspezifischen Konstellationen resultieren. Es ist eine schwierige Aufgabe, alle Faktoren in Betracht zu ziehen bzw. auszuarbeiten, die den Charakter der Hexenverfolgung in der Stadt Köln prägten. Es soll versucht werden – wo immer möglich – hinter die Kölner Zahlen zu blicken, die Schicksale, die sich dahinter verbergen, aufzudecken und damit ein kleines Stück zur allgemeinen Erklärung des so realen Phänomens Hexenverfolgung beizutragen.[16]

Anmerkungen

1 Zu den Zitaten vgl. Zeiller, S. 36ff.
2 vgl. Chaix in Chronik Köln, S. 151
3 vgl. die Ausführungen von Howell zu der Debatte um das Frau-/Mannverhältnis (Bücher, Wesoly), S. 1ff. Im deutschen Sprachraum ist inzwischen der Begriff »Frauenmehrheit« statt »Frauenüberschuß« üblich (z.B. in den Thesauri der Frauenarchive).
4 vgl. Schwerhoff, Köln, S. 37
5 vgl. Becker, Konfessionalisierung, S. X
6 vgl. Dietmar, S. 50
7 vgl. Schormann, Freiheit, S. 371
8 ebd., S. 374
9 1591 wurde die siebenjährige Gertrud dagegen unfreiwillig mit »Ruten gegeißelt« – sie hatte den »gefährlichen« Häschenzauber ausgeübt, vgl. L. Ennen, S. 762f.; Irsigler/Lassotta, S. 155f.
10 vgl. die Beschreibungen bei Becker, Konfessionalisierung, S. 199-205
11 Dennoch waren – wie Schormann selbst beschreibt – die zehn aggressivsten Hexenjäger katholische Fürstbischöfe, Herrscher über geistliche Fürstentümer wie auch der Kurkölner Ferdinand, vgl. Schormann, Freiheit, S. 376
12 vgl. Schormann, Krieg, S. 108; von Hehl, S. 254f.
13 vgl. Schormann, Freiheit, S. 374
14 vgl. Jütte, S. 204ff.
15 vgl. ebd., Anm. 30, S. 245
16 vgl. Schwerhoff, Hexerei, S. 329, und den Aufsatz von Burghartz, der Auskunft gibt zum Thema Verfolgung in einer Region

Kölner Zahlen und Fakten

34 Frauen wurden in Köln wegen des Verdachts auf Zauberei oder Hexerei verbrannt – aus einer fränkischen Chronik des Lorentz Friess, 1546

In Köln gab es keine sogenannten »Massenprozesse«, typischer waren einzelne Verfahren. Die Obrigkeiten führten zwar des öfteren mehrere Hinrichtungen am gleichen Tag durch – die Prozesse fanden jedoch getrennt statt. Nur nach den »Besagungen« der Christina Plum (siehe unten) kam es zu einem Kettenprozeß: Sie denunzierte namentlich an die 20 Personen. Das war vergleichsweise keine hohe Zahl, wenn man bedenkt, daß im Jahr 1588 eine Frau aus Lörsch an der Mosel 65 Personen anführte oder daß 1614 eine Hebamme aus Neuerburg/Eifel kurz vor ihrer Hinrichtung an die 66 Personen besagte.[1] Gegen die wenigsten der von Plum denunzierten Personen wurde letztendlich ermittelt.

Geschlecht der 97 Erwachsenen über 16 Jahre:
Frauen: 86 Männer: 11

Geschlecht der Kinder bis 12 Jahre:
Mädchen: 3 Jungen: 3

Sanktionen/Urteile, soweit bekannt:

Freilassungen	*10 Frauen, 2 Männer*
Rutenschläge	*1 Kind*
Hausarrest/ Berufsverbot	*2 Frauen*
Stadtverweis	*2 Kinder, 6 Frauen, 1 Mann*
Hinrichtungen:	*2 Kinder, 34 Frauen, 2 Männer*

So galt bisher auch die fachliche Einschätzung, daß in Köln – im Vergleich zu anderen Orten – nur wenige Verfolgungen stattfanden, und als Erklärung wurde angeführt, daß die Zuständigkeit für die sogenannte Halsgerichtsbarkeit nicht bei den Stadtvätern lag, sondern beim früheren Stadtherrn, dem Erzbischof, verblieben war. Die Zersplitterung von Kompetenzen auf verschiedene Institutionen und ihre Konkurrenzen galten als verfolgungshemmend.[2] Außerdem blieb Köln katholisch – eine Ausnahme unter den Reichsstädten.

Es ist inzwischen bekannt, daß es zeitlich wie territorial Zonen intensiver bis geringer oder gar fehlender Verfolgung gab.[3] So fanden allein in der kurkölnischen Unterherrschaft Brauweiler, einem Gebiet von ca. 29 Quadratkilometern und einem Bruchteil der Kölner Bevölkerung, über 60 Hinrichtungen statt.[4] Diese Zahlen sprechen für sich. Solch ein Vergleich ist jedoch nicht unproblematisch. Großstädtische Zahlen sollten nicht mit solchen aus ländlich strukturierten Gegenden konfrontiert werden, sondern nur mit denen aus vergleichbar großen (Reichs-)Städten.[5] Erst dann zeigt sich: Die Reichsstädte können verglichen mit kleineren Städten und ihrer Bevölkerungszahl in ihrer Hinrichtungspraxis als eher »milde« bezeichnet werden,[6] aber in der »hilligen« Reichsstadt Köln fanden im Vergleich zu den Konkurrentinnen Frankfurt und Nürnberg eindeutig mehr Hinrichtungen statt. Diese beiden protestantischen Städte führten viele Prozesse, sprachen aber »keine bis wenig« Todesurteile wegen Zauberei/Hexerei aus.[7]

Viele als Hexen verfolgte Frauen waren über 50 Jahre alt. Hexenszene von David Teniers, Ölbild vermutlich in Kopie aus dem 18. Jh.

Die Kölner Hexenverfolgungen fanden nach bisheriger Kenntnis zwischen dem 15. und 17. Jahrhundert statt:

- Überliefert ist als erster Zaubereivorfall aus Köln die Ermordung einer Frau **1074/75** aufgrund von Zauberei bzw. Verwirrung des Verstandes. Während des Aufstands gegen Erzbischof Anno stürzten AnwohnerInnen sie in einem Akt der Volksjustiz von der Stadtmauer.
- Das erste Verfahren wegen Zauberei, jedoch ohne Hinrichtung, findet sich in einer erzählenden Quelle: Etwa **1435** soll eine junge Frau sich als Nachfolgerin der »Jungfrau von Orleans« ausge-

geben und bewaffnet haben, sie soll ferner in Männerkleidern (ein todeswürdiges Vergehen!) anläßlich des Trierer Bischofsstreits in kriegerischen Unternehmungen aufgetreten sein und auch gezaubert haben. Ob sie wirklich freiwillig in Köln war, ist nicht gewiß. Der Kölner Inquisitor Kalteisen klagte sie wegen Zauberei an, aber durch Schutz des Grafen von Virneburg entging sie der Verurteilung.

- Das erste urkundlich belegte Urteil aus einem Zaubereiprozeß erging in Köln **1446** gegen »Hadewigh peltzersse van Sijberg« und fand damit statt, bevor theologische Traktate gegen Hexen bzw. Handbücher zur Verfolgung zauberischer Frauen erschienen. Er wurde vor dem weltlichen Gericht verhandelt. Die wegen Zauberei und weiterer Delikte angeklagte Frau (*»van tzouverijen ind anderen quaiden feiten beruchtigt«*) wurde gegen Schwören der Urfehde aus der Haft entlassen.[8]
- Die erste Hinrichtung erfolgte kurz darauf (**1453** oder **1456**)[9]: Zwei Frauen wurden wegen Wetterzauber und *»umb quaider [übler] handelonge willen«* verbrannt.[10]
- Die erste Konzentration von Verfolgungen und Hinrichtungen trat in den **1590**er Jahren ein, das heißt, beinahe ein Jahrhundert nach der Veröffentlichung des für massenhafte Hexenverfolgungen zuständig gemachten »Hexenhammers«. Diese »Welle« muß – wie Schwerhoff richtig herausstellt – andere Ursachen haben als nur die inquisitorische Doktrin.[11]
- Die Hexenverfolgungen der Jahre **1626-1630** bildeten den Höhepunkt.
- Das letzte bisher bekannte Verfahren fand **1662** statt.

Zwischen diesem letzten und dem ersten Hinweis sind mindestens 103 gerichtskundige Beschuldigungen bzw. Verfahren belegt.

Neuere Lokalstudien führten an vielen Orten dazu, daß die bisherigen Zahlen – die für ganz Europa in die Millionen gingen – heruntergerechnet wurden (so zum Beispiel auch in Siegburg durch Andrea Korte-Börger[12]). Dagegen ist unser Eindruck, daß es in Köln mehr Anklagen und Urteile gegeben hat, als in der Literatur bisher auftauchen.

Die derzeit dikutierten Zahlen für Hexenprozesse und Opfer im alten Reich liegen bei insgesamt 20.000 bis 40.000, wobei die Zahl der Hinrichtungen abermals geringer wäre.[13] Für ganz Europa werden heute 100.000 Verurteilte angegeben, die Herkunft der neuen Schätzungen ist jedoch nicht immer nachvollziehbar. So gibt Levack, der die europäischen Hexenverfolgungen untersuchte, zu bedenken, daß die wirkliche Anzahl letztlich nicht einmal annähernd ermittelt werden kann, da zahlreiche Gerichtsakten vernichtet wurden, verbrannten, verlorengingen oder gar nicht angelegt wurden.[14] Nichtsdestotrotz: Es wäre sinnvoll, die Akten erneut zu durchforschen.

Anmerkungen

1 vgl. von Hehl, S. 248; Schwerhoff, Hexenverfolgung, S. 45
2 vgl. Schwerhoff, Hexenverfolgung, S. 13f., 45-47
3 vgl. von Hehl, S. 249
4 vgl. Schormann, Krieg, S. 56
5 vgl. Schwerhoff, Hexenverfolgung, S. 45f. und Anm. 76, S. 56; Vergleichszahlen für andere Orte, Länder u.a. bei Soldan-Heppe, Bd. 2, S. 17-20; Schormann, Krieg, S. 67; Briggs, Kapitel 9; Hufton, S. 344; aktuell: Levack, S. 32-36
6 vgl. Schwerhoff, Hexenverfolgung, S. 45; vgl. auch das Kapitel »Die Verfolgerstellen...«
7 ebd.
8 vgl. Hansen, Quellen, S. 548; Siebel, S. 30; Schwerhoff, Hexenverfolgung, S. 50
9 vgl. Schwerhoff, Hexenverfolgung, Anm. 76, S. 56
10 vgl. Hansen, S. 566ff.; Irsigler/Lassotta, S. 150; mit Verweis auf eine Lütticher Chronik bzw. die Städtischen Briefbücher (HAStK), 23a, fol. 78a; vgl. Schwerhoff, Hexenverfolgung, S. 21; Schwerhoff, Köln, S. 427; Irsigler/Lassotta, S. 150
11 vgl. Schwerhoff, Hexerei, S. 330
12 vgl. die Internetseite http://www.siegburg.de/freizeit/hexen/hexnamel.htm
13 vgl. Ahrendt-Schulte, Hexenprozesse, S. 205
14 vgl. Levack, S. 33

Frauen in der Kölner Wirtschaft

»Wer hat ehe gehort, das einig zeuber oder zeuberin in Coln verurtelt oder verbrent sei. Oft hat man etlichen der ursachen gefangen, lang laissen sitzen, verhort, aber nitzs bestendigs kunnen vernemen. Sult dan in Coln nit so wol recht sin, so wol die warheit zu erforshen sin, als uff andern orten?«
(Hermann von Weinsberg, 30. Juni 1589)

Die Aufzeichnungen des Zeitzeugen Hermann von Weinsberg sind das Dokument einer unaufgeregten bis zweifelnden Einstellung zur Zauberei. Könnte es einen Zusammenhang geben zwischen der merkantilen Orientierung der Stadt Köln, der – im Vergleich zum Umland relativ geringen, zu anderen Städten aber hohen – Zahl von Hexenverfolgungen und einer pragmatisch-rationalen Einstellung zur Frau?[1] Es ist demnach zu fragen, vor welchem wirtschaftlichen Hintergrund die Kölner Prozesse stattfanden und ob Umstrukturierungen in der Wirtschaft bzw. soziale Verteilungskämpfe in die Hexenverfolgungen hineinspielten.

Alltagsszene mit Markt und Waschbrunnen vor St. Gereon – Ölgemälde von Gerrit und Job Adriaensz Berckheyde, um 1650

Die günstige geographische Lage Kölns an der Umladestation von tieferen Mittelrhein- auf flache Niederrheinschiffe und das daraus resultierende Vorkaufsrecht (Stapelrecht) stellte die wichtigste und konstanteste Grundlage des Reichtums der Stadt dar. Ebenso profitierte die Wirtschaft davon, daß die Stadt zwischen bedeutsamen Handelsstädten wie Antwerpen, Frankfurt am Main und den oberdeutschen Produktionsstätten lag. Die enge Zusammenarbeit zwischen Gewerbe und

Handel federte die andernorts spürbare Wirtschaftskrise des ausgehenden Mittelalters ab.

Im 16. und 17. Jahrhundert sank Kölns Bedeutung als Handelszentrum. Verantwortlich dafür waren kriegerische Auseinandersetzungen, Verlust des Handelsprivilegs mit England im 16. Jahrhundert und in der Folge verschlechterte Exportmöglichkeiten, hohe Zölle auf Importwaren, durch die Reformation zerrissene Handelskontakte, Verfall der Hanse und neue Verkehrswege.[2]

Preissteigerungen, so eine gravierende Teuerung von 1610/11, trugen abermals zur Rückentwicklung des Kölner Handels bei. Von einem eigentlichen Niedergang kann jedoch nicht gesprochen werden. Die Reichsstadt war ökonomisch noch in einer vergleichsweise günstigen Lage. So verbesserten die Migration kompetenter Wirtschaftskräfte und die Verlagerung der großen Handelsströme aus den Niederlanden die Stadtökonomie. Der Tribut an die allgemeine Entwicklung, der zu zahlen war, äußerte sich im Wandel in einigen Wirtschaftszweigen und in sozialen Umstrukturierungen zwischen den einzelnen Schichten und den Geschlechtern.

Das Handwerk reagierte auf die Marktverschiebungen recht flexibel und rettete damit auch den Handel. Eine behende Änderung der Produktpalette ist bemerkbar: Reduzierung der Wollverarbeitung, statt dessen Produktion von leichten, billigeren Mischgeweben, Auftrieb des Brau- und Metallgewerbes mit lokalen Rohstoffen statt Herstellung von Erzeugnissen, die weite Transportwege verlangten. Die neuen Güter sicherten weiterhin hohe Einkommen.

Das Geheimnis des Überlebens der Stadt war Teilhabe an den neuen Märkten, Differenzierungen zwischen den Gewerben und Spezialisierungen, sensibles Sich-Einstellen auf neue Nachfragen und Vertriebsstrukturen.[3] In diesem Zusammenhang erfolgte die Professionalisierung vieler Berufe, formelle Ausbildungen und Prüfungen wurden üblich.

Eine andere Reaktion auf die veränderten Märkte war die Zunahme der Lohnarbeit. Zwar war es in Köln lange verboten, Fabriken zu installieren, doch die städtische Produktionsweise wurde umstrukturiert, und das Verlagswesen mit seinen vorkapitalistischen Ausbeutungsstrukturen nahm Einzug. Nach der Einführung des Verlags- und Trucksystems bekamen die Lohnabhängigen kein Bargeld mehr ausgezahlt, sondern Ware, die sie selbst – zu schlechteren Konditionen als die Händler – weiterverkaufen mußten. Die Manufakturarbeit, kostengünstigere Massenfertigung in großen Hallen auf dem

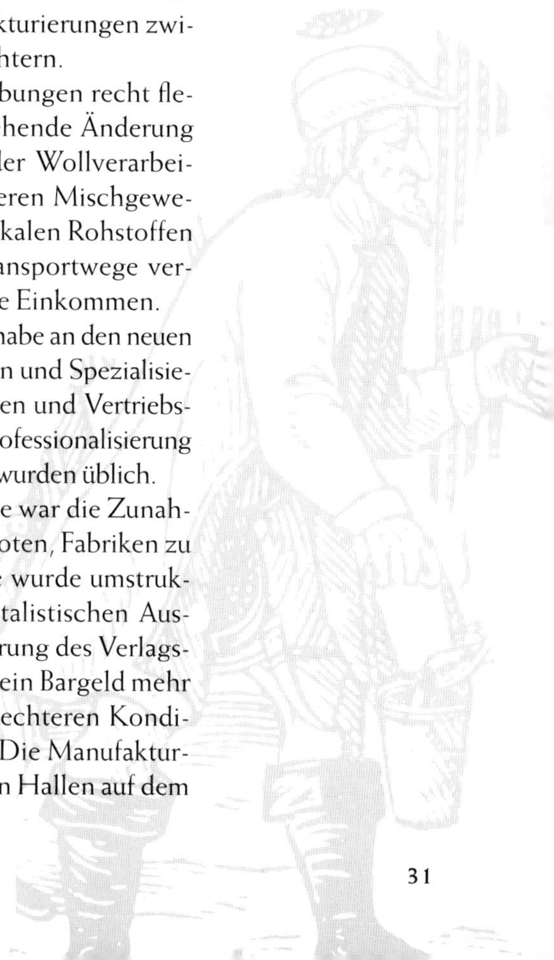

Land, stellte eine latente Bedrohung für die städtische Wirtschaft dar. Ein Preis zum Erhalt des (männlichen) Lebensstandards war die Verdrängung der Frau aus vielen Gewerben.

Die wirtschaftlichen Strukturveränderungen machten viele Menschen erwerbslos und erhöhten die Zahl der MigrantInnen. Nur manche fanden in Köln eine sichere Einkommensmöglichkeit, soziale Gruppen polarisierten sich stark. Die informellen Methoden der Unterstützung innerhalb der Familie und Nachbarschaften funktionierten in vielen sozialen Milieus praktisch nicht mehr. Armenhilfssysteme mußten installiert werden, um politisierbares Elend zu reduzieren und die Menschen zu befrieden. Köln hatte vergleichsweise schon früh, 1435, die erste Kölner Bettlerordnung erlassen;[4] manche Bedürftige erhielten öffentlich-rechtliche Arbeitsmöglichkeiten. 1478 wurde versucht, eine Arbeitspflicht für BettlerInnen durchzusetzen, aber noch ohne Erfolg. Im 16. Jahrhundert war vorübergehend »Ruhe«, im 17. Jahrhundert kam das Thema wieder auf. So wurde 1610 – zeitgleich fand der Begriff »Hexerei« Eingang in die Überlieferungen – ein Zuchthaus für VagantInnen und BettlerInnen eingerichtet, 1636 das Werkhaus Scherfginshof in Betrieb genommen. Das jüngst eröffnete Spinnhaus, mehrheitlich für Frauen, wurde jedoch 1652 schon wieder geschlossen.[5]

Das Zunfthaus der Brauer in der Schildergasse von 1614 spiegelt ihren Reichtum – Aquarell von Cremer, 1866, Kölnisches Stadtmuseum

Wenn in der Stadt zu Beginn der Frühen Neuzeit sowohl auf wirtschaftlichem wie auf politischem und als Folge auch auf kulturellem Gebiet keine Euphorie zu spüren ist, so ist dies auf selbst verursachte Notlagen zurückzuführen: Mißwirtschaft des Rates und periodisch wiederkehrende politische Krisen markieren das 15. und 16. Jahrhundert. Durch die wirtschaftliche Blütezeit hatte sich eine starke Handels- und HandwerkerInnenschicht gebildet, die auch politisch um mehr Partizipation rang, was sich in Zunfterhebungen und Aufständen spiegelte. Die politischen Konflikte dieser Zeit hatten stets (auch) wirtschaftliche Ursachen.

Die genaue Situation der Frau in der frühneuzeitlichen Wirtschaft Kölns ist – bis auf einige Detailstudien – noch kaum erforscht. Im spätmittelalterlichen Köln hatte es kaum Wirtschaftszweige ohne Frauen, kaum Arbeitsbeschränkungen für sie gegeben. Die große wirtschaftliche Selbständigkeit von Kauffrauen und Unternehmerinnen war für Köln kennzeichnend und von anderen Städten unübertroffen.[6] Im Wein- und Metallhandel arbeiteten Frauen wie ihre männlichen Kollegen. Auch im Handwerk hatten Frauen ungewöhnlich starke Positionen, sie dominierten in einigen Branchen der Textilproduktion und bildeten dort mehrere eigene Zünfte. In den Handwerksbetrieben zeigte sich »eine besondere Art der Arbeitsteilung zwischen Mann und Frau: War der Mann ... der Handwerker, besorgte die Frau häufig den kaufmännischen Teil des Betriebes, beschaffte die Rohstoffe und sorgte für den Absatz der fertigen Waren«.[7] So bildeten Eheleute in Ergänzung und Zusammenlegung ihrer Kompetenzen ein Arbeitspaar; das gemeinsame Arbeitsergebnis garantierte die relative Selbständigkeit beider.[8] Darin war nach innen eine tendenziell egalitäre Geschlechterbeziehung angelegt – die aber nach außen keine rechtliche Gleichstellung der Frau mit dem Mann einschloß. Manchmal wurden Frauen in wirtschaftlichen Kontexten zu Eidesleistungen herangezogen – das Frauenzeugnis und die gutachterliche Tätigkeit war eine Kölner Besonderheit.[9] Die Geschlechtervormundschaft war hier gelockert worden. Eheschließungen erfolgten nach rein ökonomischen Motiven. Hermann von Weinsberg berichtet von einer Seidmacherin, einer »guten Partie« mit 800 Taler Vermögen, die sein Onkel für seinen Bruder zur Frau vorgeschlagen hatte. Mutter von Weinsberg forcierte die Verbindung mit dem Argument, »*sie kenne das Geschlecht wohl, es seien fromme Leute und hätten genug*«.[10]

Arbeitspaar in einer Seilerei – Holzschnitt, Ende 16. Jh.

Von den wirtschaftlichen Strukturveränderungen in der Frühen Neuzeit wurden besonders Frauen betroffen. Ihre wirtschaftliche Stellung verschlechterte sich, was sich in Deklassierungsprozessen, Ausgrenzung aus »Männerberufen« und schleichender Hausfrauisierung zeigte.

Fischhändlerin – Ölgemälde von Adriaen van Ostade, 1672, Museum der bildenden Künste, Budapest

In den Hexenverhören tauchen viele Frauenberufe auf: Die Kölner »Hexen« arbeiteten als Blumenmacherin, Papiersteiferin oder Haarspinnerin, Sargschmückerin und Tagelöhnerin, Kleinhändlerin und Verkäuferin. Besonders breit sind die Textilarbeiterinnen vertreten: Spinnerin, Näherin, Stickerin, es fehlen nicht die Magd, Bäuerin oder Bäckerin bzw. mithelfende Bäckersfrau. Häufig genannt wurden um 1630 Hebammen und Wochenbettpflegerinnen. Die berühmte Postmeisterin fällt deutlich aus dem (sozialen) Rahmen. Weiterhin werden Landstreicherin und Bettlerin angegeben; diese Bezeichnungen können jedoch nicht als Beruf begriffen werden, sie sind eher Überlebensstrategien. Ob die Wahrsagerin und Heilerin ihre Kunst jeweils hauptberuflich oder gratis ausübten, bleibt in den Quellen unklar. Die Erwerbsmöglichkeiten für Frauen waren im 17. Jahrhundert relativ eingeschränkt, der Verdienst bei den angeführten Tätigkeiten gering. Waren noch kleine Kinder zu unterhalten, so reichte er kaum zur Deckung der elementarsten Bedürfnisse. So nimmt es nicht wunder, daß die meisten der Wahrsagerinnen als Grund für ihre – wie die gerichtliche Verfolgung beweist – nicht ganz ungefährliche Tätigkeit Armut anführen.«[11]

Handwerkerin aus Köln – Holzschnitt von Jost Amman, 2. Hälfte 16. Jh.

Die Frauen, die in den Dokumenten über ihre Gatten als Haus- oder Ehefrauen definiert werden, können wir uns nicht wie die Hausfrauen des 19. Jahrhunderts vorstellen: Sie werden neben ihrer umfangreichen Reproduktionsarbeit noch teilerwerbstätig gewesen sein.

Viele Frauen wechselten mehrmals im Leben ihre Beschäftigung. Dies war dadurch bedingt, daß die Ausübung einer sogenannten »Frauenarbeit« nach anderen Rhythmen erfolgte als »Männerarbeit«.[12] Wichtiger als Alter und Klassenherkunft waren individuelle und soziale Ereignisse wie Heirat und Mutterschaft – und geschahen ohne selbstbestimmte Entscheidung der Frauen. Sie definierten sich eher durch ihren Status als Verheiratete, Ledige oder Witwe als durch Zunftmitgliedschaft. Ihre Identifikation mit Arbeit war nicht so stark bzw. nicht so kontinuierlich wie bei den meisten Männern. Männer verfügten über arbeitsbestimmte Riten – Frauen besaßen dergleichen nicht; sie nahmen die Riten der Kontaktpflege mit Familienangehörigen und NachbarInnen ernster.

Geschlechtszugehörigkeit wurde in der Frühen Neuzeit zu einem immer wichtigeren Kriterium bei der Vergabe von gelernter bzw. ungelernter Arbeit. Und: Männer erhielten in der Folgezeit die höheren Löhne (Apotheker versus Kräuterfrau).[13] Sie definierten sich klar durch ihren Platz in der professionellen Hierarchie.

Die Frauenzunft der Goldspinnerinnen fertigte die Brokatfäden für diese kostbare Stickerei – Mitte 15. Jh.

Seit dem 16. Jahrhundert bis ins 17. Jahrhundert hinein entwickelten sich einerseits neue Arbeitsmöglichkeiten durch neue Produkte, andererseits übernahmen im stagnierenden traditionellen Handwerk mehr und mehr Männer die qualifizierten und besser bezahlten Arbeitsplätze, und die Frauen entsprechend die unqualifizierteren und schlechter bezahlten. Das männliche Monopol auf »Maschinen« wie zum Beispiel Webstühle hatte große Auswirkungen auf die geschlechterspezifische Arbeitsteilung. Als die ersten Strickrahmen im 16. Jahrhundert eingeführt wurden, avancierte die »weibliche« Tätigkeit zur Männerarbeit, den Frauen wurde die Arbeit mit den Rahmen verboten.[14]

Die Zünfte schlossen sich nach außen ab. Handwerkerinnen wurden zunehmend ausgegrenzt. Das Witwenrecht wurde eingeschränkt und Arbeitsverbote erlassen. Die neu eingeführte Wanderschaft der Gesellen schloß Mädchen aus.[15] Frauen verfügten seitdem selten über eine formelle Ausbildung in einem Gewerbe oder im Handel. Seit dem 16. Jahrhundert erhielten die Ungleichheiten von Männer- und Frauenarbeit eine neue Dimension, und die Arbeitssphären trennten sich immer mehr;[16] zum Beispiel maßten sich Gesellen an – angeblich zum Schutz ihrer Ehre –, die Zusammenarbeit mit Frauen in einer Werkstatt aufgrund wirtschaftlicher Rivalität zu verweigern.

Erlaß über die Frauenarbeit bei den Harnischmachern vom 14.12.1494:
»Unsere Herren vom Rat haben nach Prüfung des Harnischmacherbriefes und anderem … einstimmig beschlossen, daß sich die Panzermacher mit ihren Knechten und Jungen fortan an den Wortlaut ihres Amtsbriefes halten sollen und keine Mägde oder Frauen hantieren und arbeiten lassen sollen, wie es etliche Zeit hier geschehen ist«[17]

Bei halboffiziellen Stellen wie dem Torwächteramt waren Frauen oft lange Zeit als Teil eines Arbeitspaares zugelassen gewesen, weil die Männer die Arbeit allein nicht geschafft hätten. Mit zunehmender Bürokratisierung und Institutionalisierung kam es auch bei diesen Berufen zu einem Ausgrenzungsprozeß. Die Schere zwischen den Geschlechtern öffnete sich. Männer hatten mehr schulische Bildungs- und längere Ausbildungsmöglichkeiten. Besonders im Verwaltungswesen hatten Frauen keinen Platz – dafür umso mehr in den Küchen und Kirchen und bei den Kindern. Weil die Frauen auch in Köln keine politische Macht hatten, waren sie von jeglicher Interessenswahrung, zum Beispiel im Rat, ausgeschlossen, und konnten nicht für sich sprechen.

Karikatur auf einen »Hausmann« – Spielkarte, Ende 16. Jh.

Die Entwertung der Arbeit von Frauen zur gesellschaftlich nicht geachteten und unsichtbaren Hausarbeit war besonders gravierend für die vielen Witwen mit Kindern oder für Frauen, deren Männer das Weite gesucht hatten oder einfach nicht arbeiteten.[18] Die vorhandenen Arbeitsplätze wurden immer unsicherer: Dienstbotinnen oder Beschäftigte in der Hausindustrie konnten jederzeit ohne große Probleme entlassen werden. »Jobs« galten nun als reine Ergänzung der weiblichen Rolle zu Hause: Kranke pflegen, Fürsorge für Kinder oder Alte, Heimarbeit im Textilsektor, alle schlecht bezahlt und gering angesehen.[19]

Welche konkreten geschlechterspezifischen Folgen die wirtschaftliche Krise in Köln hatte, wissen wir nicht.

Die Marginalisierung armer, alter, unverheirateter oder verwitweter Frauen wird um diese Zeit zugenommen haben. Die signifikant hohe Zahl der als »Hexen« verfolgten sozial schwachen, über 50 Jahre alten Frauen zeigt, daß die Hexenverfolgung hier ihre bevorzugten Opfer hatte. Wenn der Lebensstandard fiel, wurden Randständige nicht mehr gern »durchgefüttert«. Viele bettelarme Frauen bevölkerten die Straßen wie die Altersheime. Die Kölner Beginenkonvente – einst spirituelle Zentren – entwickelten sich zu rein wirtschaftlichen Zweckgemeinschaften zur Unterbringung alleinstehender Frauen. Ob diese Institutionen in Köln noch höhere Verfolgungszahlen haben verhindern können? Auch diese Frage muß offen bleiben. Ebenso wie die, ob die Kölner Wirtschaft sich bis ins 17. Jahrhundert relativ gut halten konnte, weil sie mit Verdrängung der Frauen auf die veränderte Marktlage reagierte.

Die Kölner Hexenverfolgungsopfer kamen größtenteils aus der Gruppe der unqualifizierten Arbeiterinnen, nur in wenigen Fällen sind Oberschichtsfrauen unter den Denunzierten. In keinem dieser Fälle – bis auf die Ausnahme Henot – kam es zur Klageerhebung.

Der Pragmatismus des Geschäftemachens, die urbane Rationalität hat sicherlich nicht zu einer Verhinderung der Verfolgung beigetragen. Die bessere Ausbildung, soziale Stellung und rechtliche Ausnahmesituation einer Zunftfrau und Händlerin hatte keinen erkennbaren Einfluß auf die angeklagte Papiersteiferin oder Hebamme.

Wir fanden keinen Beleg dafür, daß eine verarmte, ältere Frau von einer Person, die sie mit ernährt hat, gezielt denunziert und aus dem Weg geräumt worden wäre. Die Vermutung des Zeitgenossen von Weinsberg »*Man kan der alter weiber und verhaster leut nit balder quidt werden, dan auf sulche weis und manier*«[20] (daß also die Hexenverfolgung dazu gedient haben könnte, alte Frauen und unbequeme Leute systematisch zu eliminieren), kann anhand des Kölner Quellenmaterials nicht bestätigt werden. Diese Abwesenheit zielgerichteter, materiell bedingter Denunziation scheint ein wichtiger Unterschied zur ländlichen Hexenverfolgung zu sein.

Daß wirtschaftliche Gründe den Ausschlag gaben, wenn eine beschuldigte Frau nicht auf dem gerichtlichen Weg Genugtuung finden konnte, ist dagegen nicht auszuschließen – wer von ihnen konnte sich schon einen Anwalt leisten?[21]

Klar ist: Die Prämisse der marxistisch orientierten Sozialgeschichte, daß sich aus der Analyse der Ökonomie alle »Überbauphänomene« erklären lassen, greift (nicht nur) bei unserem Thema nicht. Die Umstrukturierung der Stadtwirtschaft ist offenbar kein nachweisbar relevanter Einflußfaktor für die Hexenverfolgung.

Anmerkungen

1 vgl. Schwerhoff, Köln, S. 425. Ein Vergleich mit den protestantischen Reichsstädten Frankfurt und Augsburg wirft auf Köln wiederum ein »schlechtes Licht« – dort wurden nämlich eindeutig weniger »Hexen« verbrannt. Vgl. auch Schwerhoff, Hexenverfolgung, S. 45f.

2 vgl. Chaix, S. 151f.

3 vgl. Wunder, Überlegungen, S. 19

4 vgl. Irsigler/Lassotta, S. 18

5 vgl. Hufschmidt, S. 185

6 vgl. Wensky, Stellung, S. 318f.

7 ebd., S. 319

8 Wunder, Überlegungen, S. 20

9 Wensky, Stellung, S. 319

10 von Weinsberg/Hässlin, S. 248

11 Irsigler/Lassotta, S. 162

12 vgl. Wiesner, S. 83f.

13 ebd. Alle Berufe, die ein Universitätsstudium voraussetzten, waren den Frauen ohnehin verschlossen – und das bis ins 20. Jahrhundert.

14 vgl. Wiesner, S. 85

15 vgl. Wolf-Graaf, S. 81

16 vgl. Wunder, Überlegungen, S. 23

17 zit. nach Ketsch, S. 218

18 vgl. Wiesner, S. 86

19 ebd., S. 94. In Köln finden wir allerdings auch einige Männer in diesen Tätigkeiten.

20 von Weinsberg, Denkwürdigkeiten, Bd. 4, S. 69

21 Dieses Phänomen ist jedoch ortsunabhängig.

Katharina Henot – die Beseitigung einer Geschäftskonkurrentin?

»… ihr hab kein schwester das ein hex ist, derhalben hofft ihr euch nit zu schamen for sei anzuhalten …«
(Katharina Henot, 10. Mai 1627)

»In Köln lebte im Jahr 1627 eine junge schöne Dame, Katharine von Henoth, die Tochter eines kaiserlichen Postmeisters. Sie leitete das Hauswesen ihres Bruders … und war in vornehmen Kreisen … hoch angesehen.«

So beginnt im 19. Jahrhundert eine nette Kölnische »Sage« mit einem adeligen »Frl. von Henoth«, zwei Pfarrern, die berichten, daß sie an den geheimsten Teilen ihrer Leiber leiden, und die wissen, daß eine Hexe es ihnen angetan haben muß, weil ihnen im Traume wie in wachem Zustand fortwährend eine Hexe erscheine.[1]

Auch die folgende Geschichte beginnt verheißungsvoll:

»Man schrieb das Jahr 1627; wieder war der Frühling in das Kölner Land gezogen, hatte in den Gärten bunte Blumen hervorgezaubert und die alten Bäume mit neuem Grün behängt. … Jeder wußte, daß das Henothsche Haus, so schwermütig der Propst in der letzen Zeit auch schien, von dem fröhlichen Lachen der stets heitern und freundlichen Katherine beseelt wurde. Das lachende Mädchen fuhr herum, daß die blonden Zöpfe flogen … Daß sein Schwesterchen für den jungen Pach, der auf dem Klever Amt seinen Vater vertrat, viel übrig hatte, war für den Domherren kein Geheimnis.«[2]

Diese triviale Erzählung aus dem Jahr 1936 bot blonden BDM-Mädchen identifikatorische Anknüpfungspunkte – mehr aber auch nicht.

Im ausgehenden 20. Jahrhundert – im Zeitalter der (wieder beginnenden) Emanzipationsbewegung dominierte die Version der jungen Geschäftsfrau, die als Konkurrentin ausgeschaltet werden sollte.

Wer war diese Katharina Henot wirklich?

Wir sehen keine junge Frau, sondern eine Witwe von ca. 50 bis 60 Jahren: Ein Zeitgenosse bezeichnete sie ebenso wie ihren Bruder

Hartger als »betagt«. Sie war Mutter von einem oder mehreren Kind(ern) – und Mitarbeiterin in einem Familienunternehmen. Katharina Henot war eine Frau, die mitten im Dreißigjährigen Krieg in den Verdacht der Hexerei geriet (1626-27), und dies, obwohl sie – oder gerade weil sie – Mitglied einer einflußreichen Familie war.[3] Bisher schien es so, als sei ihr Schicksal nicht von der Geschichte des Familienunternehmens zu trennen. Diese »Lesart« des Falles Henot soll neu betrachtet und andere Erzählfäden hinzugewoben werden, auch wenn die Hintergründe des Prozesses vermutlich niemals ganz zu klären sein werden, es fehlen immer noch zu viele Bausteine.

Angehörige der Kölner Oberschicht – Ölgemälde von Barthel Bruyn d.Ä., Ende 16. Jh. So könnte Katharina Henot als junge Frau ausgesehen haben.

Die Henot war – wie so viele andere als Hexe verklagte Frauen – eine Immigrantin, denn väterlicherseits entstammte sie einem niederländisch-spanischen Geschlecht und mütterlicherseits einem niederländischen. Erst Mitte des 16. Jahrhunderts waren die Eltern Jakob Henot (1531-1625) und Adelheidis de Haen (+1604) in die Stadt Köln gezogen. Inwieweit religiöse Motive – die Familie sympathisierte kurz mit dem Kalvinismus, der in den südlichen Niederlanden mit Waffengewalt bekämpft wurde – oder eher wirtschaftliche Triebfedern den Ausschlag bei der Übersiedlung gaben, ist nicht zu klären. 1569 stand Jakob Henot noch unter Bewachung, aber 1576 wurde er in die Bürgerliste eingetragen (ins Bürgeraufnahmebuch kamen in der Regel die männlichen Haushaltsvorstände).

Als Wohnsitz wählte die Familie das Haus zur Britzen in der recht vornehmen Sternengasse, wo später auch der Maler Rubens und Königin Maria von Medici lebten. Das Paar bekam mehr als zwanzig Kinder, von denen weniger als zehn das Kindesalter überlebten. Gleich mehrere Geschwister wählten den geistlichen Stand und bewiesen ihre Treue zum Katholizismus – der älteste Sohn Hartger (1571-1637) machte als Jurist und Theologe sogar Karriere (Mitglied des vornehmen Domkapitels, Dechant von St. Andreas, Propst von St. Severin, kurfürstlicher und kaiserlicher Rat und päpstlicher Protonotar); Everhard brachte es bescheidener zum Dr. theol. und zum Dekan von St. Kunibert (gestorben 1613). Die Schwester Wilhelmine Margarethe Franziska hatte »natürlich« keinerlei vergleichbare Ausbildungsmöglichkeiten und war einfache Schwester im Kloster St. Klara an der Römermauer (gestorben ca. 1641).

Die Henots arbeiteten traditionell als Färber kostbarer Stoffe, doch Jakob betrieb den Umstieg vom Handwerker zum Kaufmann. Er wurde Faktor einer genuesischen Handelsgesellschaft und eröffnete – vermutlich mit seiner Frau zusammen – eine Herberge für reisende Kaufleute. Dort stiegen auch die Kuriere und Postboten der Taxis-Linie ab, für die Henot immer häufiger Kurierdienste übernahm. Die Taxis waren Träger eines weiträumigen Post- und Nachrichtenwesens. Leonard I. von Taxis bekleidete das Generalpostmeisteramt in Brüssel, wo in den 1550er Jahren kalvinistische Aufstände seine Macht schwächten.[4] Bald verlegte Jakob Henot seinen Arbeitsschwerpunkt auf das Botengewerbe; 1578 wurde er durch Seraphin von Taxis zum Postmeister in Köln ernannt. Ehefrau »Aeltgen« arbeitete wieder mit, sie unterzeichnete Urkunden mit »Henotte, Postmeisterin«. 1579 und 1580 folgte der Aufstieg zum kaiserlichen Postmeister und Postverwalter in Köln unter der Hoheit der Taxis. Sie durften nun das begehrte Postzeichen an ihrem Tor aufhängen, Hunderte Boten gingen aus und ein und empfingen die wichtigen Behältnisse (Felleisen) mit den Briefen.

Auf vielen weiten mehrwöchigen Reisen und durch Ideen einer Neustrukturierung der »Posten« erwarb Jakob Henot große Verdienste, woraufhin er – ganz frühkapitalistisch – anstrebte, seine Stellung auszubauen, das bestehende stadteigene Botenwesen zu marginalisieren und die Taxis zu verdrängen, um selbst Generalpostmeister zu werden. Er hielt die fremden Boten auf und behinderte sie massiv. Der Kölner Rat erhielt Beschwerden von außerhalb und ergriff Partei für die Klagenden. Aber Jakob Henot hatte sich übernommen, kam finanziell in Schwierigkeiten, weil er kein Vermögen hatte und einige Poststationen nicht mehr auszahlen konnte. Adelheid, die in Köln die Stellung hielt, geriet in Bedrängnis, es wurde gepfändet. Die ehrgeizigen Aufsteiger Henot mußten zurückstecken. 1595 ernannte der Kaiser Leonard von Taxis erneut zum Generalpostmeister. Die »Henoten« schlossen 1597 mit den von Taxis einen Kooperationsvertrag mit Kosten- und Gewinnverteilung. Neue Beschwerden gegen die Henotsche Amtsführung drangen diesmal bis zum Kaiser, von *»böse[m] wandel«* war die Rede – vielleicht waren seine Geschäftsmethoden nicht sehr christlich? Die Taxis warfen ihm vor, er wolle sich der Oberhoheit des Taxisschen

Generalates entziehen und das Amt samt den dazugehörigen Posten zum Wechseln der Pferde selbständig machen. Die Absetzung des inzwischen 72jährigen Jakob drohte – der hochdekorierte Geistliche Hartger vereinbarte schnell mit der Stadt neue Konditionen zur Beförderung der städtischen Post. Zu spät. Hinter den Henots standen zwar einige deutsche Fürsten, aber ausschlaggebender war, daß Kaiser Rudolf II. 1604 die Seite der Taxis anerkannte. Bald erschien das befürchtete verhängnisvolle kaiserliche Patent mit der Absetzung. Lamoral von Taxis ernannte Johann von Coesfeld zu Jakobs Nachfolger, und der Kölner Rat sorgte dafür, daß der kaiserliche Adler von Henots Tor entfernt wurde. Vergeblich forderten immer wieder Tochter Katharina und Sohn Hartger – anfänglich noch unterstützt von Heinrich Neuden, Henots Stellvertreter, Verwalter und nicht zuletzt Katharinas Mann – den Rat auf, die Absetzung ihres Vaters aus dem Amt nicht zu unterstützen, da in dem kaiserlichen Patent nicht von Absetzung die Rede wäre. Prozesse wegen Schadensersatz und Schulden beschäftigten die »Henoten« in den nächsten zwei Jahrzehnten. Der Erzbischof von Köln, Ferdinand von Bayern, fuhr gar mit Henot persönlich zum Kaiser, um für ihn zu sprechen.

Wappen der Familie Heynot aus der Gegend von Lüttich – Heubes Archiv, Düsseldorf

1615 sicherten sich die Taxis nochmals ab: Sie erwirkten, daß sie das Generalpostmeisteramt zu Lehen bekamen und dehnten dies sogar auf die Töchter aus, damit es in der Familie blieb.

Neuer Herrscher, neues Glück: Der neue Kaiser Ferdinand II. erteilte 1623 die Vollmacht, die Henots (Jakob Henot samt seiner »ehelichen Leibeserben«) wieder in ihr Amt einzusetzen. Er monierte, die Absetzung Jakobs sei unverantwortlich gewesen. Nun mußte ihm Konkurrent Coesfeld innerhalb von 24 Stunden die Briefexpedition überlassen. Die Familie nahm 1624 wieder vom Postkontor in der Glockengasse Besitz.

Jakob Henot bzw. die am Unternehmen beteiligten Familienmitglieder – der Greis selbst war kaum noch verhandlungsfähig – forderten von den Taxis 36.000 Gulden für Auslagen und 20.000 Reichstaler für die zwanzigjährige Absetzung, darüber hinaus Prozeßkostenerstattung und Beleidigungsentschädigung. Der neue Chef des Hauses Taxis konnte nicht direkt gegen die Henots vorgehen und Jakob aus dem Amt stoßen, aber er versetzte Nadelstiche, hielt ihnen die »Expedierung« mancher Depesche vor oder bezichtigte den geistlichen Sohn der Urkundenfälschung. Sein Ziel war, das Postamt spätestens beim Tod des alten Henot wieder auf den getreuen Coesfeld übergehen zu lassen. Er brauchte nur zu warten – der Mann war schließlich alt und gebrechlich.

Vater Jakob starb mit 94 Jahren am Nachmittag des 17. November 1625 – und stürzte die ErbInnen Henot in eine Katastrophe. Aufgrund der kaiserlichen Bestimmung war klar: Die Firma war verloren. Gab es keinen Ausweg? Der Familienrat wollte alles versuchen und beschloß, den Tod des Vaters zunächst zu verheimlichen. Und das bedeutete: keine Aufbahrung, keine Fürbitte-Messe für das Seelenheil des Verstorbenen, kein Begräbnis in der Gemeinde seiner Familie. Die Kinder verweigerten dem Vater die christlichen Rituale eines »guten« Todes, um das einträgliche Amt zu bewahren. Vornehmlich Katharina und Hartger Henot nahmen die Geschäfte in die Hand. Wie lange konnte das gutgehen? Sie schafften es, den Tod bis in den zweiten Monat des folgenden Jahres hinein relativ geheimzuhalten. Der qua Profession gottesfürchtige Hartger log und betrog ohne Skrupel: Am 6. Februar 1626 machte er eine Eingabe an den Rat und schrieb, sein Vater sei von einer Reise zurückgekehrt. Und am 14. Februar wurde ein Korrespondenzzettel mit »Jakob Henot« unterzeichnet. Ja sogar noch im August und September unterschrieben die Kinder mit dem Namen des Toten. Katharina erklärte recht abgebrüht einem Taxisschen Sekretär, ihr Vater sei seit Wochen verreist.[5]

Die Angehörigen verweigerten dem Vater Jakob Henot ein standesgemäßes christliches Begräbnis – Trauerzug vor St. Pantaleon, Zeichnung von Vinckenboom

Hartgers profitorientiertes Engagement in der Postmeisterei könnte erstaunen, hatte er nicht genug mit seinen geistlichen Ämtern zu tun? Gab es keinen anderen Sohn für diesen Posten? Traute er den anderen, gar den Schwestern Katharina und Jakobe Juliane die Geschäfte nicht zu? Möglicherweise, aber in der patriarchalen Rechtstradition war der älteste Sohn als Erbe vorgesehen, selbst wenn er ein Geistlicher war, der dessen finanziell nicht bedurfte.

Leonard von Taxis durchschaute die Machenschaften der Henots sehr früh. Vermutlich hatte er »Detektive« auf sie angesetzt, denn bereits am 20. Januar 1626 war seine Gönnerin, die Infantin von Spanien, über den Tod des alten Henot informiert. Der Henotsche Koch plauderte im Frühjahr (gegen Leonards Geld?) aus, die »Kinder« hätten die einbalsamierte Leiche ihres Vaters nach Schwadorf bei Brühl transportiert und dort unbeerdigt stehenlassen. Ein weiterer Bediensteter sagte in seiner Vernehmung aus, Jakob Henot sei vor drei bis vier Monaten gestorben. Der Pfarrer von St. Paul gab dazu ebenfalls eine Erklärung ab. Zu dem »*gemeyn geschrei*« über diesen Skandal sind keine Details überliefert. Einem Toten nicht die letzte Ruhe zu geben, ihn aus der Stadt zu bringen, also auszuschließen wie einen Verbrecher, war eine Desakralisierung des Todes und verletzte das moralische Empfinden eines jeden Christenmenschen.[6]

Aus dem Kloster St. Klara kamen die ersten Denunziationen gegen Katharina Henot – Zeichnung nach Vinckenboom, um 1670. Am rechten Bildrand der noch heute erhaltene Römerturm.

Nun hatte Taxis wieder die Trümpfe in der Hand, spielte sie aus und nahm noch im Februar vor einem Notar wieder von dem Postamt Köln Besitz. Katharina zog aus dem bisherigen Wohnhaus zu Hartger Henot in die Nähe von St. Andreas. Sie schreibt darüber später: »... *ich hab met mach genoch zu thon gehab, daß ich ewer guet in ewerm hauß verwar, daß ihr noch etwas behalte* ...«, sie hat sich also um das Familienvermögen gekümmert.[7] Katharina und Jakobe Juliane Henot teilten dem Rat vergeblich mit, die letzte Entscheidung des Kaisers übertrage ihnen das Postamt auf sieben Jahre nach dem Tod des Vaters. Die Taxis konterten, die »Supplikation« der zwei Henottöchter sei abzulehnen, da die Erben nicht Besitz ergriffen, sondern unter dem Namen des Vaters das Amt weitergeführt hätten. Die Kontrahenten Hartger und Leonard reisten im Frühsommer 1626 nach Wien, der Kaiser höchstpersönlich versuchte zu vermitteln. Es kam aber zu keiner Einigung.

Und dann begann im Sommer 1626 ein weiteres Drama: Im August gab während eines Exorzismus im Kloster St. Klara die Laienschwester und Näherin Margarethe Raußrath an, Katharina Henot habe sie verhext und sei für ihre Besessenheit verantwortlich. Die Initiatorin der Denunziation war eigentlich ins Kloster gekommen, um hier »teuflischen Anfechtungen« zu entgehen, aber ihre Zustände verschlimmerten sich eher noch. Es war nicht unüblich, daß sich bei einem Exorzismus die Betroffene erleichterte, indem sie eine Schuldige an ihrem Zustand benannte und deren Bestrafung forderte. Aus Sicht der Henot klang das folgendermaßen: »*Die Madalin [Raußrath] hat gesagt, das ich bey ihr wer gewest mit etliche statliche, vermommet, und hette sey gekratzt und hette sey willen zwinge zur Widerruff, hette die böse Geister ihr auch eingegeben; sey solt alles von mir, so sey gesagt, widerruffen.*«[8]

Katharina Henot lokalisierte selbst den Ausgangspunkt der Besagung: das Kloster der Klarissen. Sie kannte die Einrichtung gut, denn ihre Tochter Anna Maria lebte in diesem Kloster, und die oben erwähnte Schwester Franziska hatte hier »den Schleier genommen«. Die Nonnen kannten also auch Katharina Henot …

Da die Furcht vor Verhexung allgemein verbreitet war, wurde auch der kleinsten Näherin sofort geglaubt. Als die Raußrath von sich gab, daß sie nur erlöst werden könne, wenn gegen die Hexe vorgegangen würde, war schon Gefahr im Verzug, noch bevor sie offiziell klagte.

Leonard Graf von Taxis weist die Kölner Bevölkerung darauf hin, daß zukünftig sein »nachgesetzter Postmeister« Coesfeld von der Glockengasse aus die Post bestellen wird – Urkunde vom 12. Dezember 1626

Wir Leonardt Graff von Taxis / Röm. Käys. Mayest. Cammerer / Vnd Erbgeneral Obrister Postmaister im Heil. Röm. Reich / vnd den Nieder: vnd Burgundischen Landen / etc. Thun kundt vnd zuwissen jedermänniglich / Wer Brieff oder Pacquetten auff Teutschlandt / Italien, Hispanien, Franckreich / Engelandt / Ostlandt / vnd den Niederlanden / oder auch sunsten an alle andere örter zuübersenden / das Er solche bey vns / in Vnsers Nachgesetzten Postmaisters Johan Coeßfeldten Behausung / in der Glöckergassen / auff gewöhnliche tag vnd stundt / einliefferen wolle / sollen alßdann daselbst der gebür vbersandt / vnd bestellet werden. Geben Cöllen den 12. Decembris 1626.

Leonhardt Graff von Taxis.

Aber das konnte sich eine Katharina Henot nicht vorstellen – schließlich war sie eine angesehene Frau. Die Beschuldigte wies Ende August ganz rational in einer Verteidigungsschrift an den Generalvikar Johannes Gelenius und die kurfürstliche Kommissare die Vorwürfe zurück und drohte den Denunziant(inn)en mit gerichtlichen Schritten.

Das »*gemeyn geschrei*« hörte dennoch nicht auf. Und es zog Kreise: Bald spürten auch andere Nonnen den Teufel im Leib. Das Gerücht, Katharina Henot sei eine Hexe, wurde Stadtgespräch. Dabei war die Henot als gläubige Frau bekannt, die reiche Stiftungen machte.

Auch im Kampf um die finanzielle Absicherung wurde es immer enger: Die Kölner Ratsherren unterstützten inzwischen den Taxis und seinen Vertreter Coesfeld, der Kaiser bestätigte Mitte Oktober die Besitzergreifung Leonards und wies die Erben an, ihre finanziellen Forderungen auf dem Supplikationsweg vorzubringen (sie erhielten nie einen Goldgulden). Damit schien der Streit endgültig entschieden und die Henots unterlegen. Am 17. Dezember 1626 hängte Coesfeld sein Wappen und Posthorn wieder auf, und die am Henotschen Hof wurden entfernt.

Katharina mußte sich abermals ihrem »Privatproblem« zuwenden: Die Familie versuchte es mit der Ausnutzung des Klüngels, immerhin hatten die Henots Beziehungen. So bat sie Ende Oktober 1626 den Kurfürsten und Erzbischof Ferdinand, der der Familie eigentlich wohl gesonnen war, um Einsetzung einer Kommission, die den Ursprung der Gerüchte feststellen sollte. Vergeblich.

Es mag hereingespielt haben, daß es wirtschaftliche Verbindlichkeiten des Erzbischofs gab. Er soll den Henots zwei Kapitalien von 4.632 Goldgulden und 8.800 Reichstalern geschuldet haben.[9]

Katharina Henot ließ nun durch ihren Anwalt einen sog. Purgationsprozeß einleiten, ein juristisch vorgesehenes Reinigungsverfahren. Erschwert wurde die Rechtfertigung dadurch, daß ihr die genauen Gründe für die Anklage längere Zeit vorenthalten wurden. Die Schuldfrage sollte anscheinend im dunkeln gehalten werden. Es kam nie zu diesem Prozeß, denn es waren – so berichtete Bürgermeister Hardenrath am 8. Januar 1627 dem Rat – »*sichere Clagten von schwehr Importants*« vorgebracht worden; der Stimmeister als Beauftragter des Rates zur Überwachung von Sitte und Ordnung hatte eine förmliche Hexereianklage entgegengenommen. Einerseits gab es nun die schriftliche Bezichtigung der Margarethe Raußrath – die »*Demütigste Supplication*«, in der sie die Henot denunzierte (es erhebt sich die Frage, ob sie diesen juristischen Weg auf eigene Initiative beschritt). Andererseits existierte die Aussage einer in Lechenich inhaftierten Frau, der sog. »Langenbergerin«, Katharina Henot sei eine Zauberin. Auch sie hatte Kontakte zum Kloster der Klarissen. Die Frau hatte dies unter der Folter gesagt, das Geständnis war vermutlich gewaltsam erpreßt worden. Ob ihr konkrete Namen zur Bestätigung vorgehalten wurden, ist nicht bekannt. Einige Umstände waren höchst merkwürdig: Die inhaftierte Sophia Agnes von Langenberg war vorher – wie Becker herausstellt – in den Ruf der Heiligkeit gekommen, ihr wurden Wunderkräfte zugeschrieben. Nun galt sie als Hexe – ein anderes

Eine Laienschwester – Holzschnitt von Jost Amman, Ende 16. Jh.

Frauenbild, das vieles mit der Heiligen verbindet. Am 28. Mai 1626 wurde sie im Auftrag des Kurfürsten vom Kölner Generalvikar Johann Gelenius höchstpersönlich nach Lechenich gebracht. Sie sollte bei guter Verpflegung zusammen mit einer Magd bis zum Tag der Hinrichtung gefangengehalten werden.[10] Nach dem erfolterten Geständnis wurde sie noch vor der Henot Ende Januar 1627 umgebracht, mit der Gnade, sie in aller Stille in der Zelle zu strangulieren (Grab und Beerdigung in Heddighoven).[11]

Der Generalvikar Gelenius nahm die Henot in ein »scharfes« Verhör[12] – dabei wurde ihre völlige Schuldlosigkeit bewiesen. Die Turmmeister nahmen Abstand von einer gerichtlichen Verfolgung. Eine zweite strenge Untersuchung erbrachte das gleiche Ergebnis.

Das geistliche Gericht schied nun aus, dafür kam der Rat ins Spiel. Die zwei Bürgermeister und Stimmeister sowie die Syndici (städtische Rechtsgelehrte) prüften den Sachverhalt einen Tag lang und hielten einmütige Rücksprache mit dem Offizial, dem Leiter des Hohen geistlichen Gerichts, und anderen hochrangigen Herren. Die Mehrheit des Rates sprach sich für eine Verhandlung gegen Katharina Henot aus,[13] und am nächsten Tag erhielten die Turm- und Gewaltmeister die Anweisung, sie zu verhaften. Da in kirchlichen Gebäuden keine Festnahmen erfolgen durften, verfielen sie auf einen Trick: Ein Geistlicher sollte Katharina aus dem Haus des Bruders locken und sie dann den Schöffen übergeben. Als diese List nicht funktionierte, forderten sie einen Trupp Soldaten an, die die Angeklagte am 10. Januar 1627 mit Gewalt aus der Wohnung zerrten und zum Frankenturm brachten. Diese Überführung war rechtswidrig.[14] Hartger Henot stellte sofort den Antrag, seine Schwester freizulassen, und bot die Stellung einer Kaution an, aber der Rat wies dies – trotz seines hohen Ansehens als Geistlicher und Politiker – zurück.

Mehrere »Indizien« sollten die Entscheidung der Gefangennahme rechtfertigen:

- Beschuldigungen durch eingesessene Klosterinsassinnen
- das *»gemeyn geschrei«* in der Stadt
- die mündliche Aussage der sog. »Langenbergerin«, Katharina Henot sei eine Zauberin (ein eventuell vom Kurfürsten lanciertes Indiz).[15]

Anscheinend war die Henot zu einem Gerichtstermin mit der Gelegenheit zur Verteidigung nicht erschienen – dieses Versäumnis wertete die Obrigkeit als Schuldbekenntnis.

In der Haft forderte sie schriftlich die Aufhebung ihrer Gefangensetzung. Sie wies auf die Unglaubwürdigkeit der Denunziantinnen hin. Immer noch drängte sie darauf, den Kläger/die Klägerin und die Indizien zu erfahren, um sich verteidigen zu können. Der Rat lehnte diese sowie weitere Eingaben ab. Dagegen entschied er sich am 18. Januar, die verstockte Sünderin Katharina Henot *»auf's allerglimpflichste«* an das Hohe weltliche Gericht zu liefern – die Indizien waren für ausreichend befunden worden. Damit gaben sie die Verantwortung an die kurfürstlichen Schöffen ab. Katharinas Anwalt Lorenz Mey erklärte sofort die Vorenthaltung der Anklagepunkte für unrechtmäßig und die zu erwartende Folter für sittenwidrig.

Verwandte, Freunde und der Anwalt – keiner hatte mit Bittgesuchen zur Entlassung der Henot Erfolg. Mey schlug dem Gericht sogar vor, von einer neutralen Universität ein Gutachten einzuholen, zur Not wollte er auch ein Votum der bekanntermaßen orthodoxen Kölner Universität akzeptieren. Inwieweit hier länger schwelende Vorbehalte gegen die Henots wegen der Behandlung der städtischen Boten zurückgewirkt haben, sei dahingestellt.[16]

Aber auch Petitionen an den Kurfürsten liefen ins Leere – er lehnte erstmals zwei Tage nach ihrer Verhaftung eine Bittschrift um Zulassung von Verteidigern ab und blieb dabei bis zu ihrer Hinrichtung,[17] obwohl er zugunsten der Angeklagten hätte eingreifen können. Aber er verwies Katharina Henot an das Hohe weltliche Gericht – er sei nicht zuständig. Er ließ die Familie Henot wissen, daß es keine Rechtsmittel gegen das Verfahren gebe, und ermahnte das Hohe weltliche Gericht nur, verantwortungsvoll und gerecht zu verfahren, die Schöffen sollten unparteiisch urteilen.[18] Der Erzbischof wollte sich offensichtlich einfach nicht für die Postmeisterin einsetzen. Galt es, den Bruder Hartger zu treffen?

Katharina und Hartger Henots Hoffnungen auf Ferdinand als Fürsprecher könnten naiv erscheinen, denn er war als »Hardliner« gegen Hexen bekannt – der Kölner Kurfürst war sogar einer der berüchtigsten Hexenjäger seiner Zeit überhaupt. In seinem Besitztum, unter anderem im Herzogtum Westfalen (heute Kreis Olpe), hatte er gerade mit seinem »Exstirpationsprogramm« begonnen und schon massiven Schrecken verbreitet.[19] Der Kurfürst betrachtete die Ausrottung der Hexen als seine »heiligste Pflicht«. »Daß von einem solchen Fürsten einer Verfolgung Hindernisse in den Weg geräumt werden konnten, darf man getrost ausschließen.«[20] Vielmehr gab er seinen Untergebenen kurz nach Katharina Henots Festnahme den Auftrag, die Kostenfrage der Hexenprozesse einmal generell festzulegen. Diese würden bald vermehrt entstehen ... Nein, die Henots hofften, daß bei bischöflichen Kommissionen die Juristen – weil besser ausgebildet – weniger voreingenommen waren als beim weltlichen Gericht.

Aus Flachs gewebtes Schandhemd – Exemplar aus Veringenstadt, Mitte 17. Jh., Heimatmuseum

Die Familie versuchte nun, durch den Nachweis der adligen Abstammung der Angeklagten Haftverschonung zu erreichen. (In damaligen Strafverfahren war es nicht ungewöhnlich, daß Adelige Vorrechte hatten und daß ihnen das »peinliche Verhör« erspart wurde.)

Ein paar Tage später kam eine neue Hiobsbotschaft: Am 22. Januar war – da auch ihr der Prozeß gemacht werden sollte – die Nonne Franziska Henot inhaftiert, nach Lechenich in den kurfürstlichen Kerker überführt und von den Kölner Hexenkommissaren im Lechenicher Gefängnis verhört worden.[21]

Katharina Henot wurde drei Mal verhört und auch gefoltert. Während der Vernehmungen wurden ihr die Vorwürfe klar. In einem Brief vom 16. März 1627[22] an ihre Familie berichtet sie:

»Gestern seint alle die Scheffen hie gewesen, haben mich den Morgen und den Nachmittag viell seltzsame Sachen sonder Peinigen abgefragt, die Gott Lob gelogen seint.«

Sie zählt sodann – vermutlich als Information für den Anwalt – minutiös die ihr vorgeworfenen Verbrechen auf.

Schadenszauber mit Todesfolge in fünf Fällen:

»Vorehrst hette ich Wallraff bezaubert, daß er daruber gestorben ...
Zum zwetten hette ich Pastor Lucas Weyendall auch blindt unnd todt gezaubert ...
Zum dritten hette ich den welschen Doctor [sie meint den päpstlichen Inquisitor] zu den Predigeren [Dominikanern] auch todt gezaubert ...

Zum vierden hatt der Welffer Halffman gesagt, ich hette sein Kindt ... auch dott gezaubert ...
Zum funften hette ich des Schulmeisters Fraw zu St. Severin ... ein Drunck Wein geschenk. Hette drey oder vier Monat ein Kindt gedragen. Sobalt als sey den Drunck gedruncken, were sy in den Kram [Wehen] komen und hett ein dot Kindt auff die Welt bracht.«

Schadenszauber in der Natur:

»Da hat der Meister gesagt, ich hett die Probstey eins so voll Ruppen gezaubert, das sey den Garden verdorben ...«

Verbreitung von Zank:

»... Zudem fragten sey mich, ob ich nit den Zanck und Hader zwischen dem Capittel St. Andrea und dem Halffman zu Welffen gemacht.«

Magische Praktiken, Rutengängerei:

»Zum dritten hat der Meister gesagt, ich het ein Zweig mit zwey Zacken von einem Appelbaum geschniden, hette das dem Meister in die Handt geben und het im geweist, wie er damit verborgen Schatzs solt finden. Ob diß nit Zuberwerck were?«

Unzucht:

»Und ich solt bey underscheitliche Graffen geboliert [gebuhlt] haben, daß etliche grose Heren, so daß gezugt, gesehn und bey den Graffen im Bet fonden.«

Interessant ist, daß ihr keine Teufelsbuhlschaft vorgeworfen wird, sondern nichtehelicher Verkehr mit Höherstehenden. Die Denunziantinnen griffen Katharinas sexuelle Ehre an und verdeutlichten dabei, wie sie den Klassenunterschied zwischen sich und ihr empfanden.

»Diß seyndt die grobste Punckten, ihr most sehe wie ihr magt, das es von mir nit herkumpt und helffe mich vertedigen«, schließt sie diesen Teil.

Zu einigen Anklagepunkten nimmt sie sodann ausführlich Stellung:

»Der Pastor Lucas hat mir geklagt, daß er den Flueß uf die Augen zu Worringen hette bekommen, alß er vom Capittell dahin geschickt, daß Weehrt zu Woringen zu paßen. Dah hette er in der Kelte und den Bauren zugesehen mit paßen. Davon hat er mir allezeit geklagt. Doch bin ich nit bey ihme gewest. Und das hatte ich auch bey ihme wollen schlaffen – er hat mir der Zeit noch die Beichtt allemahl gehyrt – ist erlogen.«

Das angeblich totgeborene Kind sei gesund zur Welt gekommen:

»Das ist auch gelogen, wie Johannes weis. Der hat mit ihr gewebt, das sey ein Sohn drage, und sey ist darnach alsbaldt glücklich in den Kram komen.«

Sie gibt – und dies zeigt ihre Vertrautheit mit Rechtsgeschäften – konkrete Anweisungen zur Verteidigungsstrategie:

»Da last alßbalt seinen Doctor hollen. Der soll Zeugnus geben, daß, ehr wir ihnen gekant, ein fluissiger, schwacher Herr gewesen, und ist doch am Fleckesfieber oder Pest gestorben. ... Da sagt, ich weis von keinem Zanck. Ich hette dem Capitel uber 1500 Morgen Landts bey brächt, – Derhalben mach mir der Halffman nit gunstig sein – welches ich mit den Bücheren wil beweisen. So müst ihr nit lasen und schicken ein der versigelter Bücher, da die Scheffen von Dormagen ihr Siegel ahn haben gehangen, mit Züge ins Gericht. Darauß kunen sey sehn, ob ich dem Capittel St. Andrea Schaden oder Nutzen gedahn hab ... Nun müst ihr nit lasen und schicken den Subprier ein Pott und fragen in, ob er nit zu mir gesagt, das der Doctor von dem Esen zu Claren wehr so kranck worden. In Ewerem Hauß unden im Saal hat er es mir gesagt. *Schickt den Prier mit dem Subprier Bott, in Eil; die Scheffen wollen sey auch apfragen.«*

Auf den Vorwurf der Rutengängerei hatte sie mit dem Hinweis auf kindliche Spielerei geantwortet, »*... Johannes hette so in Geckerey mit dem Schulmeister gehabt*«. Nun läßt sie die Verwandten recherchieren, »*Wo oder von wehm diß Jannes das erstmal mit dem Appelzweig gesehn oder gelehrt, mach er sich bedencken und mich verdedigen*«.

Mehrfach wiederholt sie ihre Unschuldsbeteuerungen:

»Ich bin nit bey ihr noch beim bosen Geist gewest. Ist alles erlogen. ... Ach was falscher Lügen. Es stündt den Scheffen vil zu beweisen, wan sey alles, was sey mir vorgehalten, dardhon solten. Also hab ich in allem, allem die Warheit, bey meiner Sehlen Heill, darauff bekendt, da ich bey leben und sterben will, ist Gott lob alles gelogen, so sey von mir boß gezeugt. ... Ach Gott, waß großer Lugen ist diß.«

Sie schildert sogar eine recht demütigende Situation:

»Zuletzt, als die Scheffen ein Weg wolten gehn, so heilten sey erst Ratt in ein ander Kamer und kamen da bey mich al wider und lasen mir durch den Griffen [Greven] anzeigen, sey wolten mit der Justitia fortfaren, ob ich schon nit bekennen wolten. Da batt ich sey, sey solten mich auf Bürschafft [Kaution] los lasen. Darauff wolten sey mir kein Antwordt geben. Ich bin dreymal vor sey auff die Knie gefallen und sey gebetten, damit ich die grobe Lügen selber mochtte verdedigen.«

Anrührend sind die kurzen Passagen, in denen sie über sich schreibt:

»Schick mir den Doctor her, ich bin sehr kranck. ... Ach wehr ich darauß. Ich wolt sey balt verdedigt haben. ... Ach mein Gott, wie beligen mich die Menschen und böse feindt ... Cito, cito, cito [schnell, schnell, schnell] mit allem Beweis ... Oder die Abschiedsätze: Halt ahn, das wir uns moge verdedigen, damit ich nit undschuldig umb kom. Bit her Kamp, das er helfft. Hiemit Got befollen. In Eil. Coln in des Griffe Gefengnus ...«

Sie soll den Brief mit der linken Hand geschrieben haben, da die rechte durch die Torturen gelähmt war, das wurde jedoch als weiterer Beweis für ihren Teufelspakt angesehen. Dechant Hartger Henot schickte das Dokument dem früheren Fürsprecher, dem Erzbischof, damit dieser gegen die Fortsetzung des Verfahrens Einspruch erhebe – wieder einmal vergeblich.

Daumenschrauben als erstes Folterinstrument, Kölnisches Stadtmuseum

Seit Anfang Februar war Katharina Henot drei Mal im Frankenturm *»peinlich verhört«* worden – die Gerichtsschöffen und der Henker hatten jedoch nicht erreicht, daß Katharina ein »Geständnis« ablegte.

Hartger hatte inzwischen vor dem Reichskammergericht (RKG) in Speyer Klage eingereicht, um die Mitteilung der Indizien zu erzwingen, hatte darauf hingewiesen, daß das Hohe weltliche Gericht gegen das Gesetzbuch Carolina verstoße und – wegen unmittelbarer Lebensgefahr für seine Schwester – einen sog. Citationsprozeß gegen Greven und Schöffen wegen Justizverweigerung und -verzögerung verlangt – und sogar am 4. April 1627 eine Entscheidung (vermutlich ein Mandat) zugunsten Katharina Henots erwirkt, die auch durch Kammerboten eiligst transportiert und am 21. April zugestellt wurde.[23]

Das Hohe weltliche Gericht, das auf dem Domhof tagte, verurteilte sie dennoch zum Tode und drängte auf schnelle Ausführung.

Es wird allgemein davon ausgegangen, daß auch dann noch kein Geständnis vorgelegen hat. So prangerte der Bruder einen Justizmord an. Zur Verhängung der Todesstrafe bedurfte es eines solchen Zeugnisses; es wurde üblicherweise die Folter eingesetzt, wenn es nicht »freiwillig« gegeben wurde. Katharina Henot hätte – ohne Geständnis – freikommen müssen. Aber sie kam nicht frei.

Der Historiker Thomas P. Becker meint neuerdings, dies spreche dafür, daß es später doch ein Geständnis gegeben habe. Der (oben zitierte) Brief sei auch nicht – wie öfter vermutet – fälschlich datiert,

Auf einem Karren wie diesem wurde die ehemalige Postmeisterin zur Richtstätte Melaten gebracht – Flugblatt, Holzschnitt, Augsburg 1669

sondern tatsächlich aus dem angegebenen Monat März. Die Behörden seien später noch an den prozeßrelevanten Text gekommen. Diese Sichtweise impliziert, daß die Henot mehr als die erlaubten drei Male gefoltert wurde, ein Eindruck, den auch die übliche Assoziierung eines beim »Hexenanwalt« Spee geschilderten Falles mit dem der Henot nahelegt: Da ist von einer vierten und fünfte Folterung die Rede.[24] Jedoch fährt Spee explizit fort: »Mit lauter Stimme bestritt sie, schuldig zu sein, hielt das durch alle Folterqualen hindurch bis zum Richtplatz aufrecht …«

Katharina Henot unterschrieb ein letztes Dokument zu ihrer Verteidigung – aus einem Zeitungsartikel der Kölnischen Illustrierten von 1936

Ein weiterer Brief vom 10. Mai dokumentiert, daß sie da noch an ihre Freilassung geglaubt hat und ihren Bruder heftig angriff, weil der zugelassen hatte, daß persönliche Besitztümer aus dem Haus geschaffen worden waren. Sie ermahnte ihn, sich weiterhin an den Kurfürsten zu wenden: »… *ziehet noch einst zum Chorforst selber eß macht baten, ihr hab kein schwester das ein hex ist, derhalben hofft ihr euch nit zu schamen for sei anzuhalten …*«[25]

Am 19. Mai, am Tag ihrer Hinrichtung, wurde sie auf einem Karren, zwischen zwei Jesuiten sitzend, durch die Ehrenstraße, am Hahnentor vorbei, nach Melaten gebracht. Unter den Augen der Volksmenge am Straßenrand erklärte sie gegenüber einem Notar, den man nicht mehr ins Gefängnis gelassen hatte, den Brief vom März 1627 als authentisch und bekräftigte ein letztes Mal ihre Unschuld. Bei Melaten auf dem Rondell des Scharfrichters außerhalb der Stadt angekommen, wurde die Henot vom diesem erdrosselt – ein »Entgegenkommen«, denn nicht geständige »Hexen« wurden in der Regel bei lebendigem Leibe verbrannt. Dann verbrannte der Scharfrichter die Leiche in einer kleinen Strohhütte.

Verbrennung von »Hexen« in einer Strohhütte – Kupferstich, Bilder-Cautio (Cautio criminalis, editio secunda), Frankfurt/Main 1632

Nach der Hinrichtung seiner Schwester legte Hartger Henot alle Ämter und Würden nieder. Er holte sich beim Kurfürsten die Genehmigung zum Druck der Prozeßakten. Wahrscheinlich verhinderten der Rat und das Hohe Gericht die Veröffentlichung, jedenfalls erschienen nur Auszüge aus den Schriftstücken der Henotschen Partei. Hartger wurde zwei Jahre später von Christina Plum – ebenso wie seine Schwester Franziska, (seine Nichte?) Anna Maria Henot sowie sein Diener – der Zauberei bezichtigt; noch jahrelang standen Katharinas Geschwister in diesem Verdacht. Er zumindest wurde von der Beschuldigung befreit, das Schicksal der Schwester ist dagegen bis heute ungewiß. Becker stellt die These auf, Franziska könne gleichfalls eines unnatürlichen Todes gestorben sein.[26]

Dies war einer der nicht so häufigen Prozesse – und der einzige Kölner – gegen eine Frau aus dem städtischen Patriziat.[27] Die bürgerliche Herkunft der Henot ist sicher mit ein Grund dafür, daß über diesen Fall zahlreiche Erzählungen vorliegen und er im Gedächtnis so präsent geblieben ist. Gewöhnlich richtete sich die Hexenverfolgung gegen die »kleine Frau auf der Straße«.

Die wirklichen Hintergründe des Falles liegen noch immer im dunkeln, und es gibt sicher ein ganzes Ursachengeflecht. Waren es – wie früher vermutet – wirtschaftliche Motive? Denunziation der Ehefrau eines Meisters oder auch einer Handwerkerin selbst boten sich damals – um Konkurrenz mit einfachen Mitteln auszuschalten – doch geradezu an. Es war naheliegend, mit einem Prozeß ohne tatsächlichen Kläger wirtschaftliche GegnerInnen beiseite zu schaffen. In den spätmittelalterlichen Städten gab es in Zeiten von Wirtschaftskrisen Rivalitäten um Aufträge zwischen HandwerkerInnen, so verboten zum Beispiel die Seidenweberinnen explizit die Arbeitsvergabe an Beginen. Aus Reutlingen ist in der Tat überliefert, daß Hexenprozesse bewußt oder unbewußt für alle möglichen Zwecke inszeniert wurden.[28] Aber offensichtlich führte der Wunsch nach Kapitalvermehrung oder Überleben eines Betriebes nur in den wenigsten Fällen zu einem Hexereivorwurf, erstaunlicherweise bildete der materielle Vorteil nur selten den Hintergrund für einen Hexenprozeß. Die wirtschaftlichen Ausgrenzungskämpfe wurden anders ausgefochten, wie die »Kampfmethoden« zwischen dem alten Henot und den Taxis zeigen.

Die Rolle der Frauen im Wirtschaftsleben wurde spätestens im 17. Jahrhundert geschwächt. Sie waren nicht mehr so anerkannt, und es entwickelte sich die Tendenz, Frauen aus qualifizierter Erwerbstätigkeit auszuschließen. Sicherlich hatte die frühere Auseinandersetzung mit dem Fall Henot vor diesem Hintergrund den Unternehmerinnenaspekt leicht überhöht: Katharina galt lange als Prototyp der selbständigen frühneuzeitlichen Geschäftsfrau, die aufgrund ihrer Stärke, ihres Durchhaltevermögens im Kampf gegen die Taxis ausgeschaltet werden »mußte«. Dadurch wurde die »Hexe von Köln« nicht wenig projektiv idealisiert und zur emanzipierten Frau und Kämpferin für ihre Rechte stilisiert.

Inzwischen werden Fragen gestellt wie: Hatte diese Witwe überhaupt genug Macht, um so wichtig zu sein? Hatte sie eine so zentrale Stellung im Unternehmen? War der Betrieb nicht längst verloren? (Und kämpfte sie nicht letztlich für den Erhalt eines kapitalistischen Betriebs?)

Die Antworten sind nicht leicht. Die Postmeisterei war aus heutiger Sicht bei Aufkommen der Gerüchte letztlich schon verloren. Die Taxis und die von ihr Abhängigen (Coesfeld) zogen keinen Vorteil mehr aus dem Tod der Bürgerin Henot. Aber das wußte die Familie nicht sicher. Ein ökonomischer Hintergrund ist anhand des bisher ausgewerteten Aktenmaterials nicht zu beweisen, aber auch nicht auszuschließen.

Einfluß hatte Katharina durchaus. Sie war längere Zeit mit dem Geschäftsführer des Postamtes, Heinrich Neuden, verheiratet; er war im ersten Viertel des 17. Jahrhunderts verstorben. Viele Ehefrauen arbeiteten als Teil eines Arbeitspaares mit ihren Männern zusammen, wie Heide Wunder aufgezeigt hat. Katharina hat definitiv mit ihrem Bruder Vollmachten unterschrieben, zum Beispiel 1625 diejenige, die beide ermächtigte, im Namen der übrigen Geschwister den Prozeß fortzusetzen. Mit ihrer Schwester Jakobe Juliane verfaßte sie eine Supplikation an den Rat. Sie hat Familieninteressen vor dem Reichskammergericht vertreten, was nur gebildeten und wohlhabenden Leuten möglich war. Der überzeugendste Beweis für ihre wirtschaftliche Aktivität ist jedoch eine Stelle aus dem Brief vom Mai 1627, in dem sie Hartger schreibt: »*wie so solt ihr dan mein guet khonne verwahrn, daß ich mit sauerer arbeit nhun 22 jar erworben*« – diese 22 Jahre »saurer Arbeit« fielen in die Zeit ihrer Ehe und Mutterschaft.[29]

Daß Katharina Henot eine selbstbewußte Frau war, zeigen ihre Briefe und die Tatsache, daß sie die Kraft hatte, der Folter zu widerstehen.

Fakt ist aber auch: Es ließ sich eine Unternehmer-Familie nicht so leicht beiseite drängen, indem ein Mitglied ausgeschaltet wurde. Es machte keinen wirklichen Sinn, nur gegen Katharina Henot vorzugehen, um das Unternehmen zu ruinieren. Die meisten Verträge wurden vom ältesten Bruder geschlossen. Er war der Erbe, er hätte also zumindest mit beseitigt werden müssen. (Die Anklagen gegen ihn kamen erst später, die gegen die geistliche Schwester passen nicht zur Ökonomie-These, hier wäre Jakobe Juliane ein sinnvolleres Ziel gewesen.) Abermals erhebt sich die Frage, ob eventuell der geistliche Bruder das wirkliche Ziel war. Ob der Betrieb auch aus ihrer Sicht längst verloren war, ist schwer zu beurteilen.

Die Gegner der Henot sind selbst nie als Ankläger aufgetreten, und ihre Verbindung zu den Frauen, die die Henot beschuldigten, ist nicht belegt. Das heißt, wir werden vermutlich niemals erfahren, ob es sich um gezielte, von außen gesteuerte Beschuldigungen handelte oder nicht. Der Jurist Siebel schließt die Möglichkeit solcher Manipulationen zumindest nicht aus, aber sie bleiben Spekulation.

Es gibt Faktoren aus dem gesellschaftlichen Bereich, die ein Motiv abgeben könnten:

- Als Immigrantin der zweiten Generation (in Köln geboren) war Katharina Henot für manche vielleicht noch immer eine Fremde.
- Aufgrund der Herkunft aus der Region der »bösen Kalvinisten« war es leicht, die Rechtgläubigkeit der Familie in Zweifel zu ziehen.
- Die unternehmerischen Konflikte, die Jakob Henot mit den Taxis und mit dem Rat hatten, schadeten dem Leumund der Familie.

- Die Betrugsmanöver zur Verschleierung des Todes von Jakob Henot wurden als Angriff auf die christliche Moral empfunden. Wer so etwas tat, dem/der war alles zuzutrauen.
- Neid auf Katharinas gesellschaftlichen Status und Vorurteile gegen »die da oben« boten Stoff für das Gerede der Frauen aus dem Volk.
- Öffentliche Präsenz und geschäftliche Kontakte mit Männern machten sie anfällig für Ehrverletzungen.
- Eine Szene, die sie in ihrem Brief vom 16. März 1627 beschreibt, könnte noch verborgene Motive beinhalten:

Zu den Vorwürfen, daß »*sie den welschen Doctor zu den Predigeren [Dominikanern] auch todt gezaubert hätte*«, hatte Katharina Henot erläutert: »*Es ist wahr, daß ich ihme und seinem Mitgesellen ein Schnaupfduich in meinem Hauß voir den Predigern gegeben. Da quam er langs mein Hauß. Dabevorn wahr der Subprior mit Herr Georgius Neeff bey mir gewest und sagte mir, der Welsche Doctor wehre zu Claren zum Visitator verordnet, mit andern Herrn, und wehr dah gewest und hette Suster Margrett [Raußrath] visitirt und hette den Mittag dah geßen und wehre ihnen dann so uebell word und hette ein groß Geschwer anstundt ans Hinters bekomen. Als ich diß hort, daß er zue Claren wahr gewest, und sahe ihnen langs mein Hauß komen, rieff ich ihnen herin und fragte ihnen – da hatte er die Kranckheit als – wie es mit meiner Suster [Franziska] wehr abgangen.*«

Wie erwähnt war die gemeinte Person Inquisitor, und Katharina wollte wissen, wie die Vernehmung ihrer Schwester gelaufen sei. »*Da sagt er, er hette sie nit konnen verstehen; man hett es im al musen zu Latin sagen. So kont er mir nit davon sagen. Er hett die andere lasen gewerden. Damit scheiden wir von ein ander.*«

Es gab demnach keine beruhigende Nachricht über die Inquirierung der Nonne. Franziska Henot war offensichtlich in die Besagungen hineingezogen worden. Und Katharina hatte sich bemüht, ihrer Tochter aus dem Kloster herauszubekommen: Da heißt es »*... er solt meir mein keint [Kind] auß dem closter haben lassen nhemen, als ich es darauß wolt haben ...*«[30]

Der päpstliche Inquisitor Pater Vincentius Justiniani wäre nicht hinzugezogen worden, wenn es sich um einen weltlichen Fall von Besessenheit gehandelt hätte. Im Fall der Hexerei durch eine Nonne, einer geistlichen Person, wurde jedoch die geistliche Gerichtsbarkeit, die Inquisition, bemüht. Demnach kann es eventuell bereits vor der ersten Denunziation der Katharina Zaubereivorwürfe in ihrem engsten Umfeld gegeben haben, nur blieben sie hinter Klostermauern

Faksimile eines Briefes vom 10. Mai 1627, als Abschrift aus dem 18. Jh. – Historisches Archiv der Stadt Köln, Signatur: KA 138 1r - 2r (erste von drei Seiten)

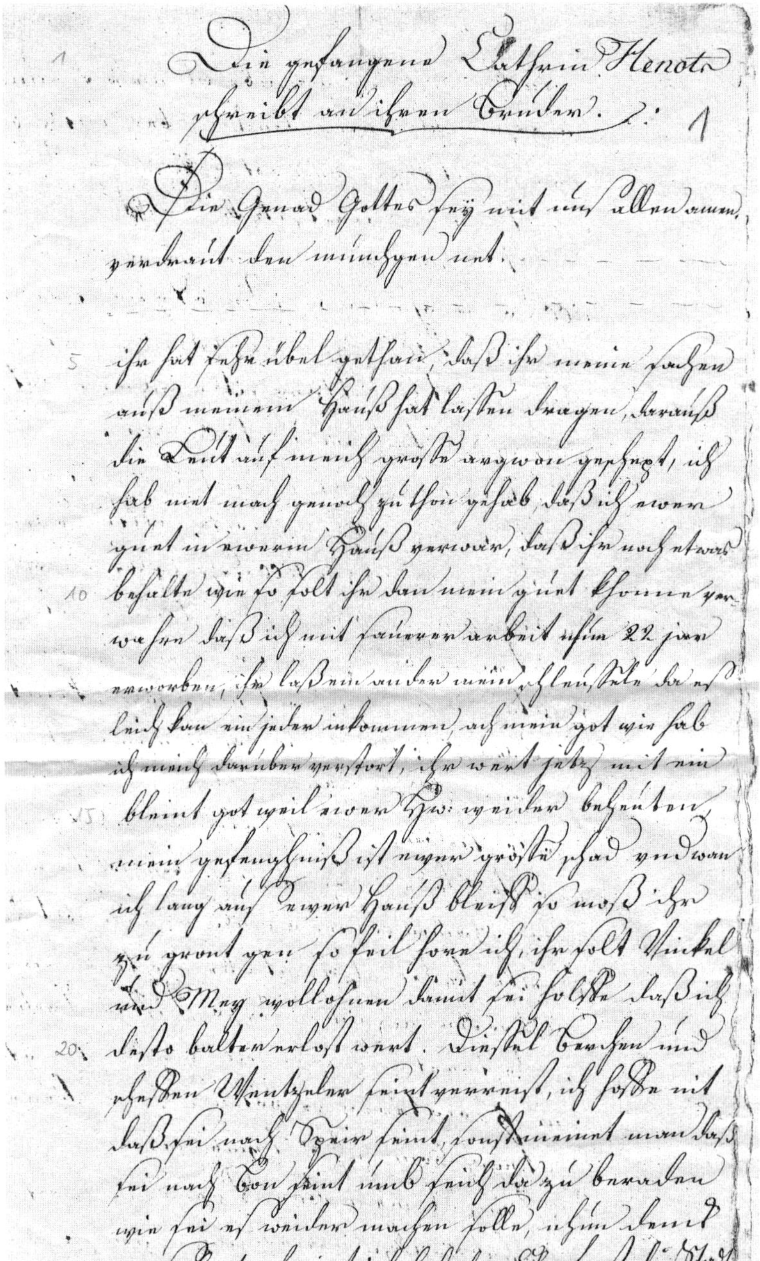

Die gefangene Catharin Henot schreibt an ihren Bruder.

Die gefangene Cathrin Henot schreibt an ihren Bruder.

Die Genad Gottes sey mit uns allen amen. verdraut den munchgen net [den Mönchen nicht?] ihr hat sehr übel gethan, daß ihr meine sachen auß meinem Hauß hat lassen dragen, darauß die Leut auf meich grosse argwon geschept, ich hab met mach genoch zu thon gehab, daß ich ewer guet in ewerm Hauß verwar, daß ihr noch etwas behalte, wie so solt ihr dan mein guet khonne verwahrn, daß ich mit sauerer arbeit nhun 22 jar erworben, ihr laß ein ander mein schleussele, da es leich kan ein jeder inkommen, ach mein got wie hab ich meich daruber verstort, ihr wert jetz mit ein bleint got weil ewer hochwürden weider beheuten, mein gefenghniß ist ewer grosse schad, und wan ich lang aus ewer hauß bleiff, so moß ihr zu gront gen, so feil hore ich, ihr solt Vinkel und Mey [Anwalt] wollohnen, damit sei holffe, daß ich desto balter erlost wert. Diessel Berchen und scheffen Wentzeler seint verreist, ich hoffe nit, daß sei nach Speir [Reichskammergericht Speyer] seint, sonst meinet man, daß sei nach Bon [Erzbischof] seint, umb seich da zu beraden, wie sei es weider machen solle, nhun denck was harte feient [Feinde] ich hab der Chrofrost [Kurfürst], die Stadt // Coln, die Scheffen [Schöffen], die habe al mehr freunt zu speir als meir denck wie bedrenk ich benn, wan ich nit so gar auff got hoffe, ich moeß zu grunt gan, ach spart jetz kein gelt, ich weil eß so rehtlich weider helffe wenne, ach ich hab vber 500 Dahler ahn den speisser hoff [Spieserhof] gelacht, davon der Schmeit 100 reihsdahler bekhomen, het ich die jetz, ich wolt hie nit lang sitze, ach mein got helff, waß helffen kann und sehet euch zu speir wol for scheick feinger gelt vnd guet bereichtst genoch, wo ist jetz die heilff [Hilfe] von Docter Altenhoffen [Schöffe Aldenhoven] und saraßen solt ein 1000 Dahler hiehein schenken, laß ihn nhur da bleiffe und schick nhur gelt her, er ist vnser beider schwester vnheil und meines keintß [Kind] ein vrsagh, er solt meir mein keint auß dem closter haben lassen nhemen, als ich es darauß wolt haben, ziehet noch einst zum Chorforst selber, eß macht haten, ihr hab kein schwester das ein hex ist, derhalben hofft ihr euch nit zu schamen for sei anzuhalten, ihr solt Reupe [?] schreibe, daß er alda mit alle Doctorn auch holff raden, ach am Chorforst ist es al gelegen, daß est guet gehen, dieweil er alle atvocate vnd procateren verboten, meir zu dienen, gat nach Bonn, ich beit umb gottes weil, helff, les eins al mein Breiff vber und zieht al darauß, waß zu uerdedigungh meiner wegen // der Madelen [Raußrath] vnd des Closter Clare ... hier sind zwey geschriebene Linien ausgestrichen ... sehet doch fleisseich auf die knegh [Kinder?], das sey kein horrey bedreisse, laß alle vngeleiche verdechteige perschonne auß dem Hauß, nemb doch kenne Magh, laß mon Ohl euch kochen, beis ich ob got weilt erlost bein. schreib meir ob ihr auch Johannyß Bryeff [Brief] vyrbrent het, dan er meich sehr darumb guelt, verwart alle meine Bocher vnd schreiffte wol sonst wert ihr in grosse schaden gerahten, sagd ihre Chorforst Durchlaucht daß sey sohlen gedencke, daß sey von dem frome beyers geblot [frommen bayerischen Blut] seint vnd sohlen doch ihre hende in vnschuldeich weitwe blot nit weschen damit das vnschuldeich Blot nit im Heimmel vber sei klagh. ach mein fromer her Broder helfft meir, hiemit got vnd seiner lieber moeder beuohle die weille Ewer Hochwürden ahn sehl vnd leib bewahrn.

den 10 mei 1627

/:Die Aufschrift:/ Hern hatgero Henot.

/:unterzeichnet:/ Ewer Hochwürden Cathria Henot.

(Interpunktion ist mehrheitlich angepaßt, Abkürzungen sind aufgelöst) verborgen. Katharina wandte sich – wie Becker argumentiert – 1626 an den Generalvikar, weil dieser bereits mit den Fällen im Klarenkloster befaßt war. Die erwähnte – sie gleichfalls besagende – wundertätige Langenbergerin war als Hexe identifiziert worden, wurde aus der schwesterlichen Gemeinschaft eliminiert und im kleinen Provinzort ohne größeres Aufsehen eilends hingerichtet.

»So erscheint in der Gesamtschau der Kölner Hexereiverfolgung der Jahre 1626-1630 der Prozeß gegen Katharina Henot eingebettet zu sein in eine Kette von Verfahren im Klarenkloster, die wiederum ihre Entsprechung in der aufkommenden Welle von Hexenprozessen in den umliegenden Ämtern des Kurfürstentums haben, wo seit dem Frühjahr 1626 die Scheiterhaufen brannten«, meint denn auch Thomas P. Becker.[31]

Als ältere Frau und Witwe »paßte« sie ins Hexenstereotyp. Katharina wäre dann wiederum nur eine der vielen älteren Frauen, relativ autonom agierend und sichtbar, mit einer bereits in Hexereiverdacht gekommenen weiblichen Verwandten. Scheinbar eine aus dem »Hexenpool«, eine, die jedoch durch ein wesentliches Kriterium vom Hexenmuster abwich: ihre Herkunft bzw. ihren gesellschaftlichen Status. Sie war reich und gehörte zur Elite – noch 1617 kaufte sie für stolze 200 Goldgulden von einem C. Mertens ein Haus An den Dominikanern III Nr. 15. Sie konnte lesen und schreiben, und sie besaß Bücher. Das Bittere an ihrem Schicksal ist: Auch das Vermögen, auch die noch so hohe Stellung des Bruders, des Ehemannes, des Vaters, auch Kontakte zu den wichtigsten Persönlichkeiten des frühneuzeitlichen Köln halfen einer Frau nicht gegen Verdächtigungen, bewahrten sie nicht vor dem grausamen Automatismus, den die Denunziation als Hexe haben konnte, vor dem Scheiterhaufen.

Der Prozeß gegen eine Patrizierin widerlegte die im Volk verbreitete Überzeugung, es gäbe Hexen nur bei den niedrigen Ständen. Dadurch steigerte sich die Hexenangst, die Henot war schließlich eine Frau gewesen, der man »das« nicht zugetraut hätte. Ihr Prozeß bereitete in Köln den Boden für eine Kaskade von Verfahren, in denen häufig auf die »Hexe« Postmeisterin Bezug genommen wurde. Nach dem Fall Henot begann ein Damm zu brechen, es folgten mindestens 33 Anklagen und ca. 24 Hinrichtungen. Der bisher zurückhaltende Kölner Rat schwenkte »in etwa auf die kurfürstliche Linie ein«.[32] Bezeichnend für die imaginäre Bedeutung der Henot in der Phantasie des Volkes ist die

Aussage weiterer Beklagter, Katharina Henot sei die Königin bei den Hexentänzen gewesen.

Erst die Tatsache, daß die Obstverkäuferin Christina Plum nun sogar mehrere Menschen aus der städtischen Elite, den eigenen Reihen der Juristen und Geistlichen, anzeigte, führte letztlich zum Abklingen der Verfolgungswelle und dazu, daß eine erbarmungslose Prozeßkette ihr Ende fand.

Anmerkungen

1 Soldan-Heppe, Bd. 2, S. 113; vgl. zum Folgenden auch Siebel, S. 52ff.; Schormann, Krieg, S. 52-56; Goller; Becker, Internetseite Henot; Oestmann, S. 424ff.; Behringer, Köln
2 Sieglöhr/Engelbrecht, S. 834
3 vgl. Goller, S. 189, Steimel, S. 8, und Becker, Internetseite Henot
4 vgl. Piendl, S. 14
5 vgl. Goller, S. 185
6 vgl. Aries, S. 391ff.
7 Brief vom 10.5.1627, HAStK, KA 138; vgl. Kapitel Ende
8 Brief der Henot vom 16.3.1627. Original bei der Verwaltung des Gymnasial- und Stiftungsfonds, Stiftungsakten Henot, Abschrift im HAStK, VuV G187 – Transkription nach Becker, Hexenwahn, S. 223 ff.
9 So eine Notiz im Heubes-Archiv
10 vgl. Becker, Hexenverfolgung, S. 97
11 vgl. ebd., Anm. 36, S. 129 mit Hinweis auf die Quelle Nr. 23 fol. 247r im Bestand Kurköln/HStAD
12 vgl. Siebel, S. 194
13 vgl. HAStK, Rpr, 73 F 14 und Bestand 1039, Nr. 11, fol. 686ff., S. 10, vgl. Oestmann, Anm. 675, S. 425
14 vgl. Oestmann, S. 425
15 vgl. Schormann, Krieg, S. 54, und Becker, Hexenverfolgung, S. 97, sowie Becker, Internetseite Henot
16 vgl. Goller, S. 195
17 vgl. Schormann, Krieg, S. 55f. mit Hinweis auf HStAD KK III 23, Bl. 37
18 vgl. Goller, S. 195 und 197
19 vgl. Schormann, Krieg, S. 52
20 Becker, Hexenverfolgung, S. 105, Pauls S. 218
21 vgl. Becker, Internetseite Henot
22 Erhalten nur in einer Notariatsurkunde, vgl. die Übertragungen von Becker, Hexenwahn, S. 223ff., und Siebel, S. 147ff., bzw. HAStK VuV G 187
23 Oestmann weist darauf hin, wie gut sich Hartger mit der RKG-Rechtsprechung in Sachen Hexen inzwischen auskannte, vgl. S. 424ff. und 235 sowie 366
24 vgl. Schormann, Freiheit, S. 375 (Bezugstelle in Spees »Cautio«: Frage 39)
25 Brief vom 10.5.1627, HAStK, KA 138
26 vgl. Becker, Internetseite Henot
27 vgl. Schormann, Krieg, S. 53
28 vgl. ebd., S. 174
29 Brief vom 10.5.1627, HAStK, KA 138
30 ebd.
31 vgl. Becker, Internetseite Henot, und Becker, Hexenverfolgung, S. 96f.
32 vgl. Schormann, Krieg, S. 55; dazu kritisch: Oestmann, S. 426

Kindheit in der Frühen Neuzeit

»Die Geschichte der Kindheit ist ein Alptraum, aus dem wir gerade erst erwachen …«
(De Mause, Hört Ihr die Kinder weinen)

Wenn wir das Phänomen der Hexenverfolgungen in seiner Multikausalität verstehen wollen, stellt sich auch die Frage nach den Kindheitsbedingungen, die die Persönlichkeit der damaligen Menschen prägten. Wie trugen Sozialisationsprozesse in Familie, Schule und auf dem Arbeitsplatz zu der Angst hinter dem Hexenglauben bei, die verfolgenden wie verfolgten Menschen gemeinsam war?

Viele Kölner Kinder wuchsen unter großen Entbehrungen auf – Öl auf Holz, 1643, Kassel, Staatliche Kunstsammlungen, Schloß Wilhelmshöhe

In der Geschichtsforschung wird das Thema Kindheit noch immer recht spärlich behandelt, obwohl es für das Verstehen der menschlichen Gesellschaft in den Epochen von großer Bedeutung ist. Die Quellenlage ist nicht zufriedenstellend: Die wenigen Zeugnisse und auch die künstlerischen Kinderbildnisse thematisieren meist bürgerliche und adelige Kindheiten. In der Frühen Neuzeit gehörten aber die meisten Kinder der Unterschicht an, die die Mehrheit der Bevölkerung ausmachte. Ihr Leben war durch Armut und Arbeit bestimmt. Ihre Kindheit war sicherlich schrecklicher, als wir es uns heute vorstellen können und wollen.

Erst im 16. Jahrhundert rücken Kinder deutlicher ins Blickfeld.[1] Das liegt unter anderem an der neuen Rollenzuschreibung der Frau als Hausfrau und Mutter, deren Domäne nun die Welt der Kinder werden sollte. Daß Kindheit nun als eigenständige Lebensphase gesehen wurde, bedeutet jedoch nicht selbstverständlich, daß auch die Bedürfnisse der Kinder ernster genommen wurden. De Mause, ein bekannter Kindheitshistoriker meint dazu: »Was den Eltern in der Vergangenheit fehlte, war nicht Liebe, sondern eher die emotionale Reife, ... um das Kind als eigenständige Person anzuerkennen.«[2]

In wohlhabenden Familien waren Kinder ein Segen – Holzschnitt von Hans Burgkmair zu Marcus Tullio Cicero: Officia, 1540. Vielleicht eine Karikatur auf die Fruchtbarkeit der Frau.

Die meisten bürgerlichen Kinder lebten in autoritär geführten Familien, bei denen der Vater rechtlich als »*mumber*« (Vormund) der Mutter galt, die Mutter konnte jedoch auch – eine Besonderheit des Kölner Rechts – Vormund der eigenen oder fremder Kinder werden. Die Familienmitglieder wohnten zusammen, aber sie wirtschafteten und arbeiteten nicht mehr unbedingt zusammen wie noch im Mittelalter. Diese Familien waren einem gemeinsamen christlichen Leitbild verpflichtet: Vor der Geburt eines Kindes beteten die Eltern, daß es »von guter Art« sei und eine »feine Seele« bekommen möge. Die Taufe galt als »geistliche Geburt« des Menschen. In der Beschreibung eines Nürnberger Tauffestes von 1619 kommt die Geringschätzung von Mädchen darin zum Ausdruck, daß der Vater an ihrer Taufe nicht teilnahm – bei der Taufe eines Sohnes hingegen erschienen Vater, Gevatter und zehn Frauen. Dem setzte der Volksmund entgegen: »*Storch, Storch, du guter, bring mir einen Bruder, Storch, Storch du bester, bring mir eine Schwester.*«[3]

Mütter entwöhnten Säuglinge oft abrupt von der Brust, wobei Jungen längere Zeit gestillt wurden als Mädchen. Das Schreien von Babys wurde als Sünde angesehen und ignoriert. Sie wurden fest gewickelt und angebunden und hatten dadurch keinerlei Bewegungsfreiheit.

Die Armut als sozialer Faktor erschwerte eine kontinuierliche Fürsorge, so daß viele Kinder schlecht ernährt und anfällig für Krankheiten waren. In Köln wurden ledige Mütter eher toleriert – KindsmörderInnen gab es nur selten (Frauen stellten dabei achtzig Prozent der Täter, ein typisches Frauendelikt).[4] Um ausgesetzten Kindern das Leben zu retten, hatte der Rat schon im 14. Jahrhundert ein Findlingshaus und 1601 ein Waisenhaus eingerichtet.[5] Hermann von Weinsberg berichtet in seinen Lebenserinnerungen von mehreren Epidemien, unter anderem von dem uns heute unbekannten »englischen Schweiß«.[6] Der Tod gehörte zum Alltag; viele Bildmotive weisen auf die Vergänglichkeit hin. Die hohe Kindersterblichkeit führte zu einer innerlichen Haltung, die auf Verlust eingestellt war und daher vielleicht zu mehr emotionaler Zurückhaltung gegenüber dem kleinen Kind.

Auch die sozial besser gestellten Kinder hatten kein sorgloses Leben. In den Städten wurde es im 17. Jahrhundert in höheren Kreisen üblich, die Kinder zu einer Amme wegzugeben. Wenn sie – nicht immer in gutem Zustand – nach zwei Jahren in das ihnen fremde Elternhaus zurückkamen, mußten sie erneut psychische Anpassungsleistungen vollbringen, denn nun galt es, mit zunächst fremden Geschwistern oder Halbgeschwistern um die Gunst und Aufmerksamkeit der Eltern zu konkurrieren.

Angesichts der hohen Säuglingssterblichkeit lebten die Eltern in ständiger Angst vor einem Verlust ihrer Kinder – Radierung aus dem Totentanz von Daniel Chodowiecki, 1791

Schlagen wurde in den Familien quer durch alle sozialen Klassen als Erziehungsmittel eingesetzt. Ein Zeitgenosse formulierte verniedlichend, man solle ein »*kleines Rütlein*« nehmen, wenn das Kind »*erste böse Wort sprichet*«.[7] Martin Luther glaubte, daß der Vater durch strenge Zucht die Seele des Kindes vor der Hölle errette. Auch Hermann von Weinsberg erinnert sich rückblickend, daß Mutter und Vater ihn »*weidlich*« und »*arg*« schlugen.[8] Die Eltern sperrten die Kinder im Dunkeln ein und ängstigten sie durch schlimme Drohungen, zum Beispiel durch Teufels- und Hexenphantasien. Hexen und Teufel waren zentrale Gesprächsthemen, schon die Kleinen waren damit vertraut. Ein Flugblatt von 1652 berichtet über eine ungehorsame Tochter zu Pirma in Sachsen, die der Teufel geholt habe.[9] Ziel aller Erziehung war Frömmigkeit und Gehorsam, besonders die Einhaltung des 4. Gebots wurde den Kindern eingeschärft. Die Erziehung »in der Furcht des Herrn« saß tief, die religiöse Abrichtung der Kinder führte zu Schuldgefühlen und Angst.

Zucht und Ordnung bei Tisch – Holzschnitt nach einer Zeichnung von Georg Pencz, 1534

Das tägliche Zusammenleben geschah auf engstem Raum, hautnah und ohne »Privatsphäre«. Nicht wenige Erwachsene benutzten Kinder für ihre sexuellen Interessen, die Kölner Turmbücher geben davon Zeugnis. So gab Entgen Dederich, die Tochter eines Gewaltdieners (Kölner Polizisten), 1631 zu Protokoll: Wenn der Vater betrunken war, sei es oft passiert, *»daß er seine eigene Kinder pflege zu betasten«*. Er habe ihr bei Nacht die Decke weggezogen, sie *»gekußet und alda ihre heimlichkeit gefulet und ihre borst getastet«*. Sie habe den Vater mehrfach aufgefordert, sie in Ruhe zu lassen, aber er habe sie weiter gezwungen. Wie zu erwarten verlangte er ihr ab, das schlimme Geheimnis zu hüten: *»... wan solches außkäme, der Vater gesagt daß schweigen sollte.«*[10] Entgen lief von zu Hause weg, um dem Druck zu entfliehen, und wurde später Prostituierte – diese Verkettung kennen wir aus heutigen Biografien von Prostituierten. Sexuelle Übergriffe waren keine Einzelfälle und wurden juristisch härter bestraft als die Vergewaltigung erwachsener Frauen.

Im Alter von etwa sieben Jahren begann die Sozialisation durch außerfamiliäre Instanzen. In den Kölner Elementarschulen lernten Kinder lesen, schreiben und rechnen sowie den Katechismus, Kirchengesang und Gebete. Nicht Volksbildung, sondern die Ausbreitung und Vereinheitlichung des katholischen Glaubens stand im

Vordergrund. Mädchen und Jungen wurden in Köln vermutlich gemeinsam unterrichtet, Jungen gingen jedoch durchschnittlich drei Jahre länger zur Schule. Die LehrerInnen hatten keine besondere pädagogische Ausbildung, sie waren oft Beginen, Küster oder Handwerker.[11] Hermann von Weinsberg schildert, wie er in der Schule stillsitzen und schweigen lernte und wie ein Schulmeister seinen eigenen Sohn »*so schrecklich unter Gesang geißelte, daß er sich unrein machte*«.[12] Martin Luther – Befürworter einer christlichen Mädchenbildung – beschrieb die Schulen »*als Kerker und Höllen*«, die Lehrer als »*Tyrannen und Stockmeister*«, die Kinder lernten mit »*unmäßigem Fleiß, doch mit wenigem Nutzen*«.[13] In einer Stadt wie Köln mit ihren Spezialisierungen und Differenzierungen auf vielen Ebenen kam es früher zu einer Trennung in Mädchen- und Jungenschulen als anderswo, so richteten verschiedene Orden Schulen ein: die Jesuiten ein Gymnasium für Jungen, das 1598 bereits 1.000 Schüler zählte; die Ursulinen machten sich ab 1634 die Förderung von Mädchen – auch aus armen Familien – zur Aufgabe. Die Schulinhalte waren abgestellt auf die gewünschte Qualifikation und das Bildungsziel. »Bildung, die auf zukünftige Aufgaben zielte, konnte im Rahmen der damals gültigen Sozialordnung gar nicht für beide Geschlechter dieselben Inhalte haben.«[14] In den Mädchenschulen ging es dementsprechend primär um die Erziehung zu einer christlichen Hausfrau, Ehefrau und Mutter. Verschiedene Techniken zur Herstellung textiler Hausprodukte standen im Vordergrund. Welche Schule ein Mädchen auch besuchte, es bestand kaum die »Gefahr«, daß sie als Intellektuelle daraus hervorgehen würde. Nur ein niveauvoller Unterricht durch Hauslehrer ermöglichte Mädchen, später eine Gelehrte zu werden;[15] die Lebensgeschichte der berühmten Kölnerin Anna Maria van Schürmann gibt davon Zeugnis.[16]

»Schwarze Pädagogik«: Lehrer mit Rute und Schüler – Holzschnitt 1505

Proportional gingen in der Frühen Neuzeit nur wenige Kinder überhaupt zur Schule. Die meisten lernten unter den Vorgaben ihres Geschlechts und ihres sozial niedrigen Standes »von ganz alleine«, und sei es auf der Straße, was sie zum (Über-)Leben brauchten. Bis zur Einführung der allgemeinen Schulpflicht sollten noch Jahrhunderte vergehen.

Auch außerhalb der Welt der Schule galt: »*Laborare est orare*« (= Arbeit ist Gebet). Faulheit wurde in allen gesellschaftlichen Schichten als Todsünde angesehen. Von Weinsberg mußte als Kind Garn haspeln, womit die Eltern ihn von der Straße hielten, und im elterlichen Weinhandel *»den Zapfer machen«*.[17] Besonders die bürgerlichen Mädchen wurden schon sehr früh zu Reproduktionsarbeiten herangezogen, sie halfen ihren Müttern und bereiteten sich so auf das »Schicksal« einer Hausherrin vor. Nur selten gaben Eltern ihre Töchter in fremde Kaufmanns- oder Handwerkerhaushalte. Aber in Köln, der Stadt der Frauenzünfte, absolvierten im 15. und 16. Jahrhundert nicht wenige Mädchen qualifizierte Berufsausbildungen in den verschiedenen Handwerken oder wuchsen in die Handelsgeschäfte der Eltern hinein. Hermanns Schwester Katharina von Weinsberg erlernte sieben Jahre lang die Seidmacherinnenkunst.[18] Die Jungen, die zur Berufsausbildung in die Fremde geschickt wurden, lernten vor allem auch, Kargheit und Belastungen auszuhalten. Der Lehrmeister hatte das Züchtigungsrecht – Fluchen, Trinken und sündige Reden waren verboten.[19]

Spinnerin mit Tochter – Kupferstich, Mitte 17. Jh. Die niederländische Künstlerin Geertruydt Roghman fertigte einen Zyklus über Tätigkeiten von Frauen an.

Mädchen aus der Unterschicht verdingten sich schon früh in Haushalten und erwarben als Magd gewisse Kenntnisse fürs Leben, gegebenenfalls bis ein »Prinz« sie heiratete und zu seiner Magd machte. Jugendliche, die unterhalb des Existenzminimums lebten und nicht von »Sozialisationsagenturen« oder Hilfsinstitutionen getragen wurden, die ohne Obdach waren und bettelten, fanden oft nur den Weg in die Prostitution oder in die Kriminalität, um zu überleben.

Erst im 16./17. Jahrhundert bahnte sich – begleitet von einem neuen Eheverständnis – ein Umschwung an: »In der Liebe zu den Kindern spielte die sorgfältige Erziehung und Ausbildung eine zunehmende Rolle, nicht nur weil für das gelehrte Bürgertum darin das eigentliche ›Erbteil‹ bestand, sondern weil die Verbindung zwischen Eltern und Kindern neben der physischen eine geistige Qualität erhielt (›geistige Vaterschaft‹). Zugleich wurde Liebe für die Ehefrauen ein neuer Modus ihrer nunmehr ›freiwilligen‹ Unterordnung.«[20] Die Kinder erhielten eine größere Bedeutung im Selbstverständnis der Menschen: Nachkommen sollten das Leben nach dem Tod sicherstellen, und Kinderlosigkeit wurde zu einer großen Prüfung für die Eheleute.[21]

Die äußeren Sozialisationsbedingungen der meisten Kinder blieben von Armut und dem Kampf ums Überleben bestimmt. Die Erziehungsmethoden zielten auf Gehorsam und Frömmigkeit. Kindheit war kein unbeschwerter Freiraum, sondern von Unterdrückung und Entbehrung geprägt, Bedürfnisse nach Sicherheit, Zärtlichkeit und Autonomie hatten keine großen Chancen auf Erfüllung.

»Schwarze Pädagogik« und Erziehung zur Hexenangst – Holzschnitt aus der Sammlung Gustav Freitag, Stadtbibliothek Frankfurt/ Main

Natürlich dürfen »moderne« Maßstäbe nicht an die Frühe Neuzeit angelegt und heutiges Bewußtsein auf damals projiziert werden. Wahrscheinlich hatten die Menschen aufgrund ihrer konkreten Lebensumstände andere Belastungsgrenzen als heute. Aber es ist anzunehmen, daß fundamentale Bedürfnisse nach Liebe und Anerkennung sowie Gefühle epochenübergreifend konstant sind, sich nicht verändert haben. Zur gutgemeinten »schwarzen Pädagogik« gehörten in allen Familien schauerliche Erzählungen und Bilder von Dämonen, Hexen und Teufeln, die die Kinder nachhaltig ängstigten. Die »inneren« Bedingungen der Kindheit waren in dieser Hinsicht ähnlich, alle Menschen dieses Kulturkreises verinnerlichten das System des Hexenglaubens von der Wiege an. Sozialisationsprozesse können Hexenangst nicht hinreichend erklären, sind aber ein wichtiger Faktor im Ursachengeflecht der Hexenverfolgung.

Anmerkungen

1 vgl. Heinemann, S. 82
2 Hört Ihr die Kinder weinen, S. 35
3 Boesch, S. 10
4 vgl. Schwerhoff, Köln im Kreuzverhör, S. 410; vgl. auch Irsigler/Lassotta, S. 255, und von Weinsberg/Hässlin, S. 196
5 vgl. Keussen: Topographie, Bd. I, S. 269, und Chronik Köln, S. 176
6 vgl. von Weinsberg/Hässlin, S. 60f.
7 Boesch, S. 47
8 von Weinsberg/Hässlin, S. 41 und 51
9 vgl. Boesch, S. 56
10 HAStK, Bestand VuV G 253, fol. 86a-90a, zit. nach Stein, S. 43
11 vgl. Boesch, S. 96, und Becker, Konfessionalisierung, S. 236ff.
12 von Weinsberg/Hässlin, S. 42
13 Boesch, S. 102
14 Becker, Konfessionalisierung, S. 249; vgl. zum Folgenden auch Chronik Köln, S. 163 und 187
15 vgl. Sonnet, S. 141
16 vgl. Franken: Was aber bleibt ..., S. 243
17 von Weinsberg/Hässlin, S. 55
18 vgl. Kammeier-Nebel, Frauenbildung, S. 85
19 vgl. De Mause, S. 354; Boesch, S. 108 und 110
20 Wunder, Überlegungen, S. 23
21 vgl. ebd., S. 17

Die »Hexe« im Volksglauben – populäre Magievorstellungen

»Niemals habe ich aber ein Weib gesehen, das imstande wäre, Hasen, Hunde, Katzen, Mäuse, Schlangen, Kröten zu machen, mit einem Bock durch den Schornstein zu fliegen, in Weinkeller zu schlüpfen, mit dem Teufel zu tanzen; und derjenige, der da sagt, er habe es gesehen, kann lügen. Laß Gott es richten.«
(Hermann von Weinsberg[1])

»Ich brauche einen Liebeszauber der 100%ig wirkt, er sollte aber keine negativen Nebenwirkungen haben. Denn ich möchte den Mann endlich für mich gewinnen. Bitte, bitte helft mir und schreibt mir Zaubersprüche, Rituale oder dergleichen ... Die Rituale sollten einfach auszuführen sein. Ich hoffe, dass ihr mir helft«.
(Luna/17. Juni 2000 19:41:01, Internet[2])

Den Glauben an zaubermächtige Menschen und Ereignisse sowie Manipulationswünsche gab es immer und wird es immer geben, auch in der Großstadt;[3] sie sind sozusagen eine Universalie. Auch die entsprechenden Kriminalisierungen magischer Praktiken sind uralt. Schon im heidnischen Altertum waren Zauberinnen überwiegend weiblich. Und schon diese mythologischen Zauberinnen setzten laut den antiken Autoren ihren Körper, ihre sexuellen Reize mit ein. In unserem Kulturkreis wurde eine alttestamentarische Anordnung, die auf Frauen abzielte (»Die Zauberinnen sollst du nicht am Leben lassen«, 2. Mose 22,17) zu einer der wichtigsten Rechtfertigungen für die Hexenverfolgungen. Die Verknüpfungen von Magie und Frau sind demnach älter als die frühneuzeitlichen theoretischen Traktate, die explizit auf die Schadens*zauberinnen* abheben. Der *»Malleus«* erfaßt schon im Titel nur die Übeltäterinnen (»*maleficarum*«); auch Molitor bezeichnet in seinem kurz darauf erschienenen Buch »*unholden und Häcksen [als] verkert und boeß weibs person*«.[4]

»*Werwolf*« *raubt ein Kind – Ausschnitt aus einem Holzschnitt von Lukas Cranach d.Ä., um 1550*

In der Frühen Neuzeit dominierten in den meisten Regionen die Frauen als magische Autoritäten. Die Historikerin Ingrid Ahrendt-Schulte[5] fand je nach Wirtschaftsstruktur, Arbeitsteilung und lebensweltlichen Bezügen differierende Praktiken bei Frauen und Männern.[6] Männerspezifische Magie soll diesseitiger, alltagspraktischer gewesen sein. Und ganz bedeutsam: Männern wurde seltener Schadenszauber unterstellt. Sie wurden dagegen oft als mit behaarten Körpern ausgestattete Werwölfe imaginiert. Hinter dem Werwolf-Mythos stand der Glaube, die Seele könne den Leib verlassen und die Gestalt eines starken, aggressiven Tieres annehmen. In Köln sind drei Männer überliefert, die als Werwölfe und Zauberer vor Gericht standen: 1589 ermordete der aus heutiger Sicht geisteskranke Peter Stupe »in Wolfsgestalt« 16 Menschen und wurde nach einem Schauprozeß hingerichtet. – Der als Werwolf verdächtige Martin Schmidt erhielt 1600 einen Stadtverweis.[7] – Heinrich von Trutzeler schließlich wurde während der Verfolgungswelle 1628 an den Greven geliefert, weil er in Wolfsgestalt Malefizien begangen habe.[8]

Bei Frauen drehte sich vieles um die existentiellen Themen von Leben und Tod und »natürlich« um die Liebe, um Fortpflanzung bzw. um die Behebung von Unfruchtbarkeit.[9] Zaubertränke konnten Kindersegen bewirken, so der Volksglaube.

Die Liebe stand neben der Gesundheit auch in Köln an erster Stelle der gewünschten Einflußsphären; auf zwischenmenschliche Beziehungen wollten die »Klientinnen« am häufigsten mittels magischer Praktiken einwirken.[10] 1592 erklärte Magdalena von Schwadorp während des Verhörs ihr Rezept für Liebeszauber: Sie nahm einen Totenkopf, kochte ihn in Brunnenwasser »*in des Boesen Namen*«, und der ersehnte (untreue) »*Beischleffer*« kam aus der Ferne sofort zurück.[11] Im Sinne der Kirche war dies Schadenszauber, denn es ging um Machtgewinn über eine andere Person. Für die Protagonistinnen selbst war es positive Beeinflussung.[12]

Aus einem mittelalterlichen Bußbuch geht hervor, welche Liebeszauberpraktiken die Priester in der Beichte abfragten, ob die Frau etwa vom Samen des Mannes gekostet habe.[13] Weitere »Tips« beinhalteten das Vermischen von Menstruationsblut mit Speisen oder Getränken, alles »*damit sie mehr von ihnen geliebt werden*«,[14] auf diesen Zauber standen zwei bis sieben Jahre Buße. Die Häufung der Ratschläge und die scheinbare Notwendigkeit des Liebeszaubers spiegeln eine große Lieblosigkeit und Unlust zwischen den Ehepartnern. Der zauberische Impetus der Frauen war meistens darauf ausgerichtet, den eigenen Mann zu erregen, oder besser: mit mehr Gefühl und Hingabe geliebt zu werden. Schöner Sex mit fremden Männern oder Ehebruch war seltener Thema als Abwehr gewalttätiger Sexualität von Männern. Liebeszauber übten die Frauen häufig miteinander »in Heimarbeit«, unter Zuhilfenahme einer vertrauten Freundin und ohne Vermittlung einer »Hexe« oder eines Dämons, aus.[15] Er geschah in der Küche, zum Beispiel beim gemeinsamen Backen aphrodisierender Speisen. Für manches Liebesritual war aber auch die Mitwirkung des Mannes erforderlich.

Stechapfel wurde für Liebeszauber verwendet – aus: »Lust – und Arzeneygarten« des W.H. Freiherr von Hohberg, 17. Jh.

Die Verständigung mit einem gewünschten Sexualpartner war ein großes Anliegen der Epoche. Blöcker vermutet, daß eine Erklärung für die Verbreitung von Liebezauber war, daß es in der spätmittelalterlichen/frühneuzeitlichen Gesellschaft gerade für Frauen kaum möglich gewesen sei, offen über Begehren und sexuelle Wünsche zu sprechen.[16] Folglich drückten sie sich über Zauberei aus. Liebeszauber verhalf Frauen dazu, nicht nur passiv zu verharren, sondern direkt, selbständig zu agieren, mehr Selbstvertrauen zu gewinnen und eine erotisierende Ausstrahlung zu entwickeln.

Kommunikation mit Toten war Aufgabe der Frauen; Personen, die einen erwiesenen Zugang zu der Geisterwelt hatten, wurden sowohl mit Furcht als auch mit Ehrfurcht bedacht. Sicher wurden viele Rezepte intuitiv entwickelt, aber es gab auch tradiertes Erfahrungswissen. Die Lehrmeisterinnen, magieerfahrene Frauen, gaben ihre Kenntnisse engagiert innerhalb ihres Umfelds weiter. Andere Frauen und Männer »zauberten« allein aus ökonomischen Gründen und boten ihre Dienste als WahrsagerIn in Zeiten materieller Not bis in die höheren Schichten hinein an.[17] Kölner Frauen, die Wiederbringungszauber beherrschten, zählten erwiesenermaßen Angehörige höherstehender Familien zu ihren KundInnen.[18]

Das Christentum fand die Vorstellung von zaubernden Frauen als heidnischen Volksglauben noch vor und verschmolz die Bilder von Maria als der obersten Retterin in der Not mit denen einer weisen, im Volk beliebten, fürsorglichen Frau.[19] Die Volkskultur war nur oberflächlich christianisiert, die Menschen kannten noch Geschichten vom nächtlichen Umhertreiben von Frauenscharen. Diese Überreste von Heidentum wurden von Theologen in eine wissenschaftliche Form gegossen, um die »Hexen« – und nicht etwa den Glauben an sie – auszurotten.[20]

Viele christliche Praktiken und Kulte waren äußerlich kaum von Magie zu trennen. Krankheitsbewältigung durch festgelegte Gebete oder Wallfahrten, um sich des Beistandes Gottes zu versichern, waren nicht-kriminalisierte Formen von »Zauber«, die überhaupt erst im Hochmittelalter erfunden wurden.[21] Die Hostie wurde ganz offen als Zaubermittel eingesetzt, Wahrsagerei unter einem christlichem Deckmantel war akzeptiert.[22] Bei Brustkrebs wurde die hl. Agatha als Fürsprecherin angerufen, deren Brüste verstümmelt worden waren.[23] Die ritualisierte Schutzgeste des sich Bekreuzigens, das Küssen von Statuen, die tägliche Umwandlung von Brot und Wein in Körper und Blut, das Berühren bestimmter Örtlichkeiten, die Besprengung mit heiligem Wasser, Schreinsprozessionen, Geburtsrituale usw. – dahinter verbarg sich manch altes heidnisches Ritual. Auch Christen hatten Manipulationswünsche, und die mittelalterliche Kirche hatte ganz gezielt einen eigenen »Pantheon der Heiligen« und damit Ersatz für bisherige Praktiken geschaffen.[24]

1648 gestand die 67jährige Ursula Horst, sie wisse von der Mutter, wie sie Krankheiten aus Wachs- oder Talgfiguren lesen könne. Solche, die dem St. Quirin zugeordnet seien (Haut oder Knochenkrankheiten), hinterließen auf den Objekten Schlieren.

Viele Kölner Geistliche betrieben selbst im »rationalen« 17. Jahrhundert heidnischen Zauber, gaben den Besitz von Zauberbüchern zu und vermittelten sogar im Beichtstuhl eigenes Zauberwissen an Frauen weiter. Der berüchtigte Denunziant Pater Claes murmelte bei seinen Heilversuchen völlig sinnlose und unchristliche Beschwörungsformeln.[25] Die Kirche entwickelte letztlich keine einheitliche Position zu diesem Thema.[26]

Irsigler/Lassotta sehen denn auch keinen Grund zu der Annahme, daß sich der Gebrauch von Zauberei und magischen Tränken über

Junger Mann in den Fängen von Wahrsagerinnen – Ölgemälde von Georges de la Tour, ca. 1635, New York Metropolitan Museum of Art

die Zeit verringert habe.[27] Das Geschäft mit Zauberei und Hexerei sei in das Kölner Alltagsleben integriert, die Personen die es ausübten, akzeptiert gewesen.

Aus dem breiten Angebotsspektrum heben sich am deutlichsten die WahrsagerInnen ab – oder sind sie uns einfach am vertrautesten? Sie sagten die Zukunft anhand von Analogieschlüssen voraus, sei es Zeichen (Gestirn, Kaffeesatz) beobachten, Karten legen, Omen oder Vorzeichen deuten.[28] Besonders sie waren auf Schulung angewiesen, auf die Vermittlung von geheimem Wissen durch eine Lehrperson. Der Wunsch, die Zukunft erfahren zu wollen, galt als häretisch, denn die Kenntnis und Gestaltung der Zukunft war Gott vorbehalten.[29] Aber Astrologie war im 16. und 17. Jahrhundert sehr beliebt – wurde durchaus auch von Priestern, Mönchen und Nonnen ausgeübt. In den Kölner Kriminalakten finden sich mehrere Hinweise auf Männer und Frauen, die Bücher mit Planeten besaßen. So wandte sich 1489 der Offizial der Kölner Kurie gegen den Astrologen Hartung Gernod und seine Kundschaft. Sie mußten vor einer Kommission unter Leitung des Inquisitors Jacob Sprenger erscheinen.[30] Der Wahrsager Johann im Bonnerhofe kam 1530 wegen Zauberei und schwarzer Magie vor das Hohe weltliche Gericht.[31] Dieses Beispiel zeigt, wie gefährdet die Berufsgruppe für Zaubereianklagen war. 1592 sagte Magdalena von Schwadorp voller Stolz aus, sie besitze ein Buch, in dem die »*hendt und haupter, die mändt [Monde] und die planeten*« abzulesen wären.[32]

Die sogenannte weiße (helfende) Magie unterschied sich in den Praktiken nicht groß vom sogenannten schwarzen oder Schadenszauber, der Kontrast bestand allein in der Wirkung.

Helfender Zauber erfolgte zum Beispiel durch Imitation, durch Verwendung von Gegenständen der geliebten Person, Aneignung einer Kraft durch Tragen von symbolischen Teilen eines Tieres; er zielte auf Wunscherfüllung. Tierorgane dienten als magische Speisen mit den jeweiligen symbolischen Heileigenschaften (Herz, Hoden usw.). Kölner Rezepte enthielten viele solche Ingredienzen wie Wolfs- und Storchenherzen.[33]

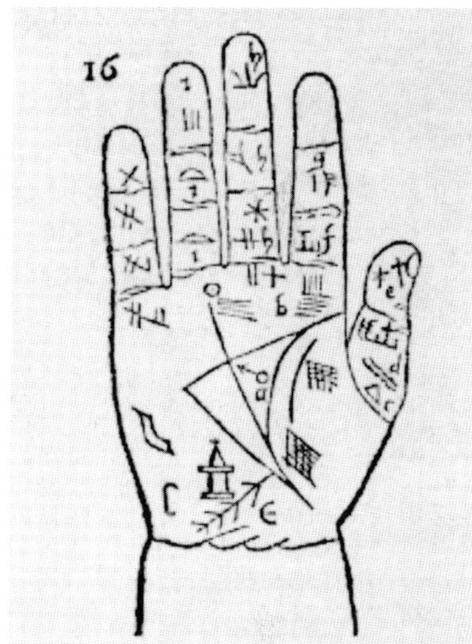

Magische Hand aus einem Buch von Jean Taisnier, Köln 1562 (Ausschnitt)

Magie setzten Menschen mit Krankheiten aller Art ein, sei es einen Segensspruch auf einem Stück Papier oder ein Amulett. Anderer Hilfszauber erfolgte durch Beschwörungen, Besprechungen, Zaubersprüche, Lieder oder Besingungen. In Krisenzeiten praktizierten Eingeweihte Abwehrzauber als Wetter-, Wurm- oder Brandsegen; im Krieg war ein Schutzzauber hilfreich, der Soldaten hieb- und stichfest machte.[34] Eine Elisabeth Zimmermann betete tagsüber gegen Geld Reihengebete zum Wiederfinden von verlorenen Dingen.[35] Einfache Kölner Frauen übten Magie mittels haushaltsnaher Utensilien aus, wie Küchensieb oder Schere.[36]

Übelwollenden Magierinnen oder Unholden, die schädigenden Zauber begingen, wurde unterstellt, sie wollten jemandem gezielt oder systematisch Schaden zufügen, für sich einen Vorteil bewirken und die eigene Lebenssituation auf materieller, physischer oder auch emotionaler Ebene verbessern. Unter mancherlei Aspekten handelte es sich dabei um eine Pervertierung von Heil- und Fruchtbarkeitsriten.[37]

Den »*Zauberschen*« wurde vorgeworfen, sie agierten antisozial. Neben so »banalen« Dingen wie Wetterzauber oder verbotenen sexuellen Beziehungen ging es um so schwerwiegende Vorwürfe wie Inzest, Mord oder gar Kannibalismus.

Jedes Unglück konnte als Schadenszauber gedeutet und wahrgenommen werden: Tödliche Krankheiten, Impotenz, das Fremdgehen der Partnerin/des Partners, plötzlicher Kindstod, Unwetter, Viehsterben usw. Noch recht alltäglich waren die unerwartet sauer werdende Milch, der aufgebrochene Käse, die Entdeckung von Getreideschädlingen, die nicht steigende Hefe. Dem Kochen, Backen, Brauen, Gären, Butter- und Käseherstellen wurden – wie Ahrendt-Schulte dargelegt hat – »magische« Qualitäten zugesprochen. Ritualisierte Formeln begleiteten manche Hausarbeit; Gesten und Symbole sollten Schadenszauber fernhalten.[38] Der Versuch der Beeinflussung lag bei Mißerfolg nahe.

3 Holzschnitte über Wetterzauber – links von Hans Vintler, 1486, Mitte und rechts aus Ulrich Mulitors »De lamiis et phitonicis mulieribus« (dt. »Von Hexen und Unholden«), Köln, 1489

Wetterzauber galt – wie Liebeszauber – letztlich immer als Schadenszauber. Erstaunlicherweise machten Hexen anscheinend nie schönes Wetter, sondern immer nur Hagel und Sturm, Überschwemmung und Dürre. Korn wurde von Hagel zerstört, eine Trockenheit zog eine Ungezieferplage nach sich, das ermattete Vieh gab keine Milch mehr – da war Hexenhand im Spiel. Wetter wurde in der Vorstellung der Menschen meist im weiblichen Kollektiv bewirkt.[39] Es gab die Vorstellung, daß jungfräuliche Mädchen durch ihre Beschwörungen Regen machen könnten, indem sie unter anderem ihre Schritte in der Art eines Krebses setzten.[40] Auch die erste urkundlich belegte Kölner Hinrichtung drehte sich um Wetterzauber: 1453 wurden in Köln zwei *»mulieres sortilegiae«* (zauberische Frauen) dafür verbrannt, *»dat sy quaide luycht ind weder machen konne«* und *»umb quaider [übler] handelonge willen«*.[41]

Manche Vorwürfe wie Raupen- und Häschenzauberei verweisen auf die Furcht vor Tierplagen.

Oft half nur der sogenannte Gegenzauber, der unerwünschten Wirkungen der schwarzen Magie vorbeugte oder sie sogar aufhob. Da ging Mohn Entgen, die sich von einer Hebamme verzaubert fühlte, zum Domprediger Pater Mohr, und dieser sprach für sie Gebete, gab ihr gesegnetes Salz und Wasser. Sie nahm beides ein, und danach ging es ihr wieder besser.[42] Einem »verhexten« Kind verhalf er zur Gesundheit, indem er ihm ein Amulett gab.[43] Die kleine siebenjährige Gertrud wußte ein Rezept mit Johanniskrautsamen, um herauszufinden, ob eine von der Kunst sei oder nicht, und sich gegebenenfalls zu wehren.[44] Die Bemühungen, Personen zur Rücknahme eines Zaubers zu bewegen, scheinen gar nicht so selten gewesen zu sein – und sie sparten den Hexenprozeß.[45] Ein Mann griff zu einem einfacheren Mittel: Er schlug eine Frau, damit sie den Zauber zurücknähme.

Der Unterschied zwischen weißer und schwarzer Magie bestand allein, wie erwähnt, in der Wirkung. Die Landbevölkerung glaubte länger als die Stadtmenschen an weibliche Wesen wie Elfen, Wassernixen, Zauberfrauen – sie konnten Hexen sein und unsichtbar Kindern und Vieh schaden oder sich den Menschen – und gerade Kindern – zeigen und Glück bringen. Vor der Hexenverfolgung wurde Schadenszauber auch nicht streng geahndet; in bestimmten Gesetzestexten war das Strafmaß nicht sehr hoch.[47] Zauberinnen waren bis dahin keine Außenseiterinnen oder Randständige – dies wurden sie erst durch Vorwürfe im Falle des Versagens. Dann zeigte Zauberei ihre Kehrseite, dann galt sie plötzlich als Bedrohung der Gesundheit, als Angriff auf die Familie, als Schädigung des Besitzes, als Verwirrung des Geisteszustandes.

In der Frühen Neuzeit wurde Zauberei von den Behörden als eine der schlimmsten denkbaren Übeltaten angesehen, für die sich ein eigener Bereich innerhalb der weltlichen Justiz ausprägte, die Malefizjustiz. Eine Differenzierung der magischen Praktiken wie Praktizierenden war für die Verfolgungsbehörden nötig. Die reichsweite »Peinliche Gerichtsordnung Kaiser Karls V. von 1532«, Constitutio Criminalis Carolina (CCC) oder kurz Carolina genannt, differen-

Eine amüsante Geschichte ist aus dem Jahr 1608 überliefert: Der Weingärtner Jan Schultheiß mußte sich wegen professioneller Geisterbeschwörung vor Gericht verantworten. Er war im Zweitberuf Geisterbanner – und in den Augen des Pastors ein Scharlatan. Die Bewohner des Wirtshauses »Im Stern« in der Weyerstraße hatten ihn konsultiert, weil ein »Poltergeist« sie tyrannisierte. Schultheiß ging mit Wachs und Salz sowie Beschwörungsformeln gegen den »Geist« vor. Doch der blieb hart und stellte unannehmbare Bedingungen an die geplagten Bewohner: Nur wenn die Hausfrau im Winter barfuß nach Rom wallfahre, würde er Ruhe geben. Der Geisterbanner verhandelte mit dem »Geist« und ließ sich dafür gut bezahlen. Über die Honorarsumme gab es Krach, auch mit dem Pfarrer, denn Schultheiß erlaubte sich eine verbale Entgleisung gegen die unliebsame geistliche Konkurrenz. Der Geisterbanner drohte, das Gespenst werde die Leute wieder quälen, und so landete er als dessen Komplize im Turm. Im Verhör sagte Schultheiß, daß nicht jeder gute Christenmensch Geister beschwören könne, es bedürfe einer einzigartigen persönlichen Qualität.[46]

Auch die höchsten Stände nutzten weiße und schwarze Magie – Holzschnitt von Hans Burgmair, 1514

zierte in Paragraph 109 nach »schädigender« und »nicht schädigender« Zauberei, ohne jedoch eine weitere Erklärung zu geben.

Zauberinnen oder Wunderheiler wurden nun aufgrund der aufgepeitschten Stimmung im Falle eines Mißerfolgs schneller als früher der schwarzen Magie angeklagt. Doch nahm die Zuflucht zu dieser Form der Krisenbewältigung trotz der Hexenverfolgungen durchaus nicht ab. Und auch im Jahre 2000 gibt es zauberische Beschwörungsversuche gegenüber verhexten PCs sowie eine breite Nachfrage nach magischen Dienstleistungen.[48]

Anmerkungen

1 zit. nach Siebel, S. 32
2 Internetseite: http://f19.parsimony.net/forum33653/index.htm
3 vgl. Irsigler/Lassotta, S. 148
4 Ulrich Molitor, »De lamiis et phitonicis mulieribus«, 1489 (dt. »Von Hexen und Unholden«). Auf der Titelseite des Buches ist ursprünglich »... laniis...« gedruckt!
5 Ingrid Ahrendt-Schulte ist eine der wenigen Autorinnen, die nach den Effekten der Zauberei fragt.

6 vgl. Ahrendt-Schulte, Hexenprozesse, S. 210f.
7 vgl. Irsigler/Lassotta, S. 152f.
8 vgl. Siebel, S. 62 und 152
9 vgl. Hufton, S. 342, und Opitz, Evastöchter, S. 55ff.
10 vgl. Blöcker, S. 114
11 vgl. Irsigler/Lassotta, S. 156; vgl. Schwerhoff, Köln, S. 431
12 Theologen stellten sich u.a. vor, daß Frauen zwischen Ehegatten auch unversöhnlichen Haß bewirken könnten und würden.
13 vgl. Blöcker, S. 115
14 ebd.
15 vgl. ebd., S. 116
16 vgl. ebd., S. 114
17 vgl. Schwerhoff, Köln, S. 430
18 vgl. Irsigler/Lassotta, S. 163
19 vgl. Schwerhoff, Hexenverfolgung, S. 17, und den Aufsatz von Schwerhoff: Rationalität im Wahn
20 vgl. Blöcker, S. 118, und das Kapitel »Das gelehrte Hexenbild« in diesem Buch
21 vgl. Jütte, S. 150
22 vgl. Irsigler/Lassotta, S. 158
23 vgl. Kruse, S. 137
24 vgl. Hufton, S. 341
25 vgl. Jütte, S. 156f. mit Verweis auf VuV G 226, fol. 8r vom 1.8.1589
26 vgl. Irsigler/Lassotta, S. 163
27 vgl. ebd.
28 vgl. Blöcker, S. 116
29 vgl. E. Ennen, S. 16f.
30 vgl. Hansen, Quellen, S. 502f.
31 vgl. L. Ennen, S. 759
32 vgl. Irsigler/Lassotta, S. 152
33 vgl. Jütte, S. 83
34 vgl. Irsigler/Lassotta, S. 163
35 vgl. Irsigler/Lassotta, S. 158f. mit Verweis auf VuV G 227, fol. 186b ff., 207b, 208a vom 10.6.1592
36 vgl. Irsigler/Lassotta, S. 159; der Beichtvater riet ihnen, den Gebrauch geheimzuhalten, die Leute könnten es für Teufelswerk halten, vgl. S. 163
37 vgl. Ahrendt-Schulte, Hexenprozesse, S. 200
38 vgl. ebd., S. 211. Inwieweit die Angst vor menstruierenden Frauen in Zaubervorste llungen hineinspielte, kann hier nicht geklärt werden, ist aber mehr als naheliegend.
39 vgl. Blöcker, S. 116
40 vgl. ebd., S. 116f.
41 zit. nach Schwerhoff, Hexenverfolgung, S. 55, Anm. 72 (Lütticher Chronik)
42 vgl. Jütte, S. 156 mit Bezug auf VuV G 182a, fol. 179v vom 24.11.1628
43 vgl. ebd.
44 vgl. Irsigler/Lassotta, S. 156
45 vgl. Schwerhoff, Hexenverfolgung, S. 22
46 vgl. Schwerhoff, Köln im Kreuzverhör, S. 431f.
47 vgl. E. Ennen, S. 10; dagegen spricht, daß schon im Sachsenspiegel für Zauberer der Feuertod vorgesehen war, wie E. Ennen auf S. 11 vermerkt.
48 Laut Erhebungen von 1973-1991 glauben fünfzehn bis zwanzig Prozent der Deutschen heute noch an Hexen, vgl. Riedl, S. 197; 1988 glaubten zwei Drittel der US-BürgerInnen an satanische Mächte; vgl. Riedl, S. 16

Das gelehrte Hexenbild – die Konstruktion der »Hexe«

Vorstellungen von Zauberei und Hexerei sind jeweils spezifische kulturelle Konstrukte. Das Hexenphänomen setzte sich aus einem Knäuel von möglichen Interpretationen in den Köpfen der einzelnen Menschen zu einem großen Ganzen zusammen – es war durchaus keine anomale oder singuläre Abweichung, sondern integraler Bestandteil der damaligen Gesellschaft.

Vorstellungen über die verschiedenen Aspekte des Hexenmusters – Titelholzschnitt aus Peter Binsfelds »Tractat vom Bekenntnis der Zauberer und Hexen«, 1591

Im Kontext der spätmittelalterlichen Ketzerverfolgungen begannen Theologen und Inquisitoren im 15. Jahrhundert, volksmagische Praktiken und heidnische religiöse Einstellungen mit Ketzerei gleichzusetzen. Es kam zur verhängnisvollen Kumulation verschiedener Zauberei- und Häresievorstellungen,[1] und es bildete sich ein fest umrissenes »akademisches« Hexenbild, das fortan den Prozessen zugrunde gelegt und abgefragt wurde. Das bisher geahndete Vergehen des Götzendienstes wurde mit dem eines schadensorientierten Teufelspaktes verknüpft. Fortan wurde der Pakt KetzerInnen, Zauberern und Zauberinnen unterstellt. Der Dämon bekam einen immer stärkeren Stellenwert in der christlichen Religion.

Ab etwa 1460 erfolgte der Übergang vom Ketzer- zum Zaubereiprozeß und schließlich zum frühneuzeitlich-christlichen Hexenprozeß. In diesen Hexenbegriff wurde ein hierarchisiertes Geschlechterverhältnis hereingenommen: Der Teufel als begehrender

Mann wurde zum Herrn und Meister aller Frauen installiert. Im gottorientierten Glaubenssystem hatte hingegen – zumindest in der Theorie – ein relativ gleiches Verhältnis von Mann und Frau zu Gott bestanden.[2]

Ein ehemaliger Kölner Student, der dominikanische Autor Johannes Nider, bewirkte 1437 die theologische Zuspitzung des Zaubereidelikts auf Frauen. Das Bild der angesehenen Zauberin oder auch der häretischen Außenseiterin verformte sich zur Alltags-Schadenszauberin und/oder zur abhängigen Geliebten des Teufels.[3] Das religiöse Establishment modellierte im gesamten kontinentalen Europa bald eine solche Zauberin/Unholdin/Hexe. Das neue Hexenbild wurde anschließend mit den zur Verfügung stehenden Mitteln der Institution Kirche propagandistisch verbreitet, wurde Thema von Predigten und Ansprachen, von Traktaten und »wissenschaftlichen« Abhandlungen mit recht hohen Auflagenzahlen. Im Rheinland sorgten die sogenannten Hexenkommissare und die Präsenz der Schöffen vor Ort dafür, daß »der gelehrte Hexenbegriff mit seinem Verschwörungsmythos und seinen Kettenprozessen in die Dörfer und Städtchen … getragen wurde«.[4]

Die Durchsetzung dieses Bildes dauerte einige Zeit. Noch im September 1506 wurde die als Zauberin bekannte Stina Dürrenaels[5] »nur« aus der Stadt Köln verwiesen, nachdem eine Witwe namens Gertgen Stina des Schadenszaubers beschuldigt hatte. Der Rat handhabte die Angelegenheit als reinen Zaubereiprozeß, vom Teufel gab es noch keine Spur.[6]

Der »erschien« im Jahr darauf: Im Prozeß gegen Tringin von Breisig legte diese ein Geständnis ab – der erste Kölner Prozeß, in dem die neuen Zauberei-Kriterien zu erkennen waren. Dennoch mußte auch Tringin »nur« die Stadt verlassen.

In den Zauberei- und Hexenprozessen der folgenden vier Jahrhunderte wurden bei den Verhören stereotyp vier bis fünf Kategorien abgefragt:

1. Teufelspakt

Der Teufel kam 1507 zu Tringin von Breisig *»ins Haus auf dem Holzmarkt«* in Gestalt eines Mönchs und *»frischen«* Mannes namens Johann. Er habe sie Gott verleugnen lassen und ihr ein Zeichen auf die Stirn gedrückt.

Das Weltbild der spätmittelalterlichen Menschen war von Dämonen bewohnt. Die Omnipräsenz von Teufel, Dämonen, bösen Geistern mag einer der größten Unterschiede von unserer zur damaligen Epoche sein.[7] Den Teufelspakt stellten sich die ZeitgenossInnen als quasikirchliches Ritual wie eine Eheschließung vor; auf Teufelshochzeiten trauten Oberteufel Untergebene mit Menschen-Frauen, anschließend gab es eine Hochzeitsfeier.[8] Der Teufel wurde zwar immer männlich gedacht, er mußte aber nicht die Gestalt eines Mannes annehmen, sondern konnte als Tier, tierähnlich oder auch in Gestalt einer Frau auf die Bühne treten. Wichtig war nur: Die Hexe mußte passiv sein, um sie als Agentin, als Werkzeug des Teufels zu plazieren. Der Teufel war ständig auf der Suche nach neuen SchülerInnen, die seine »Arbeit« ausführten. Frauen eigneten sich besonders, weil sie angeblich verführbar und leichtgläubig waren. Als junger Mann wurde er zum Anti-Typ von Christus, als väterlicher Typ zum Gegen-Gott. Sichtbares Zeichen der Initiation war das Hexenmal.

Teufelspakt, besiegelt durch einen Kuß auf den Hintern des Teufels – Holzschnitt von Francesco-Maria Guazzo aus der Mailänder Ausgabe des »Compendium Maleficarum«, 1626

Die Abschwörung von Gott war für die Theoretiker der wichtigste Bestandteil des Hexenmusters – diese Vorstellung dürfte auch manche LaiInnen verschreckt haben. Die Theologen verwendeten viele Schriften darauf, dieses Tun als bewußte Abkehr vom christlichen Glauben darzulegen. Mit Erfolg: Niemand wollte es riskieren, den Zorn Gottes herabzurufen – alle wußten aus den Geschichten des alten Testaments, wie grausam das werden würde.

Thomas von Aquin verband im 13. Jahrhundert die Lehre vom Dämonenpakt mit der populären Magie, seitdem wurden die Beziehungen zwischen magieausübender Person und Dämon als Vertragsverhältnis interpretiert. Dabei wurde noch sauber unterschieden zwischen stillschweigender Übereinkunft und bewußt vollzogenem Bündnis.[9] Dieser Unterschied verwischte später.

Seitdem die Idee des gottesfeindlichen Paktes mit dem Gedanken der materiellen Schädigung ursächlich verknüpft wurde, gab es die Furcht, magieausübende Personen riefen übermenschliche Wesen durch Beschwörungen und Rituale zur Hilfe, um ihr böses Werk zu tun.[10] Besonders bedrohlich machte den Teufel das Faktum, daß er dazu aufrief, Pflichten zu ignorieren. Es gehörte dauerhaft zum Bild der diabolischen Gegenwelt, daß die normalen Verhältnisse dort verkehrt, das heißt, umgedreht sind.[11]

Neu auf das Delikt zugespitzte Gesetze erklärten das Teufelsbündnis zum zentralen Tatbestand: Jede Form von Magie – da teuflische Zauberei – galt als todeswürdig.

Die Teufelsbuhlschaft: »Ob der tüffel in menschlicher gestalt müge sich erscheinen und bey den Frawen schlaffen« – Holzschnitt Ende 15. Jh. aus Ulrich Molitors »De lamiis et phitonicis mulieribus«

2. *Teufelsbuhlschaft*

Elisabeth Zimmermann, wohnhaft Griechenpforte, die ihr Geld verdiente, indem sie Kleider reinigte, berichtete im Juni 1592 bildhaft, sie habe sich *»aus Kleinmut«* dem Bösen ergeben: Er sei nachts mehrmals zu ihr gekommen, habe sie *»gepackt und am Hals herumgezogen«* und sie aufgefordert, mit ihr in den Dom zu kommen. Sie unterwarf sich also seiner Gewalt. Auch versprach er ihr zwei Silbermünzen. Der Teufel habe die Gestalt eines Edelmanns angenommen und zu ihr gesagt: *»Willst du mir folgen, so sollst du alle Zeit genug [Geld, Lebensmittel] haben«*. Er stank unflätig, hatte einen rauhen Körper wie einen Pelz und war so kalt wie Eis. Der kalte Teufel legte sich zu ihr ins Bett, gab sich als ihr Mann aus und gab ihr ein *»mundtgen«*. Sie sagte *»Nein, du bist der Boeß«* und wies ihn ab. Daraufhin drang er ihr von unten in den Körper ein und redete ihr aus der Kehle heraus.[12] Auch der erwähnte Fall von 1507 läßt Vergewaltigung aufscheinen (er habe sie *»genoitsoichtiget«*, sagte Tringin aus).[13]

Für den ersten Anklagepunkt Teufelspakt war die Gottesverleugnung ausschlaggebend, beim zweiten, der Teufelsbuhlschaft, die »geschlechtliche« Vereinigung von Dämon und Mensch. Laut Schormann spielte in der Hexentheorie wie bei den nach ihr erfolterten Geständnissen »die Sexualität zusammen mit dem Schadenzauber die Hauptrolle«.[14] Der Akt besiegelte den Pakt.

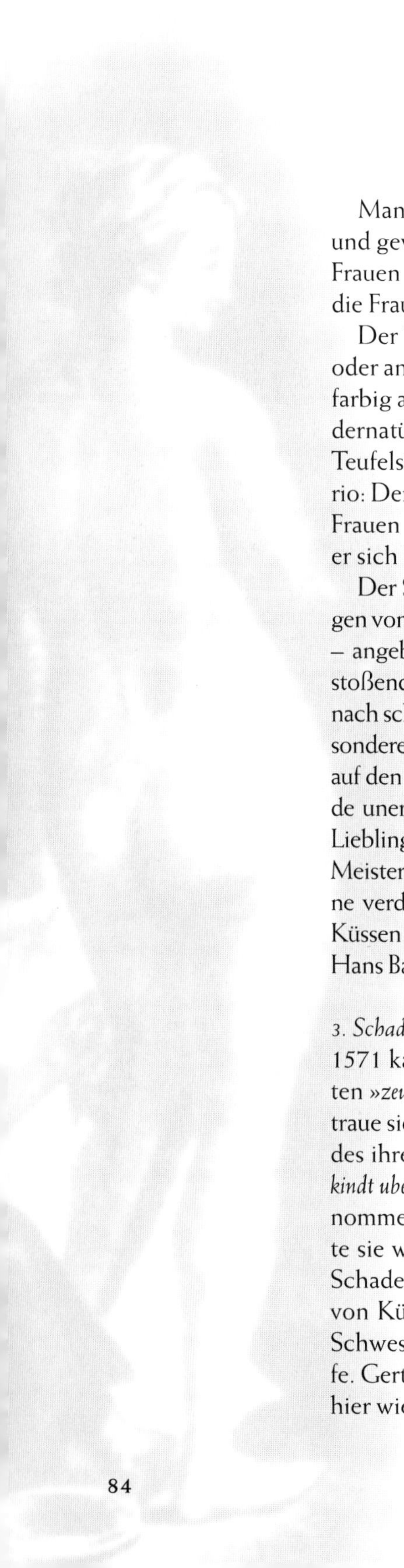

Man stellte sich vor, daß der Teufel erschien, lockte, berührte – und gewann. Er war angeblich »raffiniert« und belästigte bevorzugt Frauen in einer Krisensituation. Er versprach Hilfe oder Geld, wenn die Frauen nur zur zweiwöchentlichen Versammlung kämen.[15]

Der Teufel näherte sich den Frauen auch in Gestalt eines Bockes oder anderen Tieres. Der Geschlechtsverkehr mit dem Teufel wurde farbig ausgemalt – als schrecklich: Er sei unangenehm, beziehe »widernatürliche« Praktiken wie Inzest und Homosexualität ein. Die Teufelsbuhlschaft variierte in der Regel ein heterosexuelles Szenario: Der Dämon war per se ein Mann, der es mit einer oder mehreren Frauen trieb (*»incubus«*); war der Verhexte ein Mann/Junge, näherte er sich in Gestalt einer Frau (*»succubus«*).

Der Sex mit dem Teufel wurde nach den medizinischen Vorstellungen von Frauen häufig als kalt empfunden, aber angesichts ihrer eigenen – angeblich kälteren – Körpertemperatur war er für sie nicht so abstoßend wie für den »biologisch« wärmeren Mann. Die Frau war demnach schon »von Natur aus« dem Teufel hingeneigter als der Mann. Besonderes Augenmerk richteten diese zölibatären Theoretiker nicht etwa auf den Körper der Frau, zum Beispiel die Brüste oder die verschlingende unersättliche Vagina, sondern auf den Hintern des Teufels – eine Lieblingszone homoerotischer Phantasien. Wenn die Anwesenden den Meister unter dem Schwanz aufs Hinterteil küßten, brachten sie ihm eine verdrehte Form der Ehrerbietung entgegen, wie zum Beispiel das Küssen des Bischofsrings. Auch bei zeitgenössischen Künstlern wie Hans Baldung Grien fand dieses »schändliche« Ritual breiten Anklang.

3. *Schadenszauber*

1571 kam Gertrud Gechem, die Tochter einer bereits hingerichteten *»zeuberschen«*, vor das Hohe weltliche Gericht. Sie berichtete, sie traue sich kaum noch nach Hause, weil sie sich des schändlichen Todes ihrer Mutter schäme. Drei Jahre lang sei sie *»als ein arm verlaissen kindt uber Landt bedelen gelauffen«*. Sie hatte verschiedene Stellen angenommen, unter anderem in Sürth, aber die Familiengeschichte holte sie wieder ein: Sie wurde angeklagt, mit der Kunst ihrer Mutter Schadenszauber betrieben zu haben. Unwetter in Sürth, Bezaubern von Kühen, Tothexen eines Bauern aus Rodenkirchen sowie einer Schwester, die das Zaubern nicht lernen wollte, heißen die Vorwürfe. Gertrud wurde in Sürth inhaftiert, entkam nach Köln, wurde aber hier wieder aufgespürt.[16]

Eine der ältesten Darstellungen des Fluges der Unholdinnen – Fresken im Schleswiger Dom, 13./14. Jh. (links)
Flug mit Tierverwandlung – Holzschnitt zu Ulrich Molitors »Tractatus von den bosen weibern«, ca. 1490 (Mitte)
Erotisierte Version des Hexenflugmotivs aus dem frühen 17. Jahrhundert: Die »Vorbereitung zum Flug auf den Hexentanzplatz« als Sujet – Stich von Maleuvre, 1612 (rechts)

Schaden konnte, wie aus dem Bereich der Volksmagie bekannt, nur durch Zauberei verursacht sein. Also galt es, eine Schuldige zu finden. Schadenszauber war vor Gericht häufig insofern das ausschlaggebende Tatbestandselement,[17] als die Beschuldigungen und Gerüchte aus dem Volk sich in der Regel darauf bezogen. Die gelehrten Kategorien interessierten die kleinen Leute von der Straße herzlich wenig.

4. *Flug durch die Luft*

Gertrud Gechem soll 1571 mit einem Ei, aus dem ihre Mutter zauberte, in die Luft geflogen sein. 1528 wurde die Frau des Maissen von Bracht des Nachtflugs zum Hexensabbat beschuldigt, dabei soll sie sogar gegen den Domturm gestoßen sein und habe deshalb ein Beinleiden, erzählten sich die Leute.[18]

Der Ritt zum Hexensabbat erfolgte in der Regel auf recht phallischen Utensilien, seien es gesalbte Stöcke, Besenstile oder Ofengabeln – auch dieses Motiv kosteten Zeichner wie Hans Baldung Grien genüßlich aus.

Noch 1459 wurde die Luftfahrt »zauberischer Frauen« als Vorgaukelung von Dämonen eingeschätzt, spätestens seit dem »Hexenhammer« (1487) war er inquisitorische Realität.

5. *Teilnahme am Hexensabbat*

Schon Tringin von Breisig berichtete 1507 von einer »*vergaderonge*« (Zusammenkunft) in der Ville, wo gemeinsam getanzt und gefeiert wurde. Sie gab damit die Teilnahme an einem Hexensabbat zu.

Der Sabbat wurde als ein umgekehrter Gottesdienst (*»schwarze Messe«*) gedeutet,[19] wobei sich gleichzeitig antisemitische Ressentiments Bahn brachen, indem der wiederkehrende Feiertag der jüdischen Bevölkerung mit Orgien, Heimlichtuerei und religiöser Abweichung assoziiert wurde.

Auch diesem Teilstereotyp lagen wieder alte Vorstellungen zugrunde: die »Fiktion« von engen Verbindungen der Hexen untereinander. Das Motiv der wilden Horde evozierte über Jahrhunderte die Vorstellung einer Vielzahl von Frauen, die nachts auf Tieren umherritten, um sich zu treffen.[20] Ursprünglich hatte das Bild eine autonome Komponente – freie Frauen bewegten sich frei umher. Im Spätmittelalter wurden die Vorstellungen der »nachtfahrenden« Frauen als Puzzlestück ins vorhandene christliche Dämonenszenario hereingenommen, und nun waren die Frauen immer nur auf dem Weg zu ihrem Meister, zur sexuellen Orgie, zum kannibalistischen Ritual.

Zum Hexensabbat gehören Salben und Unheiltränke, Knochen und herbeifliegende Unholdinnen – Clair-obscur-Holzschnitt von Hans Baldung Grien, 1510

Beim ersten Besuch auf dem Sabbat wurde die Novizin für die gewährte Verführung belohnt: Der Teufel geleitete sie persönlich zum Treffen. Ältere Hexen kamen auf einem Stock herbeigeflogen.

Erstaunlicherweise war das Bild vom konspirativen Hexensabbat in städtischen Verfolgungskontexten stärker präsent als auf dem Land.[21] Laut den Angaben aus den Verhören imaginierten die Kölnerinnen – oder die Verhörenden? – Tanzfeste in Weingärten, im Garten der Henot, im Vorgebirge oder auch mitten auf dem Neumarkt.

Dort gab es alles sonst Verbotene oder Unerschwingliche: endlos erscheinende Feste, gutes Essen, Getränke im Überfluß – der Wein strömte aus Felsen oder Ritzen, Mann und Frau tanzten miteinander im Reigen oder trieben promiskuitiv und öffentlich auf Kommando des Teufels untereinander Unzucht. Die TeilnehmerInnen sprachen über tabuisierte Themen wie fleischliche Dinge und begingen je nach Lust und Laune ritualisierte Kindstötungen: Kannibalismus war – wie die Bilder vor allem des 17. Jahrhunderts belegen – eine feste Zuschreibung an den Hexensabbat. Als Krönung wurde ein lästerliches Spiel mit Hostien getrieben, Sakramentenfrevel begangen. Hostien wurden aus dem Gottesdienst unter der Zunge verborgen mitgebracht, wie auch Christina Plum »wußte«.[22]

Man glaubte, Hexengruppen stünden wie Ketzerkonvente miteinander in Verbindung und bildeten wie HäretikerInnen eine Art Sekte. Die Furcht vor Zusammenrottung wurde nicht erstmals bei den Zauberschen inszeniert, sondern war aus Ketzerverfolgungen vertraut: Auch ihnen unterstellten Theologen geheime Treffen an obskuren Orten, Unzucht, Hostienfrevel und Kindsmord. Zur Zeit der Hexenverfolgung erfolgte lediglich die Zuspitzung auf Frauen; Ketzerei war – trotz Dominanz der Männer – nicht als geschlechterspezifisches Phänomen rezipiert worden![23]

Die Christengemeinde unterstellte den »Hexen« Frevel mit dem Symbol des Leibes Christi, der Hostie – Flugblatt, 1567

Die Vorstellung von der Hexenversammlung war direkt wie indirekt einer der maßgeblichen Faktoren für die Ausweitung der Hexenverfolgung,[24] denn ohne die Auffassung vom Hexensabbat als Sekte wären die flächendeckenden Hexenprozesse undenkbar gewesen. Die Angst vor einer weiblichen »Bandenbildung« muß stark gewesen sein. Diese Verschwörungsfurcht scheint übrigens ein relativ deutsches Phantasma zu sein, wie europaweite Vergleiche ergaben.[25]

Realer Hintergrund der Verschwörungsfurcht könnte gewesen sein, daß Frauen noch immer parallel zur christlichen Religionskultur vorchristliche Fruchtbarkeitsrituale wie Sonnwendfeiern und Frühlingsfeste begingen. Wir wissen durch den Augenzeugen Petrarca von einem Kölner Fest, bei dem Frauen noch im 14. Jahrhundert in einem kollektiven Ritual ein Reinigungsfest am Rhein feierten. Bis heute sind letztlich Hexensabbatfeste in der westlichen Kultur präsent: In der Nacht vom 30. April auf den 1. Mai, der sogenannten Walpurgisnacht, werden in vielen Ländern Maifeste mit Tanz begangen.[26]

Schon im 15. Jahrhundert kam – außerhalb von Deutschland – leiser Zweifel an der Realität des Hexenflugs und der Schuld der SabbatbesucherInnen auf: Es hieß, die Überführung zu den Hexentänzen könne ohne Wissen der Betreffenden geschehen sein.

Mutige sagten, der Teufel, der Vater der Lüge, täusche die Frauen, so daß sie sich nur einbildeten, dort gewesen zu sein.
Die innertheologische Kritik am gelehrten Hexenmuster begann in den 1580ern, aber es dauerte viele Jahrzehnte, bis die Zweifel lauter wurden und zum Wandel der Verfolgungspraxis bzw. zum Beenden der Verfolgungen führten.[27] In der Zwischenzeit schlugen sich Juristen und Schöffen mit dem Problem herum, ZeugInnen zu finden, die die Beklagten wirklich auf dem Sabbat, beim Flug, bei der Buhlschaft oder beim Pakt gesehen haben wollten – und dies glaubhaft machen konnten.

Anmerkungen

1 vgl. E. Ennen, S. 17f., und Ahrendt-Schulte, Hexenprozesse, S. 201f.
2 vgl. Dinzelbacher, Heilige, S. 301
3 vgl. Hufton, S. 348
4 Becker, Hexenverfolgung, S. 116
5 vgl. Irsigler/Lassotta, S. 150
6 vgl. Schwerhoff, Hexenverfolgung, S. 50, L. Ennen, S. 758, Irsigler/Lassotta, S. 150, Hansen, Quellen, S. 599
7 vgl. Hufton, S. 336
8 vgl. Schormann, Krieg, S. 175
9 vgl. Ahrendt-Schulte, Hexenprozesse, S. 200ff.
10 vgl. ebd., S. 201
11 Inwieweit diese Umkehrung der Ordnung Gesellschaftskritik beinhaltet, wäre zu diskutieren, vgl. Ahrendt-Schulte, Zauberinnen, Anm. 230, S. 71
12 vgl. Irsigler/Lassotta S.162 und 158f. mit Bezug auf VuV G 227, fol. 186b ff., 207b, 208a von 1592
13 Hansen, Quellen, S. 599
14 Schormann, Krieg, S.175
15 vgl. Burghartz, S. 158
16 vgl. L. Ennen, S. 761; vgl. Irsigler/Lassotta, S. 165
17 vgl. Ahrendt-Schulte, Hexenprozesse, S. 211
18 vgl. L. Ennen, S. 759; ,Schwerhoff, Köln, S. 425
19 vgl. Briggs, S. 50
20 vgl. Ginzburg, S. 215
21 vgl. Briggs, S. 513
22 Hostienkult war bei frommen Frauen wie Beginen sehr verbreitet! Das höchste Fest mit Hostienkult, das Fronleichnamsfest, war 1250 in der Diözese Lüttich zur Verehrung der Eucharistie auf Initiative einer flämischen Begine eingeführt und ab 1264 zum allgemeinen Kirchenfest anerkannt worden. Vielleicht sollte dieser Aspekt des Sabbats die Gläubigkeit der Frauen verhöhnen?
23 vgl. Schormann, Krieg, S. 14f
24 vgl. Ahrendt-Schulte, Hexenprozesse, S. 205
25 vgl. Schormann, Krieg, S.14
26 Nicht zufällig wird heute unter Frauen die Walpurgisnacht gefeiert und in ihr gegen Männergewalt demonstriert.
27 vgl. Decker, S. 102; vgl. auch den Sammelband »Das Ende der Hexenverfolgung«

Ein »Handbuch« gegen Frauen

»Andere, Gelehrte und Ungelehrte, glauben daran, nehmen ihr Fundament aus der heiligen Schrift und haben Bücher darüber geschrieben und gedruckt, halten hart darauf. Ich kann nach meinem Verstand nicht darüber urteilen. Gott allein wird es wohl am besten wissen.«
(Hermann von Weinsberg[1])

An der Entstehung und Durchsetzung des gelehrten Hexenbildes hatten sehr viele – und nur Männer – Anteil: Einige wenige waren Juristen, die meisten jedoch Theologen, viele von ihnen Dominikaner – die Mitglieder dieses Predigerordens wurden ab 1235 für die nächsten Jahrhunderte bevorzugt als Inquisitoren bestellt.[2]

Überwiegend Dominikanermönche fungierten als Inquisitoren – Ausschnitt aus einem Hochaltar: Ölgemälde von Hans Holbein, 1501, Städelsches Kunstinstitut Frankfurt

Das bekannteste »Lehrbuch« der Hexenverfolgung ist der sogenannte »Hexenhammer«, der erstmals 1487 in Speyer veröffentlicht wurde. Er hatte wichtige Vorläufer (einige werden im »*Malleus*« als Quellen genannt) und stand aber auch in seiner Zeit nicht allein – es gab unzählige Traktate und Manuskripte zu dem Thema: Der Beitrag der Verfasser bestand in der Ausformulierung und Verwissenschaftlichung der Zaubereivorstellungen aus der Bevölkerung und der schriftlichen Anleitung zur gnadenlosen Verfolgung der »Hexensekte«.

Auch aus Köln waren immer wieder Stimmen zum Thema Zauberei und Frauen zu vernehmen, begonnen mit den Gelehrten Albertus Magnus und Thomas von Aquin im 13. Jahrhundert und weitergeführt von Kölner Universitätsangehörigen und Buchdruckern.

All diese Schriften erklären nicht zufriedenstellend, warum mehr Frauen als Männer verfolgt wurden,[3] da sie das Phänomen zirkulär mit

Die Erfindung des Buchdrucks trug zur Verbreitung des Hexenmusters bei – Kölner Druckerei, Kupferstich von 1639 (Ausschnitt)

der größeren Verführbarkeit der Frau durch den Teufel begründeten, aber sie helfen dabei, den europaweiten Verfolgungsimpetus nachzuvollziehen. Schon der frühen christlichen, durchweg von Geistlichen produzierten Schriftkultur lag eine tiefe Ignoranz Frauen gegenüber zugrunde. Frauenunterdrückung wurde als gottgewollt und naturgegeben akzeptiert, weil aus der Bibel abzuleiten (Frau als Gehilfin, Sündige, Schweigende usw.).[4] Die Gelehrten glaubten an eine konstitutionelle Schwäche der Frau und sahen ihre Bedeutung nur in der Fortpflanzung. Diese Frauenverachtung liefert Scheingründe für ihren Ausschluß aus dem Predigtamt wie aus den Universitäten. So hatten die Theologen – oft weit entfernt von der Realität weltlicher Frauen, oft verstrickt in sündige Nähe – das absolute Erklärungsmonopol über die Geschlechter, waren gleichzeitig Richter und Partei.[5]

Der Kölner Albertus Magnus, bekannt als »*doctor universalis*«, trug ebenfalls einen Baustein zum Hexenmuster bei, indem er sich über das »*maleficium impotentiae*« (den Schadenszauber, Männer impotent zu machen) Gedanken machte.[6] Sein Schüler Thomas von Aquin – der bedeutendste Theologe der Hochscholastik – verfaßte unter anderem ein dreiteiliges (unvollendetes) Werk mit dem Anspruch, wichtige Thesen zum christlichen Glauben neu zusammenzustellen (die sogenannte »*Summa Theologica*«). Zum Thema Frau entwickelte er keine kohärenten Lehrsätze, doch befaßte er sich einmal mit dem bösen Blick alter Frauen,[7] ein anderes Mal formulierte der die Lehre von den Teufelsgestalten aus, dann wieder schrieb er über die geringere Körperwärme der Frau oder über die Frau als verhinderten Mann.[8] Schon Aquin setzte Zaubereivermögen und Weiblichkeit in eins.[9] Seine Bedeutung liegt darin, daß seine gestreuten Kommentare breite Rezeption fanden – er ist die am häufigsten zitierte Autorität des »Hexenhammers«.[10]

Ende des 14. bzw. Mitte des 15. Jahrhunderts publizierte eine neue Generation von Theologen Traktate über Zauberei. Einer der ersten war der Dominikaner (und ehemalige Kölner Student) Johannes Nider. In seinem 1437 veröffentlichten Werk »*Formicarius*« nahm er dazu Stellung, warum in dem so gebrechlichen weiblichen Geschlecht sich mehr Hexen fänden als unter den Männern.[11] Er brachte schon die später Institoris zugeschriebene Etymologie der besonderen Leichtgläubigkeit der Frau zu Papier: *femina* führte er zurück auf *fe* + *minus* (*fe* = *fides*, »Glaube«, *minus* = »weniger«); die Frau wäre demnach eine »mit weniger Glauben«. Sein Traktat wurde zu einer wichtigen Vorlage für den »*Malleus*«.

Lesende Theologen – Hausbuch 15. Jh.

1487 dann – in Köln gab es bis dahin drei Zaubereifälle mit Todesurteil – erschien der »*Malleus maleficarum*«, das Pamphlet, das seit dem 18. Jahrhundert als »Hexenhammer« bekannt wurde.

Das Werk erschien ohne genauere Angaben zu Verfasser, Ort und Jahr, doch auch bei den späteren Ausgaben mit Verfassernamen rankten sich Spekulationen um die Autorenschaft bis in die jüngste Zeit hinein. Relativ sicher ist der Anteil des süddeutschen Dominikaners Heinrich Institoris (latinisierte Form von »Cramer«); er hatte schon zuvor Schriften veröffentlicht, die eine ähnliche Sichtweise und Terminologie aufwiesen. Bezweifelt wird dagegen inzwischen die Mitwirkung des im Kölner Konvent zum Hl. Kreuz lebenden Jacob Sprenger.[12]

Der wichtigste Unterschied zwischen Institoris und Sprenger

Einige kontroverse Charakterisierungen geben einen Einblick in die Bandbreite der Rezeption:
... ein wahrhaft mörderisches Instrument; läppisch, unheilvoll; erbaulich, weise, bedeutsam, bewunderungswürdig; ein klassisches Werk der Hexenverfolgung; monströse sexuelle Männerphantasien; ein Werk, so barbarisch an Sprache wie an Gesinnung; eine gelungene Beschreibung der halluzinatorisch sexuellen oder nicht sexuellen Erlebnisse der damaligen psychotischen Frauen; spitzfindig und unverständlich in der Argumentation; eine elaborierte Hexenlehre; originell nur in der Feierlichkeit, mit der die abgeschmacktesten Märchen als historische Belege vorgetragen werden; ein Buch als Totschläger, dem Millionen zum Opfer fallen werden, die meisten von ihnen Frauen ... usw.

Jacob Sprenger auf einem Altarbild (links frontal mit Mütze) aus der ehemaligen Dominikanerkirche – Gemälde des Meisters von St. Severin, ca. 1500-1510, heute in St. Andreas

war ihr Gottes- und Marienverständnis. Sprenger betete inbrünstig die Mutter Gottes an und gründete 1475 in Köln ihr zu Ehren eine Rosenkranzbruderschaft, der bald schon 100.000 Mitglieder angehörten.[13]

»... schwören wir als christgläubige Menschen zusammen, das Lob der würdigen Jungfrau Maria zu mehren und auszubreiten in der Gesellschaft. Darum macht eilend Kränze, bevor sie gehen, die Rosen abreißen und vergehen. Lasset uns nachlaufen dem wohlriechenden Geschmack der Jungfrau mit so wohlschmekkenden Kränzen bis an den Ort, wo Maria jetzt ist und den Reihen aller reinen Herzen führt, nachfolgende dem Lamm zum Brunnen des lebendigen Lebens.«
(Sprenger 1476)

Institoris dagegen bevorzugte Jesus in der Feier der Hostie (Eucharistie). Nicht zuletzt seine Gegnerschaft zum Beten des Rosenkranzes führte zu jahrelangen Streitigkeiten unter ihnen.

In den späten 1470ern wurden beide zu Inquisitoren für deutsche Bistümer bestellt. Institoris übte sein Amt mit Übereifer aus, ein Fall von 1480 in Augsburg belegt seine Besessenheit, HäretikerInnen, Zauberer und Zauberinnen, wo auch immer er sie ahnte, zu vernichten.[14] Seine Standpunkt war: Angeklagte sind nie schuldlos. In seinem ersten großen Fall hatte er kein Glück, die beschuldigten Frauen wehrten sich bis zur Handgreiflichkeit und erwiesen sich ansonsten als bibelfest und schlagfertig.

Im Dezember 1484 erwirkte er für sich und den Kollegen Sprenger die berühmt gewordene Bulle »*Summis desiderantes affectibus*« (die Anfangszeile: »Mit der größten Begierde verlangend ...«). Diese war letztlich eine Ermächtigung zur Verfolgung von Schadenszauberinnen in ganz Deutschland. Papst Innozenz (= der Unschuldige) VIII. unterzeichnete und siegelte dabei höchstwahrscheinlich nur einen Text, den Institoris (und Sprenger?) vorformuliert hatte(n), gedacht als Schutz gegen mögliche Kontrahenten vor Ort. Weder geistliche noch weltliche Gerichtsherren sollten ihn/sie zukünftig mehr behindern können. Der Papst bestätigt in der Bulle die beiden Dominikaner in ihrem Amt als »Inquisitoren des ketzerischen Unwesens« und drohte allen mit Bann oder noch schrecklicheren Strafen, die ihren Bestrebungen zuwiderhandelten. Weltliche Gerichte und Obrigkeiten waren insofern die Hauptadressaten der Bulle, als die Inquisitoren selbst keine Todesurteile aussprechen durften und daher in Prozeßführung und Vollstreckung des Urteils von ihnen abhängig waren.[15]

Papst Innozenz VIII. unterstützte die Inquisitoren mit einer Bulle – Kupferstich 15. Jh.

Die Inquisitoren hatten glaubhaft gemacht, daß sie durch gefolterte Frauen von der Existenz einer großen Ketzersekte wüßten, die es auszurotten gelte.[16] Ausgewiesenes Ziel war, die »abscheuliche Ketzerei« der Hexen im ganzen Reich auszumerzen. Der Papst schrieb jedoch nicht speziell von Frauen, sondern von »Personen beiderlei Geschlechts«. Auch erwähnte er die Elemente des Hexenmusters »Hexensabbat« und »Hexenflug« nicht.

Päpstliche Bullen gab es zahlreiche, diese jedoch sollte in Deutschland die eingeschlafene Inquisition wieder zum Leben erwecken. Institoris ließ nun zu Beginn eines jeden Inquisitionsversuches eine Übersetzung der Bulle als Legitimation anschlagen.[18] Eine Erleichterung des Inquisitorenlebens bewirkte das Pergament anscheinend jedoch nicht immer: Im Jahr darauf (1485) erlebte er einen weiteren Mißerfolg, dieses Mal in Innsbruck. Nun setzte er sich mit noch größerem Eifer ans Schreibpult und

»Gewißlich ist es neulich nicht ohne grosse Beschwehrung zu unsern Ohren gekommen, wie daß in einigen theilen des Oberteutschlands, wie auch in denen Meyntzischen, Cölnischen, Trierischen, Saltzburgischen und Bremer Ertzbistümern, Städten, Ländern, Orten und Bistümern sehr viele Personen beyderley Geschlechts, ihrer eigenen Seligkeit vergessend, und von dem Catholischen Glauben abfallend, mit denen Teufeln, die sich als Männer oder Weiber mit ihnen vermischen, Mißbrauch machen ...«
(aus der Bulle des Papstes Innozenz VIII.[17])

verfaßte im Jahr 1486 ein Handbuch zur Ausmerzung der inneren Feinde und Ausrottung der realen teuflischen Frauen.

Die erste Auflage erschien bereits im Frühjahr des darauffolgenden Jahres. Viele weitere Ausgaben folgten, sei es in Deutschland oder auch in Mitteleuropa.[19] Zehn Auflagen erreichte das Werk bereits zu Lebzeiten des Autors, und allein am Druckort Köln wurden drei Mal die Pressen angeworfen, um das Handbuch zu vervielfältigen. Es muß demnach großen Bedarf gegeben haben. Der »Bestsellercharakter« des Werkes ist nicht leicht zu erklären, denn der Text war sperrig, die Struktur kompliziert, und es war – wie erwähnt – kein neues Thema.

Inhaltlich bewegte sich Institoris auf verschiedenen Ebenen und erweckte daher das theologische, rechtsgeschichtliche und sozialgeschichtliche Interesse.[20] Literarische Kleintexte, Erlebnisberichte und Aktenreferate wechseln sich ab mit Versatzstücken des gelehrten Diskurses, wissenschaftlichen Spekulationen und einigen wenigen eigenen Gedanken.[21] Als Professor der Theologie gliederte er den »*Malleus*« deutlich in drei Hauptteile – angelehnt an die Trinität Gottes –[22] und faßte seine Meinung in ein kompliziertes Geflecht von mehr als 50 sogenannter *Quaestiones* (Fragen), die er wiederum selbst beantwortete mit Thesen, Antithesen, Widerlegungen der Antithesen usw. Quer zu diesem seriellen Konstruktionsprinzip fügte er noch sogenannte *Capitula* ein. Das Werk entsprach damit stark dem universitären Diskursstil, der mündlichen *Disputatio*.[23]

Im ersten Teil legte er unter anderem dar, was nach seiner Meinung Zauberei ist. Die naturgegebene Anfälligkeit der Frau für Hexerei wird hervorgehoben und die Mitwirkung des Teufels bewiesen. Institoris berief sich dabei auf große Kirchenmänner wie Augustinus und Thomas von Aquin. Der zweite Teil beschrieb die Untaten der Hexen. Neben der Darstellung der Schadenszauberei fragte er sich, wie die Teufel es schafften, Frauen zu verführen und durch sie zu wirken. Er ersann Mittel zur Abhilfe im Teil: »Die verschiedenen Arten und Wirkungen der Zauberei und wie solche behoben werden können.« Der dritte Teil des »Hexenhammers« handelt von der Bestrafung und Ausrottung der Hexen, er schilderte Anleitungen zu Verhör, Folter und Urteilsfindung – und stellte damit ein wirkliches Rüstzeug für die Praxis der Prozeßführung dar.[24]

Die erwähnten Befragungen der verdächtigen Frauen spiegeln Impotenzängste und sexuelle Phantasien der Inquisitoren wieder. Neben Häresie sollen der Teufelspakt, der Sabbat, die Buhlschaft usw. abgefragt werden.[25] Es kann vermutet werden, daß viele zölibatär Lebende, die ihre Sexualität unterdrückten, Phantasie und Träume mit »*Gestalten weiblicher Verführungskunst*« belebten: »Sie wurden als Realitäten erlebt, da zwischen innerer Vorstellung und äußerer Wahrnehmung damals noch nicht so klar wie heute unterschieden worden ist. Umgekehrt wurden Phänomene der Außenwelt in übersinnlicher Form erfaßt.«[26]

Darstellung des Höllenrachens – Holzschnitt aus der Kölner »Malleus«-Ausgabe, 1511, Universitätsbibliothek Köln

Der Autor versuchte – überzeugt von der Relevanz seines Werkes, dieses möglichst breit in Anwendung zu bringen, nämlich als verbindlichen Leitfaden für alle Richter und Prozesse gegen Zauberinnen. Inwieweit er sich dabei der Manipulation und Dokumentenfälschung bediente, ist umstritten. Befremdlich ist jedoch, daß er bereits der ersten Auflage eine Verteidigungsschrift beifügte, obwohl das Werk noch gar nicht der Kritik ausgesetzt worden war.[27] Sodann druckte er den Text der Hexenbulle von Papst Innozenz VIII. mit ab, was dem Buch möglicherweise mehr Leser bescheren sollte. Hinter der Beifügung eines Gutachtens von Professoren der Kölner Universität wiederum stand die Idee, dieses könne die Relevanz und Güte des Werkes unterstreichen.[28]

Für ihn unangenehm war, daß überhaupt nur vier von acht Kölner Theologieprofessoren zu einem Gutachten bereit waren, und die »Approbation« fiel auch noch recht differenziert und dezent kritisch aus; die Professoren monierten unter anderem, daß bußfertige Hexen doch eigentlich nicht verbrannt werden dürften ... Der Hexenjäger fand also wieder einmal nicht den erwünschten Anklang.[29] Institoris sah darin offensichtlich kein Problem. Einige Forscher gehen davon aus, daß der Mönch einfach ein gefälschtes, positives Gutachten – eine Anerkennung seiner theoretischen Ausführungen und eine Aufforderung zur praktischen Bekämpfung der Hexen durch die Inquisition – mit acht Unterschriften, d.h. von allen Einzelmitgliedern der Theologischen Fakultät, notariell beglaubigen ließ und nun dem »Hexenhammer« beifügte.[30] Dieses Dokument –

auf einem anderen Papier gedruckt – plazierte er nun zusammen mit der Bulle vor den Text des »Hexenhammers«.[31]

Schließlich brachte er als zweiten Autorennamen den seines »Feindes« Sprenger ins Spiel. Die einfachste Lösung für dieses Rätsel wäre der Schluß, daß der Kölner Inquisitor wirklich Teil hatte am Verfassen des »*Malleus*«. Aber das wird inzwischen für relativ unwahrscheinlich gehalten. Vorstellbar ist, daß Sprenger dem Werk »die Autorität seines Namens« verlieh, ggf. um der Sache zu dienen.[32] Für noch wahrscheinlicher wird aber gehalten, daß Institoris den guten Ruf Sprengers ohne dessen Kenntnis und Zustimmung für die Verbreitung einsetzen wollte.[33] Es wird weiter gemutmaßt, daß Institoris mit einer schon kriminellen Energie versuchte, bei den Exemplaren für den Kölner Raum die entsprechenden Dokumente fortzulassen.[34] Die Entdeckung der Fälschung – sofern es eine war – blieb jedoch nicht aus. Als ein paar der frühen Komplettausgaben nach Köln gelangten, sollen sie für Mißmut in der Fakultät gesorgt haben. Öffentliche Schritte sind jedoch nicht erfolgt, da es kein Fakultäts-, sondern ein Einzelgutachten war. Auch galt es, einen Skandal zu vermeiden. 1494 gab sogar eine Kölner Druckerei den »*Malleus*« inklusive der gefälschten Gutachten heraus. Das hätte der Drucker ohne Kenntnis der Universität als Zensurbehörde nicht gewagt.

Eine andere Frage ist, ob das Werk zu seinem eigentlichen Gebrauch eingesetzt wurde. Bei den Auflagezahlen ist hochzurechnen, daß das Werk in vielen Bibliotheksbeständen präsent war, seien es Klosterbibliotheken, Universitäts- oder Ratsbibliotheken.[35] Die Angehörigen der geistlichen und weltlichen Obrigkeit betrachteten den »*Malleus*« zumindest zu Anfang des 16. Jahrhunderts als Handbuch für die Prozeßpraxis. Juristen studierten es ebenso wie Landesherren, einfache Geistliche wie hochgelehrte Humanisten. (Trotzdem fand Institoris' Hexentheorie weder in die Bambergische Gerichtsordnung von 1508 noch in die Carolina von 1532 Einzug.) Verschiedene Generationen von angehenden Rechtsanwälten, Theologen und Ordensleuten beschäftigten sich immer wieder damit, und einige von ihnen entwickelten die Hexentheorie auf seiner Basis weiter.[36]

Hufton vermutet zwar, daß es schon bald nicht mehr so häufig als Vorlage für Prozesse eingesetzt wurde.[37] Dennoch lebte der »Hexenhammer« weiter. Viele Nachfolger zitierten das Buch zustimmend und machten es zur Grundlage neuer Hexenhandbücher (1521 Prierias, 1528 Bartholomäus von Spina[38] usw.). Einige Gelehrte ignorierten das Werk völlig (Molitor 1489, Hochstraten 1501

usw.).[39] Wieder andere Zeitgenossen kritisierten das Handbuch. So hieß es in Spanien, man solle nicht alles glauben, was im »Hexenhammer« stehe,[40] und auch bei der römischen Kurie fanden manche der spekulativen Passagen keinen Beifall.
Ein Vorwurf an den Autor war und ist, daß der »*Malleus*« letztlich nur eine Kompilation aus existierenden Traktaten sei. Die einzelnen Elemente des heute »kumulativ« genannten Hexenstereotyps bestanden in der Tat schon seit Antike und Frühmittelalter. Dennoch hebt sich Institoris' Buch von anderen ab, es verhalf dem »gelehrten Hexenbild« zum Durchbruch (das nicht zuletzt der Trierer Weihbischof Peter Binsfeld fast ein Jahrhundert später mit seinem »*Tractatus de confessionibus maleficorum et sagarum*« rezipierte).

Aus heutiger Sicht wird deutlich, daß seine Zuspitzung auf Frauen als Unholdinnen,[41] daß seine Verbindung von endloser weiblicher Begierde mit Dämonie stark ängstigend wirkten. Institoris brachte den weltlichen Behörden die Verfolgung der Hexen näher, die zuvor mit Ketzerprozessen noch nichts zu tun gehabt hatten und erst einmal ihre Verantwortung gegenüber den schadenszauberischen Frauen begreifen mußten. Die Verbindung von Schadenszauber und Häresie, die Theorie des »*crimen mixtum*«, sowie daraus folgend die Ansprache geistlicher wie weltlicher Gerichte und radikalen Handlungsanweisungen, waren sicherlich seine originärste

Inspiriert durch den »Malleus maleficarum«: Imagination einer axtmelkenden Hexe – Holzschnitt aus der Werkstatt von Hans Baldung Grien, aus: Die Emeis, 1516

»Leistung«.[42] Letztlich bleibt die Attraktivität gerade dieses Traktates, das noch heute ein pars pro toto der Hexenverfolgung überhaupt ist, ein gewisses Rätsel.

Welche konkreten Auswirkungen dieses einzelne Buch hatte, ist schwer zu ermessen. Prägte es eher die Mentalität, als daß es direkte Aktionen entfesselte? Oder löste es gerade Aktivitäten aus, erreichte aber als gelehrtes Traktat, das selbst die meisten Pfarrgeistlichen nicht verstanden, die Mentalität des Volkes nicht? Sicherlich beides. Im benachbarten Herzogtum Jülich-Berg wurden erhöht systematische Verfolgungen und Verbrennungen nach dem Erscheinen des »Hexenhammers« registriert – und werden heute in der Literatur auf ihn zurückgeführt. In Köln entfaltete das Buch zwar keine direkte Wirkung, die Verfolgungswellen begannen hier erst Jahrzehnte später. Ein Zeitgenosse dieser ersten Kölner Hexenverfolgungswelle sah jedoch deutliche Zusammenhänge zwischen Theorie und Praxis: *»Daß man in jetztig Zeit so viele Hexen verbrennt, kommt nit zum wenigst mit daher, daß unzählig viel Scribenten so unflätig von den Weibern schreiben und sie schier alle insgemein für bös, giftig und von teuflischer Natur ausschreien, und rühmen sich dann wohl, daß ungleich mehr Weiber als Unholde und Zäuberische verbrennt würden dann Männer, so von Natur besser seien und nit so giftig, listig und verschlagen. Wodurch denn das Volk, das auf solch Scribenten hört, wider die Weiber erbößt wird, und wenn sie verbrennt werden, sagen: ihnen geschieht recht, sie sind höllisch und tückisch gleich den Teufeln.«*[43] Und im Kölner Hexenprotokoll von 1630 klingt an, daß sogar in der Beichte nach einem solchen Handbuch – vielleicht sogar dem Malleus selbst – gefragt wurde (*»auß einem boich examinirt«*).[44]

Anmerkungen

1 zit. nach Siebel, S. 32
2 Mit der Breve von Papst Gregor IX. (1235) wurde die Inquisition endgültig eingesetzt und zugleich das Prinzip der Nichtexistenz von Dämonen und Zauberinnen aufgegeben.
3 vgl. Burghartz, S. 154
4 vgl. Bußmann, S. 117
5 ebd., S. 124
6 Seine Gebeine sind heute in der Kirche St. Andreas begraben.
7 vgl. Hansen, Quellen, S. 417; vgl. zu Thomas auch den Aufsatz von Bußmann
8 vgl. Bußmann, S. 127, Frank, S. 73
9 vgl. Kruse, S. 152
10 Seine schriftlichen Anweisungen vom Prozeß 1485 in Innsbruck decken sich in vielem mit dem »Malleus«, daher werden sie als Vorarbeit gedeutet; vgl. Möhring, S. 242

11 Auf Latein bei Segl, Heinrich Institoris, S. 118
12 An ihn erinnert eine Gedenktafel an den Dominikanern Ecke Stolkgasse; vgl. auch den Aufsatz von Klose und die einführenden Texte von Schnyder zur neuen lateinischen Faksimileausgabe mit Kommentarband; weitere Informationen zu Institoris: Segl, S. 103ff., und Endres, S. 195ff.
13 vgl. Stollberg-Rilinger, S. 93
14 vgl. Segl, H. Institoris, S. 110ff.
15 vgl. Ahrendt-Schulte, Hexenprozesse, S. 203
16 vgl. Trusen, S. 209
17 zit. nach Behringer, Hexen, S. 88
18 vgl. Möhring, S. 246
19 Dieser Tage liegen mehrere Ausgaben vor, so die erwähnte lateinische Faksimileausgabe von Schnyder, und zwei Übersetzungen.
20 vgl. Schnyder, Malleus, S. 127
21 vgl. Segl, Heinrich Institoris, S. 118
22 vgl. Schnyder, Malleus, S. 133
23 vgl. ebd., S. 130f.
24 vgl. ebd., S. 130ff.
25 vgl. Trusen, S. 205
26 Blöcker, S. 124
27 vgl. Klose, S. 201
28 vgl. die ausführliche Dokumentation bei Hansen, Malleus, S. 156; vgl. auch Stremmel, S. 379
29 vgl. Trusen, S. 205
30 Daß Sprenger auf den notariellen Urkunden nicht mit unterzeichnete, obwohl er hier beheimatet war, mag ein weiteres Indiz dafür sein, daß er als Autor nicht beteiligt war; vgl. Trusen, S. 205, und Klose, S. 204
31 vgl. Klose, S. 203
32 vgl. Stollberg-Rilinger, S. 96
33 vgl. Blühende, S. 49, und Klose, S. 203
34 vgl. Hansen, Malleus, S. 163; Siefeler, S. 69; Schnyder stellt die These auf, ein früher Drucktermin könne die Auslieferung von Exemplaren ohne Kölner Gutachten bewirkt haben, und bezweifelt die These, in Köln sollten gezielt Exemplare ohne Approbation herumgehen.
35 vgl. Segl, Einführung, S. 2
36 vgl. Hufton, S. 347
37 vgl. ebd.
38 Bei Spina findet sich laut Hansen der Hexenwahn »in seiner ausgeprägtesten und vollkommensten Gestalt« (Hansen, Quellen, S. 327), aber kein Kommentar dazu, daß es vor allem Frauen seien, die Schadenszauber begingen.
39 Paulus hat in seinem Aufsatz einen Überblick gegeben.
40 vgl. Decker, S. 102
41 vgl. Hufton, S. 345, und Stollberg-Rilinger, S. 96
42 vgl. Burghartz, S. 140, 166 und S. 173, Anm. 81
43 C. Beermann, Prediger: Ein nützlich Osterpredigt über die frommen Weiber am Grabe, für alle Standes-Personen, 1593
44 vgl. Kölner Hexenverhöre, S. 69, Anm. zu Zeile 11

Christina Plum – eine „Besessene" oder eine „Subversive"?

Kölsche Gemüseverkäuferin – Ausschnitt aus einem Kupferstich von Franz Hogenberg, Köln ca. 1590, Kölnisches Stadtmuseum

Der Prozeß gegen Christina Plum erregte bereits im Jahr 1630 Aufsehen, und er nimmt auch in der heutigen Kölner Hexenforschung einen breiten Raum ein: Ihr Fall leitete den Ausklang der Kölner Hexenprozesse ein. Er stellte – wie Schwerhoff es bezeichnet – ihren »Höhe- und Wendepunkt«[1] zugleich dar, wenn auch nicht ihr Ende. Turmschreiber Muser hat dieses Verfahren recht ausführlich festgehalten,[2] dennoch ist es nicht leicht, eine stringente Linie in den Fall zu bringen …

Am 24. April 1629 kam eine Frau von 24 Jahren namens Gertraut von Neuss vor den Untersuchungsausschuß des Kölner Rates. Sie hatte gegenüber den Kirchmeistern von St. Peter zu erkennen gegeben, daß sie eine besessene weibliche Person kenne. Das Gerücht war aufgegriffen worden. Nun berichtete Gertraut abermals sehr beunruhigt von der Besessenen. Die Stimmeister fragten sofort, ob diese Christina ihr Handwerk bei der »*Heinotin*« (der bekannten Katharina Henot) gelernt habe und ob sie nicht gegenüber den Geistlichen von einer ganzen Schar von Hexen gesprochen habe? Die junge Frau denunzierte flugs noch eine ältere Frau namens Ursel und die Hebamme Mhon Biel in der Schildergasse als Hexen. Dann trat sie ab.

Drei Tage später wurde Christina Plum erstmals selbst verhört, von diesem Gespräch gibt es kein Dokument im Hexenprotokoll. Ab dem nächsten Gespräch dagegen, am 29. April, protokollierte der städtische Schreiber Muser die Verhöre mit. Im Beisein von zwei hohen Beamten (Syndici) zusätzlich zu den Turm- und Stimmeistern wurde sie in den folgenden Monaten mindestens sieben Mal verhört. Wir erfahren zunächst: Christina ist ebenfalls 24jährig, Obsthändlerin sowie Warenausträgerin und Tochter eines früheren Gaffelboten. Von der Mutter hören wir – wie so oft – nichts. Die junge Frau wird als »kölnische Tochter« bezeichnet, das heißt, sie besaß das Bürgerrecht.

Christina Plum betonte eingangs, daß sie von niemand zu ihren Aussagen veranlaßt worden sei. Besondere Aufmerksamkeit richteten sowohl die Fragenden als auch die Befragte auf den Fall Katharina Henot, die vor fast genau zwei Jahren hingerichtet worden war. Ja, die Henot sei ein halbes Jahr nach ihrem Tod in einer schwarzen Aura bei der Gaffel der Gürtelmacher erschienen und habe gesagt, sie sei ein Kind des ewigen Lebens. Nein, sie sah die Henot nicht, sondern hörte sie nur. Die Henot holte sie zwei Mal nachts zusammen mit der Mhon Ursul zum Hexentanz ab und brachte sie wieder nach Hause. Christina behauptete, weiterhin zahlreiche Kontakte mit der Henot gehabt zu haben. Sie brachte dieser angeblich Waren an die Tür oder arbeitete in deren Weingarten. Von ihr erhielt sie Geschenke oder Tragelohn (Zucker, Wein, Geld). Diese Angaben lagen auf der realen Ebene einer möglichen Erwerbsarbeit.

»Unflätiges Küssen« zwischen Sabbatbesucherin und Teufel – Ausschnitt aus einem Holzschnitt von Hans Schäuffelein zu Ulrich Tenglers »Der neü Leyspiegel«, 1511

Bei anderen Schilderungen führte sie aus, es habe zahlreiche Treffen auf Hexentänzen gegeben, zum Beispiel bei Zusammenkünften mit 20 bis 30 Personen im Henotschen Weingarten. Die Henot habe ihr geraten, sich von Gott abzuwenden und ihr die heiligen Hostien zu bringen. Manche Äußerungen beinhalten eine verführerische Komponente: Die Henot habe sie bei der Hand genommen und ihren Willen gefordert. Überhaupt sprach die Plum mit einer großen »*affection*« (Zuneigung)] über die »Hexenkönigin« Henot, welche sie auch nach ihrem Tod noch zu Hexentänzen mitgenom-

men habe. Sie stellte sich in der Hierarchie deutlich unter die Henot, wie sie sich auch anderen Menschen aus der Oberschicht bisweilen gegenüber verbal recht ehrerbietig gab.
Auf der Ebene des Hexereistereotyps bediente die Plum fleißig die auf sie gerichteten Erwartungen mit der Preisgabe interessanter Phänomene über Hexen bzw. spannender Begegnungen auf Sabbaten:

- Hexen seien resistent gegen die Anrufung von Jesus und Maria.
- Hexen schwebten über dem Boden.
- Eine Bekannte habe ein Hexenstigma auf dem Kopf, diese wolle sie für das Hexenwesen gewinnen.
- Sie wisse nicht, in welcher Gestalt sie nachts zum Tanz gekommen sei.
- Außerhalb vor den Toren der Stadt fänden Tanzfeste mit über 1.000 Personen statt.
- Die Hexe Biel habe gesagt, sie wolle dem Kloster St. Klara mal Angst einjagen.

Die Obsthändlerin sagte aus, sie sei drei Mal zu Hexentänzen hingegangen, aber danach habe sie keine Lust mehr gehabt. An anderer Stelle »gab sie zu«, mehr als zwanzig mal teilgenommen zu haben. Sie habe auf dem Sabbat kaum getanzt.

Zum Teufel sagte sie aus:

- Der Teufel habe ihr die Unzucht angetragen, aber sie habe das abgelehnt; der Teufel habe nicht mit ihr Unzucht betrieben.
- Bei anderen habe sie Unzucht und *»vnflettigh kußen«* erblickt.
- Der Teufel wäre kalt wie geweichter Stockfisch. Die Hexen seien wärmer …
- Der Teufel habe ihr Geld angeboten, aber sie habe es nicht genommen (die Henot anscheinend wohl).

Frau vertreibt Teufel – Kupferstich, anonym, Frühe Neuzeit

Das waren geradezu Bilderbuchantworten ganz im Sinne des »*Malleus*«.

Zu Sexualität und Moral:

- Sie wurde begehrt von Henots Diener.
- Die Frau des Registrators, die beim Hexentanz Kaiserin genannt werde, betreibe Unzucht auf dem Tanz.

- Der Beichtvater der Jesuitenkirche habe ihr geraten, ruhig Geschlechtsverkehr mit Ehemännern oder anderen zu haben, das sei durchaus keine Sünde.
- Der Dechant von St. Severin habe ihr sexuelle Avancen gemacht, die sie aber abgelehnt habe. Er habe sie gebeten, sie nicht anzuklagen.

Sie stellte sich durchweg als standhaft dar, die Aussage über den Ehebruch könnte jedoch auch zur eigenen Entlastung gedient haben.

Zu Quälereien:

- Sie verneinte, die besessene Mechtheld gequält zu haben.
- Sie bezeichnet selbst die erwähnte Mechtheld als besessen.
- Sie werde selbst von der Biel gequält.

Sodann brachte sie erste Hexennamen ins »Gespräch«: eine Altwarenhändlerin und die Frau vom Gasthof Hirsch auf dem Altermarkt.

Halluzinationen:

- Während den ersten Denunziationen drehte sich die Plum mehrmals aufgeregt um, mit dem Hinweis, daß ihr eine reiche und schöne Frau erscheine, von der sie gestern 2.000 Taler bekommen habe.

Die verhörenden Herren wollten nun an einer bestimmten Stelle auch gern einmal wissen, ob sie auch *»geistliche oder weltliche mans Persohnen vfm danß gesehen«*. Christina benannte brav einen Doktor, der sich in Siegburg beim Abt aufhielte, und den Dechanten von St. Severin (vielleicht war das Dr. Glimbach). Aber das war erst der Anfang: Beim nächsten Verhör im Beisein eines Notars denunzierte Christina – einmal in Fahrt – weitere Beteiligte als Mitglied der Hexensekte: Katharinas Bruder Hartger Henot, den Dechanten von St. Andreas und Propst von St. Severin, der sie um Diskretion gebeten habe, dessen Diener, Johannes den Dicken, sodann die Frau des Registrators Spiegel, die Frau des Bürgermeisters Hardenrath usw. Als Krönung fügte sie einen der anwesenden Juristen hinzu, Dr. Wissius, Syndicus des Kölner Rats. Den habe der Teufel als seinen Bruder bezeichnet, und er trage ein Hexenmal.

Mitglieder aus Kölner Ratsfamilien und höchste Honoratioren als Hexen – das war eine neue Dimension und durchaus nicht auf die leichte Schulter zu nehmen. Diese Denunziation sorgte für große

Verwirrung und Aufruhr. Immerhin hatte der Erzbischof Ferdinand von Bayern den Rat gerade wieder der Laxheit gegenüber der Hexensekte bezichtigt, Hexen von außerhalb fänden jederzeit in Köln Unterschlupf. Die Stadträte mußten sich schon *»patroni veneficarum«* (Schützer der Giftmischerinnen) nennen lassen. Und wenn nun der Verdacht aufkam, daß es wirklich Betroffene unter ihnen gab, die die Verfolgung behinderten, welch eine Niederlage gegenüber dem Erzbischof! Und hatte der sich nicht jüngst über die Bedeutsamkeit von Hexenmalen als untrügliches Indiz ausgelassen mit dem Tenor, daß bei Auffinden eines Hexenstigmas ein Prozeß einzuleiten sei! Andererseits, wenn man jetzt zu hart mit ihr vorging, wer weiß, was sie noch auf den Tisch brachte?

Irritiert zogen die Juristen die Beichtväter der Plum, unter anderem Herrn Glimbach, zu Rate. Der Beistand im Kerker fällte ein positives Urteil über die Plum (wahrscheinlich obwohl er von ihr besagt worden war).

Die Plum wurde am 23. Mai erstmals dem Greven ausgeliefert. Doch der bzw. das Hohe weltliche Gericht ließ sie im Juni schon wieder frei! Auch einige aus den eigenen Reihen hatten gemeint, da die Verhaftete ein Opfer von Verhexung und keinen Teufelspakt eingegangen sei, sollten die Turmmeister sie aus Mitleid freilassen. Die frühere Obsthändlerin erhielt die Auflage, keinen Namen preiszugeben. Daran hielt die Plum sich jedoch nicht, was zu großer Beunruhigung in der Stadt, sodann zu erneuter Verhaftung und weiteren Verhören führte. Der Versuch, die delikat-bedrohliche Angelegenheit durch Freilassung aus der Welt zu schaffen, war gescheitert.

Über die bösartigen Verleumdungen wurde langsam öffentliche Empörung laut. Nun beschlossen polizeiliche Ratsvertreter, Sonderkommissare und Richter in Anwesenheit des Greven, die Angeklagte schnellstens wieder an das Hohe weltliche Gericht zu liefern. Der Greve lehnte ab – wollte er nichts mit dem gefährlichen Wesen zu tun haben? Die anderen waren dafür, weil nur dann gefoltert werden konnte.

Im Dezember beteuerte Christina Plum, daß sie sich gern mit den Denunzierten konfrontieren wolle: *»Vnd solle keine Persohn noch so groß noch so klein sein welcher sie solches nit sagen solle.«* Sie könne alle Anschuldigungen auch im Angesicht der Betroffenen sagen. Vor dem Elite-Nimbus feinerer Kreise schreckte sie offensichtlich nicht zurück. Nun geschah etwas noch nie Dagewesenes: Der Rat gestattete allen

Die Kölner Ratsherren behielten sich das letzte Urteil über die Beschuldigten vor: Ratssitzung mit Bürgermeistern am Kopfende – Stich nach einer Zeichnung von Johann Toussyn 1660, Kölnisches Stadtmuseum

Denunzierten, sich mit der Plum zu treffen oder auch Eingaben zu schreiben, um sich von den Vorwürfen zu reinigen.
Dieses ungewöhnliche Privileg war eindeutig der gesellschaftlichen Position einiger der Betroffenen zu verdanken, es ging schließlich um Leute aus den eigenen Reihen. Die Edlen wiesen es schriftlich von sich, näher auf die Beschuldigungen einzugehen, sie bezeichneten die Plum als Lastermaul, ihre Reden als Lügen aus dem Rachen des höllischen Feindes, Wissius nannte sie Verleumderin, den Vorwurf einen abscheulichen und falschen Verdacht – aber er befand, es sei unter seiner Würde, sich damit zu befassen, so eine könne ihn in seinem öffentlichen Amt gar nicht beschmutzen, er müsse sich nicht rechtfertigen. Ähnlich Hartger Henot in langen Briefen an seine Vorgesetzten. Frau Spiegels Familie verteidigte ihre »*geliebte Haußfrawen Catharina Spiegel*« schriftlich, die seit 40 Jahren verheiratete Frau stamme aus einem ehrbaren Elternhaus und sei tugendhaft (eine »*Matrone*«).

»... den 13 Decemb. habe Ich vndenbenenter Notarius vnd Thurnschreiber in craft obgeschriebener registraturen der Mhon Agten Keufferschen in der blindergaßen, Item der Pappierstiuerschen [Papiersteiferin] in der Spargaßen wie dan auch Margarethen im gulden lewen mundtlich angezeigt daß sie von der in haftung sitzender Christinen Plaum wegen deß bösen lasters der hexerei denuncyrt weren vnd daß Ihnen zubedencken stundte waß sie dagen thun oder laßen wolle.« (Turmschreiber Stephan Muser am 13.12.1629, Kölner Hexenverhöre, S. 39)

Nur zwei bereits inhaftierte Frauen, Schwelm und Haas, nahmen das Angebot der persönlichen Konfrontation an. Sie wollten, daß Plum die Vorwürfe zurücknehme, um ihren eigenen Kopf zu retten. Lieber wollte die Plum sterben, als die Anschuldigungen zu revidieren. Später bat sie die Denunzierten um Entschuldigung, aber für Sophie Haas hatte dies keine positiven Konsequenzen mehr: Sie wurde verbrannt.

Wirklich kritisch für das Rechtssystem wurde es, als Christina behauptete, Hexen hätten beim Hexentanz beschlossen, »Unschuldige wie Schuldige zu besagen«, um der Justiz eine Falle zu stellen. Am 17. Dezember verhaftete der Rat sie abermals, verhörte sie im Frankenturm mit verbundenen Augen (jeder, der ins Blickfeld der Plum geriet, könnte ebenfalls »besagt« werden!), im Januar dann lieferte er die Plum an den Greven. Für dieses Ritual der Übergabe an eine andere Rechtsinstanz existierte ein festgelegtes Zeremoniell: Zwischen 11 und 12 Uhr morgens kündigten die Turmmeister die Lieferung mit einer festen Formel an. Am vorab vereinbarten Termin erschienen von seiten der Stadt Gewaltrichter, Turmmeister und Turmschreiber, von seiten des erzbischöflichen Gerichts der Greve und zwei Schöffen. Am Treffpunkt, zum Beispiel dem Frankenturm, genehmigten sich die Herren ein Glas Wein, die Gefangenen bekamen ihre Sachen ausgehändigt. Der Gewaltrichter sprach dann die Übergabeformel, der Greve antwortete mit ritualisierten Floskeln. Die Auslieferung zog ein neues Gefängnis (Grevenkeller, Frankenturm) und vor allem weitere Verhöre mit Anwendung der Folter nach sich.

Ab Januar soll Christina Plum sich erstmals als Hexe verstanden haben, meint Schwerhoff.[3] Vorher fühlte sie sich nur selbst von Hexen belästigt. Dieses neue Selbstbild entstand vermutlich erst durch die Folter. Sie bat nun auch um die Todesstrafe.

Die Gefühlslage der Plum können wir den Akten nicht entnehmen. Wir kennen nur die Perspektive der Herrschenden. Soldaten bewachten die Gefangene. Die nun zuständigen erzbischöflichen Schöffen zogen Geistliche hinzu, die an der Aufdeckung der Hexensekte mitwirken sollten, und sie schrieben dem Kurfürsten, daß ihnen der Prozeß Mühe und Verdruß bereite. Die Nahrungsverweigerung der Delinquentin erschwere den Gehilfen des Henkers die Folterung. Christina Plums Schimpf- und Spottworte strapazierten die Nerven der Verhörenden.

Doch sie wurde erneut verhört, da noch weitere »Komplizinnen« in den Blick kamen, zum Beispiel die Hebamme Aeltgen Dünnwald.

Anfang Januar 1630 drohte Christinas Mutter einem Ratsherrn, wenn ihrer Tochter etwas geschehen, *»daß alßdann mehr andere eben den weg gehen sollten.«* Sie wurde ebenfalls verhaftet. Als im Rat berichtet wurde, die Plum erzähle von einem Hexenbündnis zur Behinderung der Justiz, nahm die Panik zu. Vielleicht war das eine Angst hinter den Sabbatbildern: eine Verschwörung von Frauen gegen Männer(institutionen).

Ein Problem bei der Urteilsfindung war, daß das Hexenmuster nicht ganz paßte: kein Hexenmal, kein Pakt, keine Buhlschaft, nur Anwesenheit beim Tanz. Strafmildernd mußte wirken, daß sie sich als Opfer von Hexen fühlte. Christina Plum hatte sich eigentlich eher als Beobachterin verhalten und »das Gesehene« bewertet und für sich verworfen. Es war nicht nur ein juristisches Problem, daß das Hexenmuster nicht deutlich ausgeprägt war, sondern auch ein moralisches.

Die Besessene – Ausschnitt aus einem Gemälde von Pieter Brueghel, 16. Jh.

Christina Plum wurde dennoch auf dem Domhof wegen *»teufflischer conspiration«* zum Tode verurteilt. Es wurde ihr mitgeteilt, falls sie alle Denunziationen widerrufe, würde man ihr die »Gnade« erweisen, sie vorher zu erdrosseln, was sie auch tat.[4]

Am 16. Januar 1630 wurde das Urteil verlesen und vollstreckt. Entscheidend für ihr Schicksal war, daß diese nun »bekennende Hexe« viele Mitglieder der Oberschicht denunziert hatte. Die Enthüllungen hatten die Obrigkeit zum Handeln »gezwungen«. Auf dem Weg nach Melaten trug sie angeblich ein Bündel Akten um den Hals gebunden. Es gab eine außergewöhnlich einmütige Kooperation von Erzbischof und Rat bei dieser Aktenvernichtung.[5] Die restlichen Dokumente wurden zum Zwecke der Spurenbeseitigung 1632 in einer eisernen Kiste im Schöffenschrein eingeschlossen.[6]

Wer war diese Christina Plum? Die ForscherInnen haben bis heute Probleme mit der Kategorisierung: Siebel charakterisiert sie als »geistesschwach«,[7] was insofern anzuzweifeln ist, als ihre Antworten im Verhör – falls vom Schreiber Muser nicht stark korrigiert – differenziert sind, und wenn sie auch ausgefallen klingen, so argumentiert sie doch innerhalb der Logik der Dämonologen völlig folgerichtig. Wolf dagegen nennt sie »zwielichtig«, was eine moralisierende Zuschreibung ist. War sie eher »Objekt« einer Besagung – oder Opfer der Dämonen – oder eine psychisch Kranke – oder eine aggressive Denunziantin – oder doch eine moralisch Unschuldige?[8]

Christina Plum fühlte sich eindeutig gequält! Zu einem bestimmten Zeitpunkt ihres Lebens sagt sie aus, sie wolle lieber sterben, als weiter von Hexen bedrängt zu werden. War sie also eine Besessene?

Zweifellos verbindet die Besessene, die Ketzerin und die Hexe etwas: das Wirken böser Geister.[9] Die besessene Frau hob sich jedoch durch mehrere Merkmale von der Hexe/Ketzerin ab: Zunächst einmal stand bei dieser Zuschreibung der Körper im Vordergrund. Besessene (»*demonica*«) – häufig Frauen – waren vor allem an physischen Merkmalen zu identifizieren: Sie zeigten verdrehte Augen, gesträubte Haare, gefletschte Zähne, Tollheit, Farbwechsel im Gesicht, verrenkte Glieder, sie wanden sich wie eine Schlange, wälzten sich auf dem Boden oder gestikulierten wirr. Die Nähe zur (mystischen) Trance, bei der dieser Zustand bewußt hergestellt wurde/wird, ist nicht zu übersehen. Besessenheit galt als außergewöhnlicher, aber von Gott »zugelassener« Einfluß des Teufels über den menschlichen Körper. Unvermittelt besetzten Dämonen eine Person und beanspruchten physischen Raum in ihrem Körper. Auf der geistigen Ebene lagen die Infiltrierungen zu gottlosem Tun, oft wurden von den DämonInnen sogar Botschaften eingegeben, die sich gegen die gesellschaftliche Ordnung richteten.

Für die ZeitgenossInnen war die besessene Person im Gegensatz zur Hexe/Ketzerin ein eher unschuldiges Opfer. Ihr haftete diese gewisse Schuldlosigkeit insofern an, als sie weder bewußt Übel heraufbeschwor, noch willentlich übernatürliche Kräfte benutzte, um damit etwas (Schlechtes) zu bewirken. So genossen Besessene rechtliche Schonräume. Bei der Diagnose »Besessenheit« wurde nicht die Inquisition eingeschaltet, sondern in der Regel »geistliche Artzney« ausgeteilt: die Weihebehandlung »Exorzismus« im Kirchenraum.

Mit den jeweiligen Phänomenen beschäftig(t)en sich verschiedene Diskurse, der theologisch-medizinische, der theologisch-juristische, der psychologisch-theologische oder der psychologisch-anthropologische. Wie bei der Plum sind die individuellen Lebensgeschichten – soweit sie aus der Literatur aufscheinen – oft nicht eindeutig zuzuord-

nen, die Symptome von Besessenheit, Ketzerei, Heiligkeit und Hexerei nicht klar abgetrennt.
Aber: Es sprach in der Regel nicht aus der Plum heraus, sondern sie sprach »verrückte« Inhalte aus. In ihrer Krankheitssprache wirkte sie recht klar: Sie schätzte sich zum Beispiel selbst als Randfigur bei den Sabbaten ein und dies sicher nicht nur, um einer Strafe zu entgehen, denn darauf arbeitete sie nicht zielstrebig hin. Ihre bereits vorhandene zerrissene Identität verstärkte sich im Prozeß genau durch die Annahme und Zuweisung der oben erwähnten verschiedenen Rollen.

Hexen verehren einen Bock und tanzen im Mondlicht – Stich aus N. Remigius, »Daemonolatria«, 1693

Das eigentlich »Ver-rückte« ist aus heutiger Sicht, wie ein ganzer Beamtenapparat aus der Bahn geworfen wird, weil er nicht weiß, was er glauben soll. War die Plum nun eine bewußte Lügnerin, oder waren alle Geschichten glaubhaft, oder handelte es sich eben um teuflische Vorspiegelungen?[10]

Eine Erkrankung zogen die Ratsherren nicht ernsthaft in Erwägung. Exorzismus gegen die teuflische Besessenheit bzw. als Mittel der Wahrheitsfindung wurde diskutiert, aber nicht ausgeübt. Dabei hatte der niederrheinische/niederländische Arzt Johann Weyer bereits in den 1560ern in seinen Schriften Zweifel daran geäußert, Besessene als Hexen zu verfolgen. Er hielt viele der Frauen für unzurechnungsfähig, für Melancholikerinnen, für schwach. Er war durchaus dafür, richtige Zauberer und Zauberinnen ebenso wie Quacksalber an den Pranger zu stellen und zu bestrafen. Aber häufiger als wirkliche Zauberei diagnostizierte er »melancholische Wahnvorstellungen«. Dieser gewichtige Einwand gegen die Dämonologen mußte bedacht werden: Er machte vermeintliche Geständnisse zur Illusion und hob das Verfolgungssystem aus den Angeln. Was aber hatte es für Folgen, Christina Plum zu glauben? Grundsätzlich wollte man ihr schon glauben, wenn man sie fragte, wieso sie von den Hexen akzeptiert wurde, wenn sie keinen Teufelspakt eingegangen sei. Die Verhörenden stellten Informationsfragen, etwa ob die Nonnen von St. Klara, die Merhems Magd und die besessene von St. Peter von derselben Person geplagt würden? Plum gilt anscheinend als Koryphäe, wird fast wie ein Medium mit Zugang zu einer anderen Welt genutzt.

Johannes Weyer stellte als einer der ersten Mediziner die These auf, die »Hexerei« könne auf Melancholie oder Besessenheit beruhen, »Hexen« seien mitleiderregende besessene Geschöpfe, und sie handelten unter Einfluß des Teufels – Holzschnitt, 1576

Die Debatten gingen an die Fundamente: Gab es überhaupt Unholde? Der Dechant Glimbach brachte zum Ausdruck, daß seiner Meinung nach der Teufel schöne Frauen erscheinen lassen könne. Und es gebe Zauberei: Er habe der Plum ein Ei vorgehalten, und das habe vor ihrem Gesicht geschwebt.

Es lagen andere Meinungen von geistlichen Fachleuten auf dem Tisch, die rundweg besagten, die Frau habe ihre fünf Sinne nicht beisammen. Dies bestätigten diejenigen Beichtväter, die ihr »*Kakelerei*« und Phantasien unterstellten. Wieder andere vermuteten, daß für die Plum in den meisten Momenten das Hexendasein real war. Teilweise hielten sie die »*erschröcklichen*« Aussagen der Plum für wahrheitsgemäß. Man einigte sich darauf, daß dann, wenn fünf oder sechs Hexen »*darpei pleiben und daruf sterben*«, ihren Aussagen Glauben geschenkt werden könne. Man weigerte sich einfach zu glauben, daß die Hexenvorwürfe gegen diese bekannten Leute real seien, daß diese wirklich bei Sabbaten mitwirkten. Aber bei den alten Weibern, da konnte es sich doch nicht um reine Vorspiegelung handeln? Die geplagte Plum wurde ungewollt zur Kämpferin für mehr Humanität: Durch sie kam »Sand ins Getriebe der Hexenjustiz«, die »politische« Vertrauenskrise bewirkte das baldige Anhalten der Prozeßwelle.[11]

Angesichts des Wechsels zwischen sehr starkem Selbstbewußtsein und auffälliger verbaler Demütigung, sexuellen Anspielungen, Lügen (?) und Wahnphantasien würden heutige ÄrztInnen Christina Plum vermutlich als psychotisch bezeichnen. Die Phantasie (oder Praxis?), ohne Auslöser oder Motiv alle zu besagen, war tatsächlich subversiv. Das hätte langfristig das System aus den Angeln gehoben – und gleichzeitig war es eine psychotische Wunschphantasie zur Verwirrung der GegnerInnen.

Plums Beichtvater, der Theologieprofessor (und Dechant von St. Severin) Dr. Heinrich Glimbach, veröffentlichte

Nicht jede »Hexe« wies ein Hexenmal auf – Kupferstich zum Thema Suche nach Hexenmalen aus der Bilder-Cautio von 1632

1629 eine anonyme Schmähschrift »*Lamentatio animae suspirantis ad Deum pro exstirpatione magiae*« – auf deutsch: »Klageruf einer Seele, die zu Gott emporseufzt um Ausrottung der Zauberei ...«[12] Darin vermittelte er den Eindruck, daß Köln voller Hexen sei, was der Stadt ihren heiligen Charakter nehme. Er warf den Ratsherren Untätigkeit in Sachen Hexeninquisition vor. Die Flugschrift wurde von städtischen Beauftragten eingezogen und öffentlich vom Henker verbrannt, die Druckpressen ließen sie zerstören. Glimbach, der enttarnt worden war, mußte den Text widerrufen.

Anmerkungen

1 Schwerhoff, Hexenverfolgung, S. 30; im Hexenprotokoll finden sich auch die Schreibweisen »Plom« und »Plaum«

2 vgl. Kölner Hexenverhöre, S. XIII; alle kursiv gedruckten Zitate aus dem Hexenprotokoll: Kölner Hexenverhöre, S. 1-72

3 Schwerhoff, Hexenverfolgung, S. 32

4 Abdruck des Todesurteils bei Siebel, S. 150f.

5 vgl. Schwerhoff, Hexenverfolgung, S. 34

6 Die Aussagen der Christina Plum vor den Stimm- und Turmmeistern waren nach Einschätzung der Herausgeber des Hexenprotokolls Macha/Herborn Anlaß für dessen Erstellung. Die zuständigen Juristen und Stadtvertreter wollten alle Rechtsakte und heiklen Aussagen rund um den Fall zentral in einer Akte bündeln, vgl. Kölner Hexenverhöre, S. XIIIff.

7 Siebel, S. 64; vgl. auch Wolf, S. 638

8 vgl. Schwerhoff, Hexenverfolgung, S. 31

9 vgl. auch zum Folgenden: Dinzelbacher, Heilige, S. 301

10 vgl. Schwerhoff, Hexenverfolgung, S. 32

11 vgl. ebd., S. 33

12 Schormann, Krieg, S. 56; vgl. auch Wolf, S. 638, Siebel, S. 48, van Hehl, S. 256, Schwerhoff, Hexenverfolgung, S. 33ff.; ein Exemplar liegt im HStAD unter KK III, 24, Bl. 664

Die Hure und die »Hexe«

Hure« und »Hexe« waren in der Frühen Neuzeit die gebräuchlichsten Schimpfwörter für Frauen. Während man der einen – der »Hexe« – unter anderem auch verbotene Sexualität zuschrieb, definierte sich die andere – die »Hure« – nur über sie. Verdrängte Sexualität war ein zentrales Motiv hinter den Hexenverfolgungen und gleichfalls eine Voraussetzung für das Bestehen der Prostitution.

In dieser Epoche war die Vorstellungswelt der Menschen auffällig stark in Gut und Böse geschieden. Auf der einen Seite stand Maria, die Mutter Gottes, die Reine, Jungfräuliche. Ihr gebührte kindliche Verehrung oder spirituelle Hingabe. Auf der anderen Seite stand die »Hexe«, die Unehrenhafte, die Sündige. Die Begriffe »Hure« und »Hexe« konnten die gleiche

Gegen die Rezeptionserwartung: Die Hexe wird nackt präsentiert … – Gemälde von Hans Baldung Grien, 1523, Städelsches Kunstinstitut Frankfurt (rechte Abb.)

… Die Hure wird verhüllt – Gemälde von Jan Vermeer van Delft, 1656, Staatliche Kunstsammlungen Dresden (linke Abb.)

Intention haben: Einschüchterung, Entehrung, Bedrohung einer Frau. Die Teufelsbuhlschaft erschien als perverses Gegenstück zur christlichen Agape, der (unkörperlichen) spirituellen Liebe.[1] Auch die Hure fügte sich in die bipolare Struktur des Frauenbildes ein, indem sie als unmoralisch, promiskuitiv Lebende potentiell für alle Männer verfügbar war, während die reine, tugendhafte, monogame Ehefrau lebenslänglich nur einem Mann gehörte.

Das dualistische Frauenbild: Die ehrbare Frau ... – Kupferstich einer Kölner Matrone in Regenkleidung, 1578, Kölnisches Stadtmuseum (links) ... und die Sündige – Kupferstich, 17. Jh. (rechts)

Erstaunlich ist, daß es anscheinend kaum Vermischungen in der Verfolgung von »Hexen« einerseits und Huren andererseits gegeben hat. Zumindest auf den ersten Blick: Nach den bisher ausgewerteten Quellen ist keine explizite professionelle Prostituierte Opfer eines Hexenprozesses geworden. Dabei waren die Verfolgung von »Hexen« und die Reglementierung von Prostituierten parallele gesellschaftliche Prozesse.

Im Mittelalter galt die Prostitution ganz pragmatisch als »Bollwerk der Ehe«[2] und sollte angeblich nützlich für Ehefrauen und Töchter sein. Die Huren standen unter dem rechtlichen Schutz der Stadtväter, viele lebten am Existenzminimum, aber immerhin relativ »selbstbewußt«. Sie trugen freundliche Namen wie *»schöne Frau«*, *»Hübsch(l)erin«* oder *»gutes/liebes Fräulein«*,[3] und ihr Arbeitsplatz hieß zum Beispiel im mittelalterlichen Köln *»domus sconefrowe«* (»das Haus der schönen Frauen«, 1268 in der Schwalbengasse).[4]

Die Bezeichnungen »Prostituierte« und »Bordell« waren noch unbekannt. Im späten 14. Jahrhundert begannen die Regierenden durch obrigkeitsstaatliche Maßnahmen die Huren von »der« Gesellschaft zu trennen. Ein Verbot der Prostitution war illusorisch, man erkannte ihre »Ventilfunktion«, denn viele Menschen hatten aus finanziellen oder rechtlichen Gründen keine Möglich-

Formulierungen für Geschlechtsverkehr im frühneuzeitlichen Sprachgebrauch:
»Die Frau fleischlich erkennen«
»Dem Mann zu Willen sein«
»Der Mann ist ihres Leibes schuldig«
»Mit einer Frau zu schaffen haben«

Mittelalterliche und frühneuzeitliche Ausdrücke für Prostitution und Freudenhaus:
»sunntlicher handel«
»unzucht«
»gemeyn huys«
»frauwenhaus«
»unzüchtige örter«
»uneirliche, schendliche wercke«
»dyrnenhuys«
»hoernhuys«

keit zu Heirat und Familiengründung, so daß sexuelle Wünsche des Mannes vor der Ehe kanalisiert werden »mußten«.[5] Schon der Kirchenlehrer Augustinus hatte diesen Standpunkt von der käuflichen Liebe als unvermeidlichem Übel eingenommen.

Der Kölner Rat zwang die »*dyrnen*« durch Kleidervorschriften, sich sichtbar von den ehrbaren Frauen zu unterscheiden, und er betraute den Scharfrichter, den »unehrlichsten der unehrlichen Leute«[6] mit der Aufsicht über die »*gemeyn doichter*«. Auf Beschwerden von Geistlichen hin vertrieben 1486 städtische Gewaltrichter – sie hatten wie in den Hexenverfahren polizeiliche Funktionen – die Dirnen aus ihren Straßen. 1527 wurde auf dem Berlich ein städtisches Bordell eingerichtet, das »*berligshoernhuys*« und die »freie« Straßenprostitution verboten. Als Kontakthof fungierten einschlägige Kneipen und Badehäuser. Männliche Jugendliche unter 16 Jahren, Ehemänner und Geistliche durften das »Frauenhaus« eigentlich nicht besuchen, – aber zum Beispiel für das Jahr 1559 listete ein Gewaltrichter 22 »delinquente« Kleriker auf, die im Hurenhaus entdeckt worden waren (wobei ein Drittel der Geistlichen in der Frühen Neuzeit offensichtlich noch mit einer Konkubine zusammenlebte).[7] Da nützte es nichts, daß Luther, zwecks Angriff auf die katholische Religion, die Frauenhäuser als heidnische Schande anprangerte und vor den vom Teufel gesandten Huren warnte.[8]

Die Berlichdirnen waren arm, sie wurden von ihren Hurenwirten ausgebeutet und schlecht ernährt. Für sie bedeuteten die Frauen auf dem »Straßenstrich«, die »*sloiphuren*« (»Schlupfhuren«), die heimlich, weil illegal arbeiteten, eine harte Konkurrenz. Jedoch sie hatten die »bessere« Kundschaft, auch Herren aus dem »kölschen Klüngel«. Die Kontakte wurden häufig durch Kupplerinnen vermittelt. Wenn sie vor Gericht kamen, wurden die Dirnen oft mit Stadtverweis bestraft. Auch die überführten »Schlupfhuren« wurden einer Ehrenstrafe, einem Schandritual, unterzogen, indem die Gewaltrichter sie stundenlang an den Pranger (Käx) stell-

Hexe und teuflischer Freier – Holzschnitt zu Ulrich Molitors »De lamiis et phitonicis mulieribus«, ca. 1490

Hure und Freier beim Bade – Holzschnitt um 1480

ten oder auf den Henkerkarren setzten und – wie später die zum Tode verurteilten »Hexen« – zum Berlich geleiteten, unter großem »Geschrei« der Menge.[9]

Die *»lichte frauwen«* vom Berlichhaus durften keinen Kontakt mit »ehrlichen« Leuten haben, nicht das Sakrament empfangen und nicht christlich beerdigt werden.[10] Der Ratsherr von Weinsberg, der über die Hexenfrage durchaus rational urteilte und mit seiner Dienstmagd ein uneheliches Kind gezeugt hatte, äußerte sich »spießig« und verächtlich über Dirnen als *»boise und geschante personen«*, durch die die Nachbarschaft *»berugtigt und veracht«* werde – eine Seuchengefahr und Bedrohung für die Ehe.[11]

Das Berlichhaus entwickelte sich zum kriminellen Treffpunkt polizeilich gesuchter Freier. Gewalt gegen die Dirnen war an der Tagesordnung. Zwei Frauen wurden zum Tode verurteilt, weil sie einen Kunden ausgeraubt hatten.[12] Manchmal halfen Huren jedoch auch der Polizei bei der Aufklärung von Straftaten.

Mittelalterliche und frühneuzeitliche Ausdrücke für Prostituierte und Kupplerinnen:
»hoeren«
»sloiphuren«
»gemeyn doichter«
»lijchte frauwen«
»scorta«
»kuppelerse«
»meretrix«
»undoechtige dyrnen«
»ehebrecherische hure«
»Diebshure«
»Pffafenhure«
»diebische hure«
»sakramentische hure«
»nackige Hure«
(vgl. Stein; Irsigler/Lassotta; Klersch; Schwerhoff, Köln)

1591 schlossen städtische Bedienstete auf Druck von Geistlichen das Bordell, Dirnen und Hurenwirt erhielten Stadtverweise.[13] Mit der Verschärfung der moralischen Maßstäbe durch Reformation und Konfessionalisierung endete die legitimierte städtische Prostitution. Sicherlich hat der Einbruch der Syphilis zu dieser Entwicklung beigetragen.

Claudia Stein hat anhand der Turmprotokolle untersucht,[14] wer die Frauen waren, die sich damals in Köln prostituierten: Viele von ihnen waren arme Frauen aus der Kölner Unterschicht, die keine Arbeit hatten oder nicht seßhaft waren. Migrantinnen versuchten in der Stadt ihr Glück oder einfach einen Weg zum Überleben. Aber die wirtschaftliche Not allein führte nicht in die Prostitution. Es gab viele Gründe – und immer ein persönliches Schicksal. Hierbei schimmern vergleichbare Erfahrungen von Verlust und Verletzung durch die Quellen: Junge Mädchen waren durch den frühen Tod der Eltern plötzlich auf

Dirnen bei der Arbeit im Frauenhaus – Flämische Karikatur von A. Hubertus (Ausschnitt), Kupferstich, Frühe Neuzeit

sich allein gestellt. Von Männern verlassene Frauen mußten ihre Kinder allein durchbringen. Soziale Ächtung wegen einer vorehelichen sexuellen Beziehung hatte die Heiratschancen vermindert und in wirtschaftlichen Krisenzeiten eine »sündige« Erwerbsarbeit nahegelegt. Zuvor erfolgte Übergriffe durch Dienstherrn und sexuelle Gewalt in der Familie hatten Mädchen und junge Frauen bereits nachhaltig traumatisiert.[15]

Welche dieser Attribute paßten nicht auch auf die »Hexen«?

Huren und »Hexen« kamen beide eher aus unterprivilegiertem Milieu, hatten Verlusterfahrungen und kannten (sexualisierte) Gewaltverhältnisse. Beide wurden von breiten Bevölkerungskreisen verachtet und stigmatisiert. Beide entlasteten als Minderheit die Gesellschaft und gaben der Mehrheit das Gefühl »gut« zu sein. Frauen und Männer konnten (ihre) »sündige« Sexualität, ihr Übelwollen abspalten und projizieren. Beide wurden von den gleichen Instanzen mit obrigkeitsstaatlichen Maßnahmen reglementiert und bestraft. Der Sprachduktus in den Dokumenten ist identisch.

Ist es nicht erstaunlich, daß der »Hexenhammer« nicht auch auf die Häupter der Huren niederging? Vielleicht nicht: Es sind einerseits getrennte Diskurse, die über die »Hexe« und die Hure geführt werden, andererseits unterscheiden sich Huren und »Hexen« in vielen Aspekten gänzlich.

Wenn wir auch nicht wissen, ob einzelne verfolgte Frauen ohne genauere Berufsbezeichnung nicht im Nebengewerbe der Prostitution nachgingen: Die Hure war eine reale Frau, die durch ihre Dienstleistung bestimmt und bestimmbar war. Die »Hexe« entstand erst im Kopf derer, die an Hexerei glaubten. Ihre Identität war diffus. Die Kompetenz zu bestimmen, wer eine »Hexe« sei, hatte letztlich nur Gott, dies zeigt auch die Praxis der Wasserprobe. Zur Überführung einer »Hexe« bedurfte es eines langen Instanzenweges von der Denunziation bis zum Urteil. Zur Hure konnte jede Frau sofort definiert werden.

Hexen bei der Arbeit – Titelholzschnitt zu Paulus Frisius: »Deß Teuffels Nebelklappen«, 1583

Die Hure wurde benötigt, sie diente dem Patriarchat, den Männern ganz direkt. Die gesellschaftliche Kritik an ihr war doppelbödig, denn man(n) liebte und verachtete sie zugleich. Die »Hexe« war gesellschaftlich eher disfunktional, denn sie bedrohte durch angeblichen Schadenszauber, perverse Orgien und religiöse Devianz die gottgewollte Ordnung. Die Hure hatte »normalen« Geschlechtsverkehr mit »richtigen« Männern. Die »Hexen« buhlten mit dem eiskalten Satan, einer Kreuzung aus Mann und Bock, auf schaurige Weise. Machte das die Sünde zum »*crimen exceptum*«? Die Hure konnte auch als »gefallenes Mädchen« noch eine Christin sein. Sie sündigte eher individuell. Die »Hexe« hatte sich durch den Teufelspakt für immer von Gott losgesagt. Sie tat sich mit Komplizinnen zusammen, sündigte beim Sabbat kollektiv und öffentlich. Die Hure (als Gegenbild zur Mutter) galt als unfruchtbar, das war die Strafe für ihre Unkeuschheit. Man brauchte sie nicht zu verfolgen, sie vermehrte sich nicht und bildete keine Banden. Die »Hexe« war angesichts ihrer Fruchtbarkeit gefährlich, denn aus ihrer Unzucht erwuchs schreckliche Nachkommenschaft, und sie rottete sich mit anderen zusammen. Die Hure bezog ihre Macht aus ihrer Kunst/Profession, sexuelle Lust zu befriedigen. Die »Hexe« war mächtig, weil sie Schaden zufügen und Angst verbreiten konnte, auch wenn sie nur eine Marionette des Teufels war. Die gesellschaftlichen Prozesse zur Reglementierung der Prostitution und der Hexenverfolgung hatten daher unterschiedliche Intentionen und Intensitäten, sie basierten auf unterschiedlichen Diskursen, aber sie hatten gemeinsame Definitoren.

Hexen oder Huren? – Handzeichnung »Zwei Hexen« von Filippino Lippi, um 1457 (eines der frühesten Hexenmotive)

Die Hexen sind »die bloßen Teufelshuren, die da Milch stelen, Wetter machen, auff Boeck und Beßen reytten, auf Mentel faren, die Leutt schiessen, lemen und verdurren, die Kind ynn der Wigen marttern, die ehlich Glidmaß bexaubern unnd desgleychen«. (Martin Luther[16])

Anmerkungen

1 vgl. Heinemann, S. 73
2 vgl. Norberg, S. 476
3 vgl. Feustel, S. 72
4 vgl. Stein, S. 17
5 vgl. Irsigler/Lassotta, S. 179
6 Dankert, S. 23
7 vgl. Schwerhoff, Köln, S. 372, Anm. 45, und Becker, Konfessionalisierung, S. 131
8 vgl. Norberg, S. 478
9 vgl. Stein, S. 33
10 vgl. Irsigler/Lassotta, S. 179
11 vgl. von Weinsberg, Denkwürdigkeiten, Bd. 4, S. 193f.
12 vgl. Stein, S. 63f.
13 vgl. ebd., S. 39
14 vgl. ebd., S. 40ff.
15 vgl. ebd., S. 42f.
16 zit. nach Hexenwelten, S. 354

Frauen gegen Frauen?

Von den Kölner Hexenprozessen waren in großer Mehrheit Frauen betroffen. Diese Feststellung impliziert nicht, daß Frauen sich nur in der Rolle des Opfers befunden hätten. Frauen agierten sowohl als Gerüchtemacherinnen im nachbarschaftlichen Raum, also im sozialen Vorfeld der Verfahren, als auch als Denunziantinnen in den Prozessen selbst. Wichtig ist, zwischen der Ebene der sozialen Beziehungen und der Ebene der juristischen Instanzen zu unterscheiden.

Normen und soziale Kontrolle

Im gesellschaftlichen Zusammenleben in der Stadt galten – wie Ahrendt-Schulte überzeugend gezeigt hat – Normen, die Leben, Besitz und Ehre der Menschen schützten und ihnen je nach Schichtzugehörigkeit und Geschlecht unterschiedliche Handlungs(spiel)räume zuwiesen. Gegenseitige soziale Kontrolle gehörte zum Selbstverständnis der BürgerInnen, die Grenze zur Fürsorge war fließend.

Der Bürgermeister und das Volk (Burgerin, Burger, Braut) vor dem Altermarkt mit Marktständen und Pranger (hinten Mitte links) – Kupferstich von Aubry, ca. 1660

Nachbarschaft bedeutete positiv auch Eingebundensein in soziale Zusammenhänge.

Ehemann schlägt Ehefrau – ein kunstgeschichtlich recht seltenes Motiv, aber sicherlich eine häufige Praxis – Holzschnitt zu dem Einblattdruck »Die Zwelff Eygenschafft eines boßhafftigen verruchten weybs« (Ausschnitt), 1530 (nach einer Zeichnung von Erhard Schoen)

Bei einer Einwohnerzahl von ca. 40.000 Menschen konnten nicht alle einander kennen. Aber im Nahbereich der Straße, des Viertels, einer Bruderschaft o.ä. wurde die Einhaltung sozialer Normen gründlich überwacht. Insofern bestand ein Spannungsfeld zwischen Beziehung und Unterstützung einerseits, Abgrenzung und Rivalität andererseits.[1] Leicht konnte das friedliche Zusammenleben durch Interessenkonflikte belastet werden. Neid, Mißtrauen und Streit konnten in Feindschaft und/oder Gewalt umschlagen, so daß jede Handlung oder Unterlassung als Aggression gedeutet werden konnte.[2]

Die Ehre der EinwohnerInnen war in den meisten Milieus in Frage gestellt, wenn sie sich sichtbare Normverletzungen zuschulden kommen ließen. Das bedeutete Schande, und Schande gefährdete den sozialen und wirtschaftlichen Status einer Person und ihrer Familie. Abweichendes Verhalten brachte der Mensch der Frühen Neuzeit durch Gerede ins öffentliche Interesse.

Voraussetzung für die Ehre waren für Frauen und Männer gleichermaßen soziale Herkunft, insbesondere eheliche Geburt und Beruf. Die Verhaltensnormen waren jedoch geschlechterspezifisch ausdifferenziert: Für die Frau waren – zumindest in bürgerlichen Lebensverhältnissen – ein frommer sittlicher Lebenswandel, eheliche Treue und hausfrauliche Tüchtigkeit von zentraler Bedeutung. Ihre Ehre war stark an den Körper gebunden. Gab eine Frau auch nur kleine Anlässe zu übler Nachrede, mußte sie mit Ausgrenzung rechnen.[3] Riten wie das Häckselstreuen vor ihrer Tür machten ihr Vergehen öffentlich.[4] Die einmal befleckte weibliche Ehre war letztlich nicht reparabel, außer durch zukünftiges lebenslanges Wohlverhalten.

Beschimpfungen von Frauen:
»Zauberische Hure«
»Zauberschе«
»Huer«
»Unholdin«
»Hexe«
Beschimpfungen von Männern:
»Dieb«
»Schelm«
»Betrüger«

Schon der in Köln dozierende mittelalterliche Scholastiker Thomas von Aquin sah die Schmähung einer Person als schwere Sünde an, und noch im frühneuzeitlichen Köln galt verbale Gewalt als Vergehen gegen die Person. Tätli-

Frau attackiert Mann – ein kunstgeschichtlich sehr häufiges Motiv, aber eine vermutlich seltenere Praxis – Karikatur von Hans Burgkmair, 16. Jh.

che Auseinandersetzungen zwischen Männern bewertete man dagegen als legitime Form der Konfliktaustragung, sofern es darum ging, Angriffe auf die männliche Ehre zu rächen. Männer schlugen sich mit Fäusten und Steinen, sie bedrohten einander mit dem Tod, während die Freunde dabeistanden und zusahen.[5] Frauen redeten übereinander.

Nicht nur die Männer, auch die Frauen untereinander zielten oft mit Schmähungen auf den Bereich der »sexuellen« Ehre. Sie billigten Männern – wie diese sich auch – hinsichtlich der Sexualmoral größere Spielräume zu. So konnte der Kölner Ratsherr Hermann von Weinsberg eine Magd schwängern, ihr Geld für die verlorene »*Jungfrauschaft*« bezahlen, mit ihr ein »*natürlich und Bastardkind*« haben – und weiter lustig Karriere machen und zu Hause wohnen bleiben. Die Magd dagegen verlor ihre Stellung im Haushalt der Mutter.[6]

Die Gewaltvorstellungen waren stark polarisiert: Physische Gewalt von Männern gegenüber Frauen galt nicht als Delikt, mancher Ehemann schlug seine Frau »*schwarz und blau*«.[7] Frauen hingegen durften einen Mann nicht einmal beleidigen: Überliefert ist, daß Catharina Bylstein 1593 wegen übler Nachrede verurteilt wurde. Sie mußte die Verleumdung widerrufen und sich bei dem Mann entschuldigen.[8]

So erstaunt es nicht, daß Tötung fast ausschließlich ein Männerdelikt war. Frauen wählten zur Verletzung einer Person einen »angemesseneren«, den ihnen vorgeblich qua »Natur« zugeschriebenen Weg der Worte.

Vom Gerede zum »gemeyn geschrei«

Historikerinnen haben das Reden als Domäne der Frauen ausgemacht und Gerüchte im weiblichen Milieu angesiedelt.[9] Frauen sprachen an den wenigen gesellschaftlichen Orten, die ihnen zugänglich waren, viel miteinander. Sie »klatschten« dabei – auch – über andere Frauen und setzten dabei ggf. Gerüchte in die Welt:

1630 gab die 37jährige Maria Grontsfelts, eine Stickerin/Näherin aus Aachen, die zeitweilig in dem Beginenkonvent Zitterwald gelebt hatte, zu, daß sie aus der Bruderschaft St. Ursula ausgestoßen worden sei, weil »*andere vnnutze wesch muler [Waschmäuler] ihro hinder rucklich nachgeredt alß solte sie einen boesen cram [Fehlgeburt], vnd mit verscheidenen so geist alß weltlichen persohnen zu thuen vnd zu schaffen gehabt haben, welch geschwetz durch die lange Catharin, welche andere mher aufgewickel vnd zu solchem schwetzen angeritzet, verursacht* ...«. Sie verteidigte sich nach vorn: Sie selbst sei ja keine Hexe, aber ihre 70jährige Nachbarin Anniken van den Hout sei nach eigener Darstellung eine Gezeichnete, die die Hexerei als freie Kunst betrachte. Sie habe ein Teufelsbuch im Haus und ein Zeichen an der Stirn. Die Seidenblumenmacherin van den Hout – alsbald vernommen – gab wiederum zu Protokoll, sie habe nur Geschichten- und Gebetbücher, und Maria Grontsfeld sei ein klatschsüchtiges Waschweib und wolle sie verleumden.[10] Wie die Auseinandersetzung ausging, ist nicht überliefert. Ob das Gerücht zum »Gerede«, zum Thema von allgemeinem Interesse und im schlimmsten Fall zur Basis eines Hexenprozesses wurde, hing vom sozialen Status der Tratschenden, vom sozialen Ruf, das heißt, vom Leumund der »besagten« Person und nicht zuletzt auch vom (spektakulären) Inhalt des Gerüchtes ab.[11] Wenn der Vorwurf zwingend wurde, »mußten« die Stadtväter eingreifen, um die Ruhe wieder herzustellen. Hermann von Weinsberg gab überzeugend wieder, wie ein Gerüchtekessel zum Sieden gebracht wurde. Die Haltung »*Ja, die lude sagtens, das gerucht geibs*« sei oft der einzige Grund, eine Frau als »*zubersche*« zu verdächtigen.[12] Durch das Gerede konnte man anonym und ohne Risiko an der Ehrverletzung eines anderen Menschen teilhaben. Wenn das Gerede mehrerer Frauen (und Männer) anhielt, entstand das »*gemeyn geschrei*«, das abwertende, beschuldigende »Beschreien« der betroffenen Person. Es hatte größere gesellschaftliche Wucht als das individuelle Besagen/Denunzieren und reichte gelegentlich bis über die Stadtgrenzen hinaus.

Eine Zaubereiverdächtigung bewirkte Ausgrenzung und Isolierung. So konnten NachbarInnen, FreundInnen, Bekannte die soziale Existenz anderer zerstören, das heißt, zur gesellschaftlichen Marginalisierung oder Demontage beitragen. Der Kontakt mit »so einer« schien bedrohlich, denn Zauberei war als Gemeinschaftsdelikt verschrien. Wichtig war dabei nicht der Wahrheitsgehalt eines Vorwurfs, sondern seine Öffentlichkeit. Für die Anklageerhebung reichte es, daß ein Zeuge die Beschuldigung aus dem öffentlichen Gerede kannte.[13] Natürlich führte nicht jedes Gerede zu einem Gerichtsverfahren. Der Kölner Rat bemühte sich in Einzelfällen sogar um Deeskalation.[14]

Die Grenzen zwischen der sozialen Handlung der Gerüchteverbreitung und dem juristischen Akt der Denunziation waren fließend. Die Fokussierung eines Gerüchts war in der Regel der Auftakt zum formellen juristischen Verfahren.[15]

Kölner Klatsch

Ein Problem bei der Auswertung der historischen Quellen ist, daß die Aufzeichnungen von Prozessen frühestens mit dem ersten Verhör im Turm beginnen, also nicht darstellen, was sich im Vorfeld der Anklage genau zugetragen hat. Außerdem wird das Geschlecht der am Verfahren beteiligten ZeugInnen und KlägerInnen nicht immer deutlich (oder wurde nicht mit ausgewertet). So können keine Aussagen über die wirklichen Motivlagen und Mentalitäten herausgefiltert werden.

Wir wissen, daß zum Beispiel in Lemgo und im Saarraum vor Gericht zu zwei Dritteln Männer aussagten.[16] Für Köln existieren zur

Frauentreffpunkt Brunnen: Möglichkeit zum Gespräch unter Dienstbotinnen – Satirisches Flugblatt auf die Untugenden der Dienstbotinnen, 1652

Zeit keine solche Daten. Es sind sogar manche der frühen Erzählungen so fragmentarisch, daß nicht einmal die beschuldigte Person sichtbar wird.

Im Kölner Recht wurden wie erwähnt eidliche Aussagen von Frauen als gültig anerkannt. Das beweist noch nicht eine häufige tatsächliche Präsenz von Frauen vor Gericht, aber es zwingt zu fragen, ob der Begriff »Zeugen« aus der Sekundärliteratur immer Männer meinte. Immerhin sind die Kölner Urkunden recht lange geschlechterdifferenzierend verfaßt. Es würde sich lohnen, noch einmal allen Fällen unter dieser Fragestellung am Originalmaterial nachzugehen.

Bei dem von uns ausgewerteten begrenzten Material gingen etwa zwei Drittel der Denunziationen von Frauen aus, was die These von der Mittäterschaft der Frauen bestätigt. Auffällig ist, daß vor 1610 deutlich mehr Männer Verfahren in Gang brachten, nach 1610 aber fast nur noch Frauen denunzierten – zeitgleich beginnt im Sprachgebrauch »Hexerei« statt »Zauberei« gängig zu werden! Nun waren Frauen aktiv am unentrinnbaren Gewaltmechanismus der Hexenverfolgungen beteiligt, indem sie während des Verhörs andere Frauen, nach denen sie gegebenenfalls gezielt befragt wurden, irgend-

Im folgenden einige »Fälle« mit der Angabe, wer wen denunziert hat, um einen Überblick über mögliche Konstellationen zu gewinnen:

- *1483 denunzierte ein ehemaliger Turmmeister eine alte Frau, um einen Zaubereiverdacht auf sie abzuwälzen.*
- *Eine Witwe klagte 1506 eine als Zauberin bekannte Migrantin wegen eines Zauberanschlags auf ihre Gesundheit an.*
- *Eine Frau beschuldigte 1528 eine andere Frau, sie habe ihren Mann impotent gezaubert und Todesfälle verursacht. Das »gemeyn geschrei« richtete sich fortan gegen die Denunzierte und ihre Familie.*
- *1580 warf ein Mann einer Frau vor, sie habe durch Berührung sein Glied verzaubert. Er schlug sie, aber sie kam in Haft.*
- *Eine Magd beschimpfte eine Grasmäherin 1591 als »Molkenzaubersche«, worauf diese wiederum der Magd fluchend drohte. Aufgrund weiterer ZeugInnenaussagen wurde die Grasmäherin ansHohe Gericht geliefert.*
- *1599 denunzierte ein Mann zwei Frauen und brachte sie wegen Zauberei in Haft.*
- *Ein Mann brachte 1608 einen anderen Mann wegen »Hexerei« und schwarzer Magie auf den Turm.*
- *Das »gemeyn geschrei« führte 1610 zu tödlicher Selbstjustiz der Menge gegen eine »Hexe«.*
- *Eine angeklagte Wahrsagerin »besagte« 1618 zwölf weitere Frauen, woraus sich Verstrickungen über viele Jahre hinweg ergaben.*
- *1626 beschuldigten mehrere Frauen und Männer eine Frau aus dem städtischen Patriziat.*
- *Christina Plum bezichtigte an die 20 Frauen und Männer, darunter Angehörige der herrschenden Klasse, der Hexerei bzw. Teilnahme am Hexentanz.*
- *Der Pater Bolte brachte durch Verletzung des Beichtgeheimnisses 1630 die Bettlerin Catharina Bly auf den Scheiterhaufen.*
- *Mehrere Hebammen, Wöchnerinnen und deren Ehemänner/Witwer bewirkten 1630 das Todesurteil gegen die Hebamme En Volmers.*
- *1630 verleumdete eine Stickerin ihre Nachbarin, eine Seidenblumenmacherin.*
- *Geistliche denunzierten 1645 einen elfjährigen Jungen wegen Diebstahls und Zauberei, er wurde später hingerichtet.*
- *1648 beschuldigten zwei Nachbarinnen, die Frau eines Schubkarrenfahrers und die Frau eines Nadelmachers, einander der Hexerei…*

Auf Tauffesten wie dem hier dargestellten wurde häufig Mißtrauen gegenüber den Hebammenkünsten geäußert – Holzschnitt Frühe Neuzeit, Germanisches Nationalmuseum Nürnberg

welcher Vorkommnisse beschuldigten. Im juristischen Verfahren selbst trafen alle Entscheidungen Männer, sie waren die Akteure, die den Verlauf vorgaben, seien es die Ratsherren, die Turmmeister, Geistliche, Gewaltrichter, der Greve oder auch der Scharfrichter. Einige wenige der Verantwortlichen nutzten ihre Position für Freisprüche und setzten sich für eine »milde« Bestrafung ein. Andere, etwa die Sonderkommissare machten Karriere als »Spezialisten«, sie verwandelten »Blut in Gold«.[17] Die androzentrische Struktur schmälert nicht die Mitverantwortung von Frauen, die gerade in den »wahnsinnigen« Verfolgungsjahren 1627 bis 1630, als die Scheiterhaufen auch im übrigen Heiligen Deutschen Reich loderten – besonders häufig übrigens im kurkölnischen Land. Frauen nahmen als mitangeklagte Zeuginnen eine zentrale Rolle ein, wenn es galt, die Hexensekte auszurotten.

Die Frage ist, wie gezielt die Hexereivorwürfe eingesetzt wurden, um eine Feindin zu eliminieren, oder ob die Denunziantinnen ihre Äußerungen wirklich glaubten, weil sie dem Hexenmuster gefolgt waren. Nur selten schimmern die Motive durch die kargen Texte.

Auffällig ist, daß die Inhalte der Beschuldigungen häufig aus gemeinsamen sozialen Lebensumständen resultierten, nur selten ging es um Versatzstücke aus dem theologisch-dämonologischen Diskurs. Es ist anzunehmen, daß die Gefühlslagen von Menschen sich im Laufe der Geschichte wenig verändert haben. Die Gemeinschaft, das Aufgehobensein in einem Kollektiv, war auch in der Frühen Neuzeit für die emotionale Existenz und Sicherheit wichtig. Keiner Kölnerin, keinem Kölner wird es ganz gleichgültig gewesen sein, was andere von ihnen dachten.

Wie Briggs konstatiert, haben sich die meisten »Hexen« nur »der Sünde schuldig gemacht, das Mißfallen ihrer Nachbarn zu erregen«.[18] Genau das konnte existenzbedrohend werden, denn dagegen konnten sie sich weder einfach innerlich abgrenzen noch darüber hinwegsehen.

Bis zur Verdächtigung realer Frauen, sie hätten entsprechend den Hexenvorstellungen gehandelt, scheint es ein weiter Schritt zu sein.

Möglicherweise spielen hier alte Rechtstraditionen eine Rolle. Im Zeitalter der Fehden war die Austragung von Streit per Faustrecht, das heißt, die direkte Ausagierung von Rachegefühlen geläufig. Nun war die körperlich gewaltsame Konfliktaustragung – wie erwähnt – eine Domäne der Männer. Insofern könnte Denunziation als eine Form der »Selbsthilfe« von Frauen bewertet werden.

Die durch Aggression ausgelöste verbale Beschuldigung manifestierte sich seit 1610 gehäuft als Produkt eines Konflikts zwischen der Frau, die als Hexe/Zauberin beschuldigt wurde, und der Person, die sie beschuldigte. Sie standen meist in verwandtschaftlichen, nachbarschaftlichen, erotischen Verhältnissen oder in Arbeitszusammenhängen, wobei die »Hexe« oft etwas tiefer in der Sozialhierarchie stand als die Besagerin.[19]

Beim Butterbereiten war Kenntnis und Glück gefragt, Molkereibetrieb auf einem Kalenderblatt für den Monat April – Holzschnitt nach Hans Sebald Beham (Ausschnitt)

Viele Vorwürfe sind erklärbar und nicht unerwartet oder magisch-abgehoben: Im alltäglichen Leben waren Frauen für die Ernährung und gesundheitliche Versorgung der Familie sowie für die Arbeit mit kleineren Tieren verantwortlich. In diesem Wirkungsfeld der weiblichen Bevölkerung konnte leicht kleines oder großes Unglück passieren: verdorbene Nahrungsmittel, schlechte Ernte, Verlust von Vieh, plötzliche Krankheit oder sogar Tod eines Familienmitglieds – der Verdacht zauberischer Umtriebe lag da nahe. Die meisten Menschen lebten knapp über der Existenzgrenze, gerade die Frauen. Das wirtschaftliche Leben war ein Kampf ums Überleben, der Verlust einer Kuh konnte eine Familie in die Zuständigkeit der Armenverwaltung oder vor die Domtüren auf die Bettelplätze bringen.

Der medizinische und naturwissenschaftliche Wissensstand des frühneuzeitlichen Menschen war – wie erwähnt – recht niedrig. Viele Leiden, seien es akute psychische Erkrankungen, Siechtum,

Schwachsinn, Impotenz oder plötzlicher Tod, konnten als Folge von Zauberei interpretiert werden. Heimsuchungen durch Epidemien wie die Pest – 1564 soll etwa ein Drittel der Kölner Bevölkerung gestorben sein – wurden dämonischen Mächten zugeschrieben. Äußerliche »Anomalien« wurden mit Hexeneinwirkung gedeutet und letztlich mit dem Bezeichnen einer konkreten Hexe entdämonisiert: In seinen Memoiren schreibt Hermann von Weinsberg über eine Frau mit schiefem Mund, die angeblich von einer Magd verzaubert worden war.[20] Schlechte Witterung konnte nur an Schadenszauber liegen. Es ist naheliegend, daß persönliche wie kollektive Notsituationen die Denunziationsbereitschaft erhöhten. Die Beschuldigungen geschahen meist nicht willkürlich, das heißt, nicht ohne Anlaß und psychische Not. Angesichts der hohen Säuglingssterblichkeit kam es zu Konflikten zwischen Wöchnerinnen und Hebammen. Die einzelne verzweifelte Mutter projizierte einen Hexereiverdacht auf die Hebamme, um mit eigenen Minderwertigkeitsgefühlen fertig zu werden. Traten in einem Milieu gehäuft solche Vorfälle auf, wie anscheinend in der Kölner Bäckerzunft der späten 1620er Jahre, »verschworen« sich die Betroffenen schnell gegen die angeblich hexerischen Machenschaften – oder auch berufliche Unfähigkeiten! – der jeweiligen Hebamme.

Die Menschen verdächtigten und beschuldigten andere, um ihre Angst zu bewältigen, weil sie sich nur schwer mit schlimmen Geschehnissen abfinden konnten, die sie nicht verstanden. Nach Briggs folgten viele Beschuldigungen einem einfachen Muster: Am Anfang stand der Streit, danach passierte ein Unglück, und dieses wurde als Rache der Hexe gedeutet.[21] Betrachten wir dazu noch einmal die erwähnte Kölner Magd von 1591 näher: Sie hatte die Grasmähersfrau Tryn von Rychradt mit einem Schadenszaubervorwurf beleidigt bzw. bedroht. Bald darauf starb die Magd an einer Krankheit. Selbstverständlich nahmen alle an, daß die Grasmähersfrau sich durch Tötung der Magd gerächt habe, was klar bewies, daß die Bezichtigung der Magd stimmte, daß die Tryn »eine von der Kunst« sei, eine sehr Gefährliche sogar. Schuldgefühle als Motiv für Beschuldigungen kamen zum Tragen, wenn sich zum Beispiel eine Frau gegenüber einer Bettlerin unbarmherzig gezeigt hatte und dafür von dieser verflucht wurde. Die Bezichtigung der Bettlerin war ein Akt der Projektion des schlechten Gewissens, denn die Frau wußte, daß sie die Norm der helfenden Nächstenliebe verletzt hatte. Die Bettlerin war also moralisch im Recht und ahndete mit der Verfluchung erlittenes Unrecht.[22]

Nur selten verweisen Verhöre auf bewußt ausgeübte magische Praktiken von Frauen oder führen als Berufsbezeichnung gar »Wahrsagerin« an. Bei diesen zeigt sich, daß sie gegebenenfalls auch ohne direkte Not an Leib und Leben der Hexerei bezichtigt wurden.

Auch in der Frühen Neuzeit eine Normverletzung: Die »mannstolle Witwe« – Karikatur, 16. Jh.

Es sind böse, rachsüchtige Leute, die *»aus hass, neit oder auch lichtfertigkeit«* andere in den Ruf der Hexerei brachten, schreibt der Chronist von Weinsberg. Immer wohl standen starke Gefühle hinter den Denunziationen. Der Einsatz des Hexereivorwurfs zur moralischen Herabwürdigung schimmert besonders aus der mehrstimmigen Denunziation durch. Ein Beispiel aus Westfalen: Über eine Ilsche hieß es in Minden unter Frauen, sie sei *»ein leichtfertich weib / ein seuffersche Bubin / und von ihrem ehemann gelauffen. Item mit anderen leichtfertige und verdechtige weibern umbgangen / conventicula und seufferey gehalten«*.[23] Wir können uns die Empörung der Nachbarinnen über so eine, die in der Mitte ihrer Gruppe trinkt und feiert, gut vorstellen. Tragikomisch, daß Ilsche verhaftet wurde, nachdem sie eine verheiratete Frau in Abwesenheit ihres Mannes mit einem Domherrn verkuppeln wollte. Dieser Fall zeigt, wie nah die Bilder der Hexe und der Hure beieinanderlagen.

Ehebruch wurde, zumindest in der Oberschicht, bestraft, hier durch Schlafentzug, woanders durch Praktiken sozialer Diskriminierung – Holzschnitt, 1483

Manche nach Köln geflohene Migrantin brachte den Ruf, eine »*Zauberschе*« zu sein, schon mit und geriet schnell erneut in Verdacht. Fremdenfeindlichkeit und Hexenmuster verschmolzen und konnten Hand in Hand zu einer Anklage führen.

Die Frauenfeindlichkeit, die sich als Subtext von der Bibel über Mythen und Sagen bis zu den Sprichwörtern der Volkskultur durchzog und die die Dämonologen nur aufgreifen und zuspitzen konnten, hatten »natürlich« auch die Einwohnerinnen selbst tief verinnerlicht. Es machte Sinn, gerade deviante, also »böse« Frauen durch eine Denunziation ans Gericht zu liefern, damit die Mächtigen (Männer) sie bestrafen. Als 1610 in Köln die Stadtväter ihre »Verantwortung« nicht wahrnahmen, gerieten Angst und Empörung außer Kontrolle und mündeten in Selbstjustiz. Dies zeigt, daß die Beseitigung der »Sündenböcke« offenbar eine gesellschaftliche Reinigungsfunktion hatte. In den Augen des Volkes war nicht die Gewalt gegen Hexen das Unrecht, sondern die Untätigkeit der Obrigkeit gegen sie. Es gehörte zur Christenpflicht, bei den geistlichen oder weltlichen Behörden Hexerei anzuzeigen.

Dadurch, daß die Frauen die Aktiven wurden, blieben die Probleme, die gerade viele Kleriker generell mit Frauen hatten, gut chiffriert.

Ohne Blick auf unbewußte Motive sind Hexerei-Denunziationen nicht zu verstehen. Das vielfarbige Wesen des Hexenglaubens regte die Phantasie an. Angst- und Haßgefühle aus schwierigen Eltern- und Geschwisterbeziehungen konnten inszeniert werden, um Kränkungen, Enttäuschungen und Verrat zum Ausdruck zu bringen. Innerpsychisch könnte die Hexe als Imagination der bösen, versagenden Mutter verstanden werden, die zerstört und ängstigt, während die Mutter Gottes liebt und beschützt.[24] Dies mag ein unbewußtes Band, eine geheime Dialektik zwischen der beschuldigenden und der beschuldigten Frau sein: Die Hexe wurde zum »Gefäß« verdrängter Impulse, sie hatte zuvor Signale oder Anlässe gegeben, die sie zum Opfer prädestinierten.

Neben den eher »defensiven« lassen sich auch offensive Motive hinter den Denunziationen finden: Mit einer Hexereibeschuldigung konnten Frauen Einfluß ausüben, sich entschädigen für vorenthaltene gesellschaftliche Macht. Die Denunziation kam dem Bedürfnis entgegen, auch einmal Plätze zu verteilen, zu bestimmen, wo eine in der eigenständigen Hierarchie der Frauen hingehörte, sich die Definitionsgewalt über den Leumund einer Person anzumaßen und sich als Autorität zu fühlen. Eine mehrstimmige Beschuldigung schloß die Anklägerinnen zu einem »Wir« zusammen und gab ihnen die Sicherheit, »richtig« zu sein.

Da Hexerei nicht objektivierbar war – es gab keine Beweise – waren Schuld wie Unschuld schwer zu bestimmen. Insofern war es rein theoretisch möglich, Beschuldigungen rational und gezielt einzusetzen, um eigene Interessen durchzusetzen oder sich Vorteile zu verschaffen. Denkbar ist zum Beispiel, daß verfeindete Männer über

Hexereibezichtigungen ihre Frauen für ihre Konflikte funktionalisierten – die Frau attackierten, um den Mann zu besiegen. Kämpfe um Ehe und Erbe, um Haus und Land, um Geld und Arbeitsplätze konnten von Männern und – seltener – Frauen im »Medium« von Hexerei-Denunziationen ausgetragen werden.[25]

Politische Absichten oder berufliche Konkurrenz boten sich als Motiv für Beschuldigungen an. »Unlautere« materielle Motive hinter Beschuldigungen konnten im Hintergrund bleiben, da es ja eine heilige Bürgerpflicht war, das Verbrechen der Hexerei zu bekämpfen. Der Hexenglaube rechtfertigte die eigene Feindseligkeit und erklärte scheinbar die der gegnerischen Seite. Es konnten Hexereibeschuldigungen variable Instrumente der Interessendurchsetzung sein. Sie waren es jedoch – zumindest in Köln – vergleichsweise selten.

Unter Hebammen hätte es der »Brotneid« sein können, der die Erwerbsgruppe spaltete. Dies war jedoch laut den Kölner Unterlagen nicht der Fall. Die Hebammen äußern eher, daß sie sich nur flüchtig kannten.

Angsterregende Frauenfigur (»Malle Babbe, Hexe von Haarlem«) als abschreckendes Beispiel für das Laster der Trunksucht – Gemälde von Frans Hals, ca. 1630, Staatliche Museen Preußischer Kulturbesitz, Gemäldegalerie

Die herausforderndste Frage ist vielleicht, mit welchem Gefühl Frauen andere Frauen in den Prozessen denunzierten, ob sie sich überhaupt als Geschlechtsgenossinnen begriffen haben oder nicht.

Die hohe Frauenquote unter den Denunziantinnen nach 1610 ist letztlich leicht zu erklären. Alltagsstreit und soziale Auseinandersetzungen standen am Beginn eines Hexenprozesses, aber diese Konflikte traten in den Hintergrund, wenn der Hexereiverdacht aus »der stark weiblich geprägten Öffentlichkeit« in die »Welt der Männer« überwechselte und »vom Justizapparat aufgegriffen« wurde.[26] Denunziationen wurden oft nicht von den Denunziantinnen erfunden, sondern ihnen nahegelegt. Die stets wiederkehrende Formulierung im Hexenprotokoll lautete: »gefragt, ob sie nicht ...« – da mußte nicht einmal tief psychologisch mit Suggestivfragen gearbeitet werden.

Das Protokoll gibt ebenfalls Zeugnis davon, daß die Befragung in engen, vorgedachten Bahnen verlief. Da zu neunzig Prozent Frauen vor dem Richterstuhl standen und im Verhör auf der Basis der Theorie von der Hexensekte nach Komplizinnen ausgefragt wurden, kann nicht erstaunen, daß dann auch wiederum Frauennamen bevorzugt genannt wurden. Die gewünschte Antwort bestätigte wiederum die akademische Lehre von der gefährlichen Hexensekte.

Frauen waren inzwischen das Stereotyp für »Hexe«, so sah es die Volkskultur, so schrieben es die Dämonologen. Zauberei galt als Frauendelikt, als Frauensache. Die Sprechenden und die Verdächtigen hatten insofern eine gemeinsame Geschichte.[27]

Aus Anklägerinnen konnten vor Gericht ganz schnell Angeklagte werden. Manche Denunziationen waren Ausdruck angstvoller Bemühungen, nicht selbst Opfer zu werden.

Weitere Denunziationen, insbesondere in den Massenprozessen, erfolgten unter der Folter, so daß sie nicht als »Verrat« gewertet werden sollten. Die Frauen wurden zu Alibifiguren der Folterer und beschuldigten einander gezwungenermaßen.[28] Um das Grauen zu beenden, sagten sie das aus, was man von ihnen verlangte. Die beklemmenden Protokolle geben davon Zeugnis.

Befremdlicher scheinen die Frauen (und Männer), die sich selbst der Hexerei bezichtigten. Die Frage nach der Identität der Menschen in der Frühen Neuzeit spielt hinein. Wir wissen heute nicht, wie die Menschen sich damals selbst gesehen haben. Und wir sollten uns bei rätselhaften Phänomenen davor hüten, »moderne« Gefühle auf frühere Menschen zu projizieren. Es bieten sich folglich zwei primäre Deutungsmuster an: Entweder bedienten sich diese Frauen magischer Praktiken und das Bekenntnis, eine »Zaubersche« zu sein, entsprach eher einer positiven Selbstattribuierung als einer Selbstdenunziation. Sie verstanden dann magisches Tun als Qualifikation, nicht als Sünde. So berichtete 1592 eine Frau im Turm freimütig und stolz von ihren liebeszauberischen und wahrsagerischen Künsten. Oder – wie Briggs meint – sie hatte das Bewußtsein der eigenen Böswilligkeit verinnerlicht, was zur Entlastung bei freiwilligen Geständnissen führen konnte.[29] Diese Selbstanklagen im

Sinn von Geständnissen standen im Zeichen der Resignation (Todeswunsch) oder der Hoffnung, mit dem Leben davonzukommen.

Manche Frauen, die sich als »Hexe« definierten, waren sicherlich nach heutigem Verständnis Kranke. Die »Psychiatrie« des 17. Jahrhunderts begann, das Symptom der Teufelsbesessenheit ins Krankheitsbild »Alienatio« (= Geistesgestörtheit) einzuordnen. Eine Psychose konnte die Basis einer »hexischen« Identität sein. Schizophrenie und Wahnerkrankungen spiegelten in extremer Weise die gespaltene Vorstellungswelt aller Menschen.

Die letzte Überlieferung im Kölner Hexenprotokoll handelt von einer 22jährigen Frau, Anne Toer, die als Sargschmückerin arbeitete. 1662 hatte sie sich selbst beim Rat der Hexerei bezichtigt und war freiwillig zum Turm gegangen *»vnd begert vom leben geholffen zu sein«*. Annes Anliegen war ein gerichtlicher Suizid per Selbstanklage. Bei der Anhörung sagte sie aus, daß *»der böser feiandt ihro so große molestation anthue ... in gestalt deßen welchen sie lieb gehabt«*. Der Mann, den Anne liebte, hatte sie schon vor drei Jahren verlassen und eine andere Frau geheiratet. Darüber kam sie ebensowenig hinweg wie über den Tod ihrer Mutter. Sie berichtet, der Teufel habe *»ahn ihr begert daß sie ihre Stiefmutter vmbß leben bringen solte«*. Anne war offenbar psychisch völlig aus dem Gleichgewicht geraten und richtete ihre Gefühle der Verzweiflung gegen sich selbst. Sie litt an Depressionen und quälte sich mit Selbstmordgedanken. Diesen sündhaften Freitod wollte sie an juristische Instanzen delegieren.

Die Vorstellungen der Bibel, Kirchenväter und Scholastiker, daß die Frauen geschwätzig seien, ihre vermeintliche Unfähigkeit, still zu sein, schlug in Zeiten der Hexenverfolgung insofern auf die Frauen zurück, als ihnen ausnahmsweise einmal zugehört und sie sogar aufgefordert wurden zu sprechen.

»Schläfst Du schon, mein Gatte?« fragt die schwatzhafte Ehefrau auf dieser englischen Karikatur den sich schlafend stellenden Ehemann – Will Marshall, Titelblatt von: Ar't asleepe, Husband? A Boulster Lecture von Richard Brathwaite, 1640

Anmerkungen

1 vgl. Ahrendt-Schulte, Zauberinnen, S. 44
2 vgl. ebd.
3 vgl. ebd., S. 48
4 vgl. Klersch, S. 104
5 vgl. von Weinsberg/Hässlin, S. 106
6 vgl. ebd., S. 166 und 196
7 ebd., S. 307
8 vgl. Irsigler/Lassotta, S. 270
9 vgl. Veröffentlichungen von Ahrendt-Schulte, Dienst, Schulte und Wunder
10 Belegstellen aus den Kölner Hexenverhören, S. 141 bzw. 146ff.
11 vgl. Ahrendt-Schulte, Zauberinnen, S. 55
12 von Weinsberg, Bd. 4, S. 170
13 vgl. Ahrendt-Schulte, Zauberinnen, S. 56
14 So beim Fall En Volmers, Kölner Hexenverhöre, S. 117f.
15 vgl. Schwerhoff, Hexerei, S. 346
16 vgl. ebd., S. 345
17 Briggs, S. 446
18 Briggs, S. 12
19 vgl. Heinemann, S. 51
20 vgl. Jütte, S. 46
21 vgl. Briggs, S. 173
22 vgl. ebd., S. 174
23 Schwerhoff, Hexerei, S. 342
24 vgl. Heinemann, S. 78
25 vgl. Schwerhoff, Hexerei, S. 344
26 ebd., S. 351
27 vgl. Dienst, S. 212
28 vgl. Daly, S. 218
29 vgl. Briggs, S. 472

Hebammen und Heilkundige

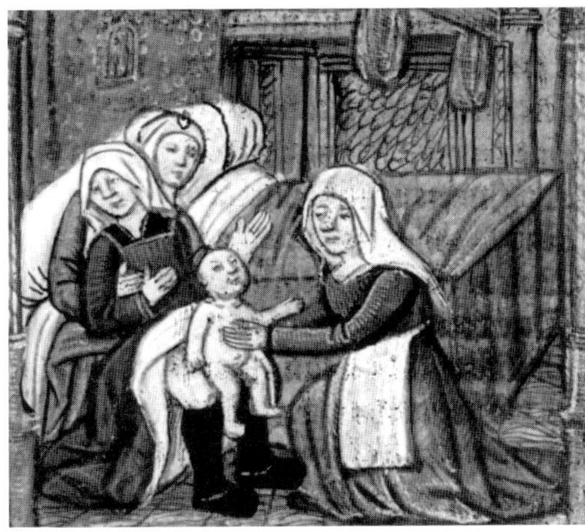

Die Arbeit der Hebamme zeigt diese Geburtsszene mit einer bekleideten Wöchnerin in traditioneller Gebärposition – kolorierte Zeichnung Paris 1503 zu einem Lehrbuch von Alexis Guillaume (Ausschnitt)

Die Hebamme – im frühneuzeitlichen Köln *»hebahm« oder »heffelsche«* genannt – war diejenige Frau, die unabhängig von lokaler Wirtschaftsorganisation und Rechtsform auf einen Arbeitsplatz rechnen konnte, sie trat in den Quellen oft als einzige Frau überhaupt in der Kirchen- und Stadtgemeinde hervor und hatte eine wichtige Funktion in der Heilkunde der Frühen Neuzeit. Nicht zuletzt dank der lokal- und frauengeschichtlichen Untersuchungen von MedizinhistorikerInnen wie Robert Jütte oder Britta-Juliane Kruse können wir einen Blick auf die Vielfalt des Gesundheitswesens in Köln bzw. heilenden Frauen werfen.

Die häusliche Krankenpflege ruht seit Jahrtausenden vornehmlich auf den Schultern von weiblichen Familienangehörigen. Erst ab dem 14. Jahrhundert suchten und bezahlten StadtbewohnerInnen medizinische Dienstleistungen außer Haus: Von 1372 ist der erste städtische Kölner Arzt überliefert. In die Familien wurden Beginen oder andere Schwestern und Brüder (Alexianer) als PflegerInnen geholt.

1576 gab es pro 10.000 EinwohnerInnen folgende approbierte Heilpersonen: ungefähr zwei studierte Ärzte, neun WundärztInnen, vier ApothekerInnen und eine gewisse Anzahl von Hebammen (bisher kennen wir nur Zahlen für 1672, da waren es sieben).[1] Dazu kamen heilkundige LaiInnen, jüdische »Doktoren« aus den umliegenden Gemeinden Deutz oder Mülheim, ambulante HeilerInnen, oft als »QuacksalberInnen« abqualifiziert, und schließlich Pflegepersonal in Spitälern, im Leprosenhaus auf Melaten und Beginen, die ins Haus kamen.

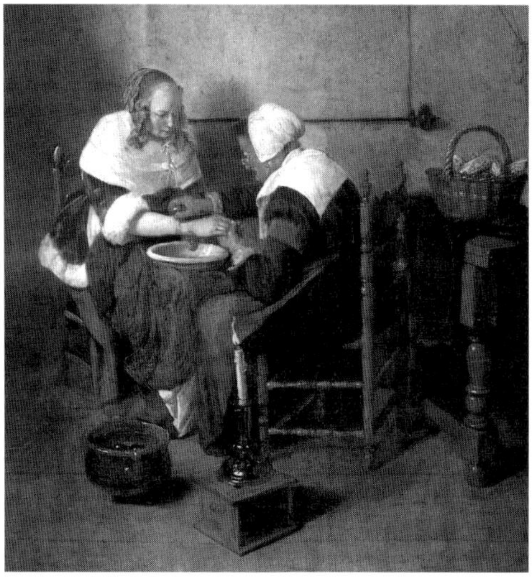

Aderlaß bei einer Volksmedizinerin – Öl auf Holz, Quiringh van Brekelenkam, Mitte 17. Jh.

Die Vielfalt des Angebots und der Therapieformen entsprach einem breiten und pluralistischen Krankheitskonzept. Gesundheit wurde als relativ verstanden, abhängig von Geschlecht, Alter und Lebensumständen. Krankheit wurde laut Jütte oft »als autonomes Wesen aufgefaßt«,[2] das die Menschen überfällt, gleichsam über sie kommt. Die durchschnittliche Lebenserwartung lag bei ca. 26 Jahren. Das schloß nicht aus, daß viele Menschen richtig alt wurden, Postmeister Henot zum Beispiel starb 1626 mit 94 Jahren, aber wegen der hohen Kindersterblichkeit war der Mittelwert so niedrig.

Das Nebeneinander von Heilkundigen und Ärzten war feingliedrig spezialisiert:

Studierte Ärzte, »*medici*« oder »*doctores medicinae*« standen hinsichtlich Prestige und Salär in der Hierarchie ganz oben. In Köln arbeiteten im 16./17. Jahrhundert sechs bis sieben Ärzte. Sie hatten an der Universität fünf Jahre studiert und waren vor allem für (Fern-)Dia-

Das frühneuzeitliche Spektrum der HeilerInnen und Ärzte: Links der Chirurgus, in der Mitte die debattierenden Universitätsärzte, rechts der Bader und im Hintergrund die weibliche Pflegekraft – Titelblatt des »Opus Chirurgicum« von Paracelsus, 1565

gnosen zuständig. Sie berührten die Patienten oft nicht, sondern theoretisierten mehr. Es gab keine studierte Ärztin, und spätestens die Medizinalordnung von 1628 schloß Frauen von der ärztlichen Praxis explizit aus. Die jüdischen Ärzte arbeiteten insofern illegal, als Jüdinnen und Juden seit 1424 nicht dauerhaft in Köln wohnen durften. Weil ihre Heilkunst begehrt war, kamen sie endweder morgens in die Stadt und verließen sie abends wieder – einige erhielten spezielle befristete Genehmigungen zum Praktizieren –, oder die KölnerInnen schickten ihre Urinproben zur Diagnose über den Rhein.

Familienbad mit Schröpfkur – Holzschnitt von Jost Amman, 16. Jh.

In den Kriminalakten ist eine »*doctorsche*« dokumentiert, die 1563 in einem Gasthof am Heumarkt praktiziert haben soll. Der Doktortitel war damals nicht gesetzlich geschützt, sie wird zu den reisenden HeilerInnen gehört haben. Die zentrale Säule des Gesundheitswesens bildete die approbierte Volksmedizin, praktiziert von Wundärzten, Handwerkschirurgen und Badern. Sie waren seit dem Spätmittelalter zu einer Zunft zusammengeschlossen, auch diese grenzte Frauen aus. Ihre Lehrzeit dauerte seit Ende des 15. Jahrhunderts acht Jahre. Die Chirurgen hatten das Recht, alle äußeren Wunden und sichtbaren Verletzungen zu behandeln, Glieder einzurenken usw. Sie operierten ohne Narkose, ihr Arbeitsort war meist das Krankenbett. Die chirurgische Ausbildung war in Köln mehr als bescheiden, wie sich ein Wundarzt aufregte: Die Aspiranten hatten nicht einmal ein Skelett zur Ansicht. Als immer mehr »*frembde medici und cyrurgi*« nach Köln kamen und manche Klienten »*verdorven und versumpt*« wurden, ordnete der Kölner Rat 1545 an, daß sie von Universitätsärzten examiniert würden.[3]

Vor den Medizinalordnungen arbeiteten Frauen in Apotheken mit und destillierten Kräutertränke – Holzschnitt

Die Bader galten als zwielichtige Figuren, man konnte nicht wissen, ob sie Bordellbetreiber oder Heiler waren. Ein anonymes Gedicht tat Volkes Stimme kund: »*Der bader und sin gesind gern huren und buben sind* ...«[4] Ihr Arbeitsort war die sogenannte Barbierstube oder auch das Bad selbst: Die üblichste Anwendung, sozusagen die Standardtherapie des Spätmittelalters, waren Aderlaß, Reinigungstherapien und Klistieren (Darmreinigung).[5] Ihre

Klientel kam aus allen Bevölkerungsschichten. Frauen waren bei den Wundärzten und Badern in der Minderheit, was mit dem Schamgefühl zu tun hatte, denn es galt als Schmach, sich *»gentzlich nackent zu entbloesen«* und die *»geheimmen orten und platzen«* des eigenen Körpers vorzuführen.[6] Sie gingen vermutlich lieber zu einer der wenigen Baderinnen, die Geschlechtskrankheiten behandelten, zum Beispiel zu Margareth Weißweiler, 1563 Inhaberin einer Badestube.

Begine beim Bereiten der Medizin – Illustration aus »Historia Scholastica«, 15. Jh., Ausschnitt

Parallel zu diesen von der Obrigkeit legitimierten Gesundheitsinstanzen gab es LaienheilerInnen, nicht-autorisiertes Heilpersonal. Viele *»gemeine Leuthe«* kurierten *»in irer Practica nach blosser erfahrung ...«*, das heißt, sie verfügten über naturheilkundliche Fähigkeiten – oder behaupteten das. Sie richteten Knochen ein oder legten Hände auf, verkauften Salben oder Kräuter.[7] Einige praktizierten mit offizieller Duldung, andere illegal.

Die sogenannten weisen Frauen, Identifikationsfiguren der frühen feministischen Geschichtsbetrachtung, sind in den Quellen als Gruppe nicht genau zu umreißen, sie waren jedoch durchaus anerkannt. Hermann von Weinsbergs Ehefrauen, Weisgin und Drutgin, suchten erst den Rat von in der Medizin erfahrenen Beginen, bevor sie die »doctores« konsultierten.[8]

Gynäkologische Vorlesung am weiblichen Modell – Initiale aus einer Pergamenthandschrift, frühes 15. Jh.

Das Wissen der Hebammen

Verhütung, Schwangerschaft und Geburt waren explizite Frauendomänen. Männer wurden – aufgrund sehr starker Tabus – nur vereinzelt zu Problemgeburten hinzugezogen. Studierte Ärzte hatten nur bei reichen Stadtbürgerinnen im Fall von Todesgefahr ein Mitspracherecht.[9] Ansonsten »beherrschten« Hebammen das Metier des Gebärens. Hebammen gehörten zur empirischen, nicht zur akademischen Medizin, denn die Hebammen waren nicht theoretisch ausgebildet, sondern brachten praktische Erkenntnisse ein. Sie lernten aus Erfahrung und eigneten sich beim Tun handwerkliche Geschicklichkeit an. Kenntnisse und Einsichten über die Vorgänge und Prozesse im weiblichen Körper wurden mündlich und durch Zuschauen überliefert, waren letztlich noch auf dem Stand der Spätantike. Bei den universitär ausgebildeten Ärzten war dieses Wissen in der Frühen Neuzeit nicht größer. Mehr als die Schriften des Hippokrates und Galens kannten auch sie nicht – auch an der Kölner Universität wurde vornehmlich daraus »gelesen». Noch Galen dachte, die Frau besäße samenerzeugende Organe. Er reduzierte die Frau letztlich auf ihre Fortpflanzungsfunktion, auf den Uterus, den er ein »beunruhigend eigentümliches Organ« nannte. Die antiken Mediziner wollten nicht nur die Zeugung erklären, sondern gleich die gesellschaftliche Stellung der Frau mit festschreiben. Aus der Eigentümlichkeit der weiblichen Physiologie leiteten sie ihre »Fehlkonstruktion« ab.[10]

Ab dem 14. Jahrhundert wurde darüber spekuliert, daß sowohl der Körper des Mannes als auch der der Frau für die menschliche Fortpflanzung von Nutzen seien. Damit schien es Sinn zu machen, die Anatomie der Frau zu studieren. Noch im 16. Jahrhundert genoß Galen höchste wissenschaftliche Autorität. Ab dem 16. Jahrhundert häuften sich Sezierungen – auch von Frauenkörpern – in den anatomischen Fakultäten. Autopsien (*»Leut uffschneiden«*) fanden in Köln auch halböffentlich im Auftrag des Magistrats statt, zum Beispiel nach unerklärlichen Todesfällen – aber immer nur in Anwesenheit von Männern (Turmherren, Ärzte, Apotheker, Wundärzte). Frauen konnten so ihr anatomisches Wissen nicht erweitern.[11] Aber trotz der Obduktionen blieben erstaunlicherweise die Vorstellungen über die Gebärmutter noch lange völlig falsch.

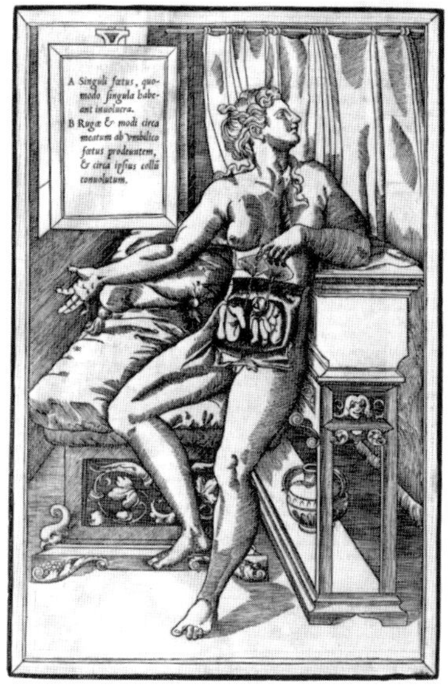

Auch die Avantgarde der Universitätsdoktoren hatte eine begrenzte Vorstellung vom weiblichen Körper – Kupferstich zu einem Lehrbuch von Charles Etienne, 1545

Frühes Hebammenlehrbuch eines ehemaligen Kölner Studenten – Titelholzschnitt 1513

Männer verfaßten die ersten Hebammenlehrbücher, so erschien 1513 »Der schwangeren Frauen und Hebammen Rosengarten« von einem ehemaligen Kölner Studenten; das Werk fand europaweit Verbreitung.[12] Langfristig reklamierten die studierten Ärzte für sich den Anspruch auf das Wissensmonopol.

Die Hebammen gaben ihr Wissen nur an Frauen weiter, sie arbeiteten und lehrten weiterhin letztlich schriftlos. Im besten Fall konnten sie bei der Geburt wehenfördernde Mittel einsetzen und kannten Griffe, um das Kind zu drehen. Sie beobachteten die Frau und errechneten daraus die Zeit der Empfängnis. Bei auftretenden Komplikationen konnten sie nicht effektiv helfen. Saugglocke, Zange und Dammschnitt kamen erst Jahrhunderte später zum Einsatz. Problemschwangerschaften betreuten nicht die Hebammen, sondern heilkundige Frauen und Wundärzte. Der Kaiserschnitt wurde zwar ab dem 13. Jahrhundert angewandt, wenn die Mutter schon gestorben war und das Kind noch eine Überlebenschance hatte; aber die Hebammen nahmen diesen sehr unbeliebten Eingriff nur vor, wenn der Facharzt nicht rechtzeitig kam. Der Kontakt mit Leichen war stark tabuisiert.

Wenn die Geburtshelferinnen keinen Rat mehr wußten, wendeten sie magische Praktiken an oder übten christliche Rituale aus, sie überließen dann Gebärende wie Säugling einfach der Gnade und Allmacht Gottes.

Drei Frauen mußten von der Geburt Zeugnis geben – Holzschnitt 1626

Nicht jede Hebamme war intuitiv und aufmerksam, nicht jede eignete sich die möglichen Kenntnisse an. Erst zum 17. Jahrhundert hin wurde eine Ausbildung obligatorisch; die Kölner Hebammen mußten nun vor studierten Medizinern eine Prüfung ablegen und sich von weltlichen Behörden vereidigen lassen, um eine Zulassung zu bekommen. Die Medizinal- und Hebammenordnung von 1628 regelte die Zulassung, Zahl und Aufgabengebiet der Frauen. Ein religiöses Zeugnis und guter Leumund waren »Schlüsselqualifikationen«.

Hebammen als Funktionärinnen

Erzbischof Ferdinand hatte in einem seiner ersten Erlasse, der Agenda von 1614, Anweisungen für Hebammen in Kurköln gegeben. Im Erzbistum Köln war fortan die nebenstehende Eidesformel verbindlich.

In diesem Zusammenhang wurden die Kandidatinnen auch befragt, ob sie im Verdacht stünden, eine Hexe oder Ketzerin zu sein. Ansonsten gab es erstaunlicherweise keinen Widerhall der Hexereivorwürfe durch den berüchtigten Hexenfeind, zum Beispiel bei den regelmäßigen Pfarreibesichtigungen.[13]

Manche Geburtshelferinnen verweigerten diesen Eid übrigens bewußt: In Teilen des Erzbistums hatten 1663 sechsundvierzig Prozent der Hebammen nicht geschworen, vermutet Becker.

»Ich N. verheisse und verspreche Gott dem Allmächtigen/ vnnd seyner gebenedeyten Mutter/ vnd dem oder der N. Patronen dieser Kirchen/ vund allen Heiligen Gottes/ auch euch meinem Pfarrherrn in gegenwärtigkeit dieser Anwesenden Personen: Daß ich mein Ampt in erlösung der gebierenden Frawen will getrewlich (als viel mir müglich) in dieser Pfarrkirche [Pfarrei]/ oder wo es sonst billich von mir gefordert werd/ verrichten: Neben dem wil ich auch durch meine Vnachtsamkeit die Kinder keines wegs in gefahr lassen kommen/ sondern andere Frawen /welche darumb besser Verstand haben dann ich/ in dieser sachen gerne raths fragen. Ich verheisse auch daß ich keines weges gebrauchen werde/ einige unerlaubte Mittel/ welche einigen Gebott Gottes zuwieder seynd/ vnd daß ich alles auffs trewlichst verrichten wird/ ohn Haß/ Neyd oder nachrede/ sondern in allen ehren/ wie mir das für Gott vnd den menschen gebühren wird/ in besonderen geistlicher vnd leiblicher gesundheit/ so wol der Mutter als deß Kindes. Hierin wol Gott mein Helffer seyn. Amen.«

(aus: Agenda Coloniensis Ecclesiae Köln 1614; zitiert nach Becker, Konfessionalisierung, S. 268)

Die selbstbewußten Geburtshelferinnen wollten sich vielleicht nicht als Teil des erzbischöflichen Kontrollsystems zur Abwehr imaginierter oder tatsächlicher Gefahren für die Kirche und den Glauben funktionalisieren lassen.[14] Im ländlichen Rheinland waren Hebammen Angestellte der Kirche: Sie wurden vom kirchlichen Sendrichter bestellt, oder der Pfarrer ließ sich von allen ehrbaren und rechtschaffenen Frauen seiner Gemeinde die geeignetste Bewerberin benennen.[15]

Diese Frauen füllten für die Kirche eine wichtige Funktion aus: Sie hatten darauf zu achten, daß die Eltern ihr Kind innerhalb einer Woche taufen ließen. Im Notfall mußten sie den sterbenden Säugling nottaufen oder mit den Anwesenden für die sterbende Mutter beten.

In den Städten arbeiteten seit dem 15. Jahrhundert auch Hebammen in kommunalen Diensten, sie sollten der hohen Kinder- und Müttersterblichkeit entgegenwirken.[16] Andere waren freiberuflich tätig. Viele Hebammen lebten an der Armutsgrenze; Jütte berichtet von einer Geburtshelferin, die nicht mehr als einen Kamin zu versteuern hatte, ein Indiz für äußerste Armut.[17]

Auf diesem Bild sind der erste Kontakt mit der Mutter und das Baden durch die Hebamme simultan dargestellt – Holzschnitt Spätmittelalter (Ausschnitt)

Aus rechtlichen und theologischen Gründen war Gebären ein »halböffentliches« Ereignis: Drei »Weibspersonen« mußten Zeugnis von der Geburt geben, sonst hätte es möglicherweise Erbschaftsprobleme geben können. Dieses Ehrenamt war nicht zuletzt wegen der unkonventionellen Rufzeiten bei den Bürgersfrauen unbeliebt. Sie wurden vom Rat oder von Universitätsprofessoren gewählt.

Die Praxis der Hebammen

Ihre Dienstpflicht begann mit dem Einsetzen der Wehen, umfaßte die eigentliche Entbindung (»*die fraw verloist*»), das Reichen eines Breies und eines Getränkes (»*daß sie daß warmbt gemacht gestrackx darnach*«) und endete, wenn »*daß kindt gereinigt und gerustet*« und die »*cramfraw*« (Wöchnerin) gebadet war.[18] Sie kam nach der Geburt nur noch einmal, um mitzufeiern und ihr Geld abzuholen.

Entgegen dem Klischee von der alleinlebenden »Juffer« waren die meisten Hebammen im 17. Jahrhundert verheiratet, wie die Angaben aus den Hexenprozessen belegen. »Mägde«, das heißt, junge Frauen, führten ihnen den Haushalt, wuchsen durch Zuschauen in den Beruf hinein und assistierten später bei den Geburten, bis sie selbst die Wöchnerin entbanden. Um diese kümmerte sich nach der Geburt die Kindbettmagd, in Köln »*warthsfraw*« genannt; und für den Säugling sorgte die Kindermagd oder – in Oberschichthaushalten – eine Amme. Stillen war üblich und galt als gesundheitsfördernd. Der Ratsherr von Weinsberg notierte, daß in Köln die Kinder seiner Umgebung »*vor irer eigen motter geseugt ... worden*«.[19]

Nach der Geburt feierten rheinische Frauen im kleinen Kreis mit der Hebamme – Holzschnitt als Simultanbild vom Meister der Egenolffschen Offizin, 16. Jh.

Nicht nur bei Geburten, sondern in allen Fragen der weiblichen Sexualität – Lust, Verhütung, Schwangerschaftsabbruch oder Unfruchtbarkeit – waren Rat und Beistand von Hebammen gefragt. Sie kannten »Lustproben« und Kräutertränke für vor und nach dem Beischlaf und auch gegen die »unkeuschen Begierden«, und sie verfügten sogar über Methoden, eine verlorene Jungfernschaft wiederherzustellen. Da viele Menschen – auch Geburtshelferinnen – anscheinend nicht einmal wußten, daß nicht nur die Menstruation, sondern auch die Fruchtbarkeit zyklisch sind (erst Ende des 17. Jahrhunderts wurde die Rolle der Eierstöcke gedeutet), konnten sie nicht auf »natürliche« Weise Schwangerschaften vorbeugen. Die Hebammen kannten empfängnisverhütende Mittel, zum Beispiel Arzneizäpfchen aus Zedernöl, Pessare mit Minze und Pflanzen, die direkt nach dem Verkehr eingesetzt wurden. Die Geheimnisse über pflanzliche Antikonzeptiva wurden nur selten schriftlich überliefert.

Aus Texten von Klerikern und Theologen sind Klagen über Schwangerschaftsabbrüche bekannt; Beichtväter, Kirchenobere und sonstige Theoretiker zeichneten ein Bild wollüstiger Frauen, die wahllos Geschlechtsverkehr betreiben und dann ihre Kinder beseitigen. Papst Innozenz VIII. schrieb in seiner Gefälligkeitsbulle von 1483 für die Inquisitoren Institoris und Sprenger über die Hebammen, daß sie *»die Geburten der Weiber ... umkommen machen«*, und Institoris selbst ließ die Zeitgenossen wissen, Hexenhebammen richteten Schaden an, indem sie Kinder töteten oder unter Flüchen dem Dämon darböten; eine Hebamme aus Thann habe mehr als 40 Säuglinge durch eine ins Hirn getriebene Nadel getötet. Hebammen waren perfide, sie trugen das Neugeborene in die Küche, unter dem Vorwand, es zu wärmen, und brachten es über dem Feuer dem Teufel dar. Eine wurde laut Institoris ihrer Kindsmorde »überführt«, als ihr auf der Straße der Arm eines getöteten Säuglings aus der Schürze rutschte usw. Beispiel reihte sich an Beispiel.[20]

In der Carolina erfüllte die Abtreibung einen eigenen strafrechtlichen Tatbestand. Sie erscheint als qualifizierte Tötung. Abtreibungen konnten aber von der Obrigkeit oder der Umgebung schlecht kontrolliert werden. In den Kölner Turmbüchern sind nur sehr vereinzelt Abort-Fälle dokumentiert, da die Abtreibung trotz der normativen Grundlagen nur in Ausnahmefällen kriminalisiert wurde.[21] Um der Aussetzung von Kindern zu begegnen, wurde ein Findelhaus eingerichtet. Kindsmord (Infantizid) wurde mit Tod durch Ertränken im Rhein bestraft.[22]

Virulenter war das Thema Unfruchtbarkeit, denn keine Kinder bekommen zu können, beeinträchtigte Frauen rechtlich (Scheidungsgrund!) und gegebenenfalls psychisch stärker als eine unfreiwillige Schwangerschaft. Zahllose Ratgeber versprachen Abhilfe, jede Behandlung, jeder Zauber wurde probiert. In Köln löste die Wunderquelle in der Kirche St. Kunibert schon im Frühmittelalter einen lokalen Kult aus.[23]

Hebammen waren im besten Fall professionelle Geburtshelferinnen, denen Achtung und Vertrauen entgegengebracht wurde. Laut Carolina waren sie als Sachverständige zugelassen, was auf hohe Akzeptanz verweist. Hebammen waren jedoch keine »normalen« Werktätigen, denn es umgab sie eine Aura des Unheimlichen. Sie vollführten undurchsichtige Gesten, vollzogen auch durchaus offen magische Rituale. Ein Beispiel dafür ist die aus den spanischen Niederlanden stammende Maria Renoit. 1629 übte sie hier unbekannte geburtshilfliche Praktiken aus: »Sie wurde dabei beobachtet, wie sie dem Neugeborenen gleich nach der Entbindung einen Klaps auf die Fußsohle gab – wohl in der richtigen, aus praktischer Erfahrung gewonnenen Annahme, damit die Atmung des Kindes in Gang zu setzen.«[24] Da diese Handlungsweise den anderen Kölner Hebammen unbekannt war, wurde sie zum Zeichen für zauberische Intentionen umgedeutet.[25]

Ein anderes Mal riet sie kranken Wöchnerinnen, Garn von einer Jungfrau zu verarbeiten, welches gesponnen war, ohne es naß zu machen. Das waren klare zauberische Rezepte.

Dadurch, daß sie einerseits eine genauere Kenntnis von den Vorgängen des menschlichen Körpers hatten als andere Frauen und bei ihrer Arbeit immer wieder mit dem Tod zu tun hatten und andererseits durch Gespräche und längere Anwesenheit in fremden Haushalten einen tiefen Einblick in Paarverhältnisse bekamen, waren sie aus der Menge herausgehoben und bisweilen gefürchtet. Ihre Kenntnisse von Kräutern und Tränken, unter anderem zur Abtötung der Leibesfrucht, machte sie den Theologen wie Juristen suspekt. Da ihre berufliche Tätigkeit stets mit unkalkulierbaren Risiken verbunden war, lebte die Geburtshelferin schließlich mit dem Risiko, eines Kunstfehlers oder sogar eines Todes bezichtigt zu werden – in einer Zeit, wo der Glaube an Hexen völlig selbstverständlich war, ein stark gefährdeter Posten. Klar war einer Wöchnerin »*die milch vergangen von zauberey*«,[26] klar war, daß bei einer Totgeburt die verhexte Hebamme die Hände im Spiel hatte. So erstaunt es nicht, daß der spätere Fürstbischof Ferdinand in seiner ersten Hexenordnung von 1607 besonders die Hebammen als zu Verfolgende hervorhob.[27] Furcht, Haß, Verzweiflung und Aberglaube konnten in eine tödliche Aktion einfließen.

Ein Kind wird tot geboren – Holzschnitt von 1520 (Ausschnitt)

Die Kölner Hexenhebammen

In Köln waren von fünfzehn im Zeitraum 1627 bis 1630 hingerichteten Frauen sieben *»hebahm«* oder auch *»warts fraw«* (Pflegerin einer Frau im Wochenbett); bei drei weiteren denunzierten Geburtshelferinnen wissen wir nichts über den Ausgang des Verfahrens.[28] In anderen Städten war die Opferzahl in dieser Berufsgruppe wesentlich geringer. Wie ist dies zu erklären? Griffen die Kölner Bürger häufiger die Versatzstücke aus den Predigten auf, die von den gelehrten Theologen vorformuliert worden waren? Bekämpften sich die Hebammen gegenseitig aus Konkurrenzgründen? Oder begingen die Kölner Hebammen vielleicht mehr Fehler bei der Geburtshilfe?

Die Wartsfrau Tring war die erste aus dieser Berufsgruppe, die 1627 als Zauberin zum Turm gebracht wurde.[29] Es folgten neun weitere, acht Hebammen und eine weitere Wartsfrau.

Zunächst ist festzustellen, daß fast allen Zaubereivorwürfen schwere Verluste zugrunde lagen: Da verlor ein Mann seine Frau kurz nach einer Geburt, da starb ein Säugling, da kam ein Kind nicht gesund von der Taufe zurück, oder es beschuldigte ein Mann die Hebamme, sie habe bei der Untersuchung die Fruchtblase zerstört. Viele der Vorwürfe bezogen sich letztlich auf Kunstfehler, es wurde ganz konkret die Arbeit der Hebamme fachlich in Frage gestellt. Als Vehikel zum Umgang mit den Gefühlen des Verlustes diente der Zaubereivorwurf, der auch leichter auszuagieren war, als ein Prozeß um die Fertigkeiten oder um Versäumnisse der Geburtshelferin.

Wie ging die Stadt damit um? Als 1629 verzweifelte Eltern die 63jährige Hebamme Sibilla von Wilhelmstein einer Vergiftung beschuldigten, nachdem das Kind der von ihr betreuten Wöchnerin gestorben war, reagierten die Behörden erstaunlich rational: Die Vertreter der Obrigkeit waren trotz der aktuellen Hysterie nicht geneigt, der Denunziation gleich die Überstellung an den Greven folgen zu lassen, sondern veranlaßten eine Obduktion der Kindesleiche bei einem Arzt. Er sollte ergründen, ob der Säugling durch Vergiftung – das Werk böser Leute, speziell der Hebamme – umgekommen sei, oder ob eine natürlich Ursache zugrunde liege. Er stellte fest, die Milz sei vergrößert gewesen.[30] Die Hebamme wurde dennoch kurz darauf hingerichtet, da noch andere Bürger und Bürgerinnen ähnliche Beschuldigungen vorbrachten. Diese erschienen dem Gericht glaubwürdig.[31]

Magische Blicke und Praktiken

Bei vielen Fällen, die zum Todesurteil einer Hebamme führten, war die Geburt schon einige Wochen vorüber, wenn die Zauberei gerichtskundig wurde. Der Vorwurf mußte nicht einmal explizit ausgesprochen werden, es reichte ein dezenter Hinweis, die Hebamme habe doch das Kind auf den Arm genommen, aufgedeckt, angefaßt, angesehen oder eine Bemerkung über das Kind gemacht. Diese Beschuldigungen fielen in den Bereich des sogenannten Schadenszaubers, denn diesen Blicken oder Worten einer »mächtigen« Frau wurden starke Kräfte, schwarze Magie zugesprochen.

Hebammen wurde die Technik des Nestelknüpfens zur Verhinderung einer Erektion zugeschrieben – Kirchliche Skulptur, 16. Jh.

Nicht alle Vorwürfe kamen zufällig: Viele Hebammen eigneten sich den Bereich der Magie aktiv an: Marie Renoit riet ihren kranken Wöchnerinnen, Garn von einer Jungfrau zu verarbeiten, welches gesponnen war, ohne es naß zu machen.[32] Andere Hebammen machten zum Beispiel magische Handbewegungen – all dies konnte sie in Verdacht bringen.

Potenzängste

Nicht nur Frauen oder hinterbliebene Ehemänner nahmen die Geburtshelferinnen ins Visier, auch andere Kölner Männer fühlten sich von Hebammen verhext. Daß in der Frühen Neuzeit Potenzverlust ein großes Problem darstellte, belegen mehrere Beschuldigungen der Verhinderung einer Erektion, des sogenannten Nestelknüpfens. Moyses Moisir zum Beispiel bezichtigte die Hebamme Maria Renoit, an ihm das »*riemen knupfen*« vollführt und damit seine Manneschwäche ausgelöst zu haben: »*Von welcher zeit ahn, er ... nit spuren konnen, daß seine manligheid [Männlichkeit], sondern nur allein, wie ein bleckeltgen [Zipfel?] alda hangend gehabt.*«[33] Auch einem anderen Kölner Mann war »*seine manligheid benommen*«,[34] aber er versuchte nicht auf dem Rechtsweg, Abhilfe zu schaffen, sondern beauftragte die Botin Anna Morßbach, zu einem »*Teufelsbanner*« zu gehen.[35]

Frauen richteten ebenfalls Anfragen an die Hebamme nach Rezepten gegen Impotenz, auch ohne Wissen ihrer Männer. Sicherlich fürchtete mancher Mann dieses Ausplaudern seines Geheimnisses und beargwöhnte die ins Vertrauen gezogene Hebamme – vielleicht hatte sie ja einen Anteil an seinem Problem?

Gelehrte Vorurteile

Das »neue« Image der gefährlichen, bösen Hebamme spricht besonders deutlich aus dem Fall der Giertgen Sensenschmidt. Diese war schon 1618 von Clara von Metz als eine »*Genossin, die von ihrer Kunst sei*« denunziert worden. Es hieß: »*Wenn jemand eines raschen Todes starb, eine Frau ein böses Wochenbett hatte, eine Mutter ihr Kind nicht zu nähren vermochte, mußte Gertrud mit ihren bösen Hexenkünsten die Hand im Spiele haben.*«[36] Die verheiratete Hebamme wurde am 29. April 1628 auf Melaten hingerichtet.

Besonders makaber ist die Geschichte der 74jährigen Aeltgen Dunnwalts, einer verheirateten Frau aus der Weingartsgasse, die als Wochenbettpflegerin arbeitete.[37] Sie soll einmal bei der Verabschiedung einer betreuten Frau leicht dahingesagt haben: »*Gute Nacht bis über ein Jahr, wenn ich bis dahin nicht versäuft oder verbrannt bin!*« Hinter dieser Äußerung hörte jemand ein Schuldbekenntnis und brachte die alte Frau auf den Scheiterhaufen.[38] Auch die 74jährige Entgen Schilts Werth aus der Johannisstraße, seit 24 Jahren Witwe, hat den Ernst der Lage nicht richtig eingeschätzt. Sie soll ein Mädchen aufgefordert haben, es solle doch einfach hexen lernen, damit es einen neuen Rock bekomme ... Dies wurde ihr übel genommen. Auf die Beschimpfung durch einen Stadtsoldaten als »*huer*« reagierte sie schlagfertig, indem sie ihm »*Schelm, Dieb und Zauberer*« zurückgab. Er

Kölner Hebammen wurden häufig im Bäckereimilieu denunziert und so auf den Scheiterhaufen gebracht – Holzschnitt aus dem Straßburger Vergil, 1502 (Ausschnitt)

machte daraufhin eine Anspielung auf ihre Teilnahme bei Hexentänzen – eine für sie gefährliche Unterstellung. Ein hinzukommender Vorwurf des Schadenszaubers gab den Ausschlag: Sie habe, als sie eine Bäckerin im Wochenbett pflegte und allein im Zimmer war, den Säugling hochgenommen und ein »Gespräch« mit dem Teufel geführt. Dabei soll sie laut gesagt haben »*du salß mich nit also zwingen daß Ich boeß mußte thuen wan du wils*« – für die AugenzeugInnen ein eindeutiger Hinweis auf einen Teufelspakt. Entgen leugnete alle Vorwürfe mit dem bestechenden Argument: »*Nein, dan muste sie eine hex sein welches sich doch in ewigkeit nit erfinden sollte.*«[39] Sie wurde im März 1630 hingerichtet.[40]

Anmerkungen

1 vgl. Jütte, S. 19
2 ebd., S. 124
3 Irsigler/Lassotta, S. 111
4 Anonymes Gedicht »Des Teufels Netz« aus dem späten 15. Jh., zit. nach Irsigler/Lassotta, S. 104
5 vgl. Jütte, S. 72
6 ebd., S. 113
7 vgl. ebd., S. 27
8 vgl. von Weinsberg/Hässlin, S. 268 und 352f.
9 vgl. Kruse, S. 151
10 vgl. Berriot-Salvadore, S. 371
11 vgl. Jütte, S. 117

12 vgl. Jütte, Anm. 16, S. 243, und Prüll, S. 135
13 vgl. Becker, Konfessionalisierung, S. 271
14 vgl. ebd., S. 274f.
15 vgl. ebd., S. 269 und 274
16 vgl. Wunder, Überlegungen, S. 16
17 vgl. Jütte, S. 25
18 Kölner Hexenverhöre, S. 94
19 von Weinsberg, zit. nach Jütte, S. 61
20 vgl. »Malleus maleficarum«, Teil II, 1. Frage, Kapitel 13
21 vgl. Schwerhoff, Köln, S. 418ff.
22 vgl. Bab/Regenbrecht, S. 84
23 vgl. ebd., S. 24
24 Jütte, S. 51 mit Hinweis auf HAStK VuV G 250, fol. 133v, 134r vom 5.1.1629
25 vgl. ebd. sowie S. 155
26 Kruse, S. 151 mit Hinweis auf ein Manuskript aus der Bayerischen Staatsbibliothek
27 vgl. Pauls, S. 220
28 vgl. Schwerhoff, Hexenverfolgung, S. 46
29 vgl. L. Ennen, S. 783
30 vgl. Jütte, S. 50 mit Hinweis auf HAStK, VuV G 182, fol. 283v vom 3.1.1629
31 vgl. Kölner Hexenverhöre, S. 135; L. Ennen, S. 785, Siebel, S. 152. Spätere Hexenhebammen wie En Volmers oder En Königs werden nach ihr gefragt.
32 vgl. Jütte, S. 155
33 zit. nach Jütte, S. 53 mit Hinweis auf Turmbücher VuV G 252, fol. 205r vom 15.3.1631
34 zit. nach Jütte, S. 97
35 vgl. Jütte, S. 97 mit Hinweis auf VuV G 187, fol. 90r vom 11.8.1650
36 vgl. L. Ennen, S. 784; Siebel, S. 84; Schwerhoff, Hexenverfolgung, S. 54, Anm. 61
37 vgl. L. Ennen, S. 784; Siebel, S.180; Kölner Hexenverhöre, S. 50
38 vgl. L. Ennen, S. 784; Siebel, S. 180; Schwerhoff, Hexenverfolgung, S. 40; vgl. auch Kölner Hexenverhöre, S. 90, 91 und 93 zur Kooperation anderer mit ihr: En Volmers und En Königs werden nach ihr befragt, sie kannten sich.
39 Kölner Hexenverhöre, S. 84
40 vgl. ebd., S. 83 und 88, und Vorwort, S. XXIII; Siebel, S. 152f.; L. Ennen, S. 793; Schwerhoff, Hexenverfolgung, S. 43

En Volmers

Hinter der umständlichen Bezeichnung »*En Adolfs Wittib Volmaren von Weiler vnd henrichen Scholteis itzo aber Philipßen von Eckx haußwrau*« verbarg sich Anna Volmers, verheiratet mit Philipp von Ecks, zweifache Witwe und ungefähr 60 Jahre alt. Sie arbeitete seit 24 Jahren als Hebamme und war im Dienst. Besagte En wohnte früher auf dem Griechenmarkt, jetzt aber in der Diepengasse (Thieboldsgasse, Diebsgasse). Eine Zeugin sagte über sie aus, es handele sich bei ihr um eine große Person mit rötlichem Angesicht. Ihr Ehemann war Leinenweber und zapfte zusätzlich Wein, ein Indiz, daß er das Bürgerrecht besaß.

Auch En Volmers wurde der Tod einer Wöchnerin zur Last gelegt – Radierung aus dem Totentanz von Daniel Chodowiecki, 1791 – Institut für Medizingeschichte der Heinrich-Heine-Universität Düsseldorf, Graphische Sammlung (Ausschnitt)

Wer die En erstmals denunziert hat, wird nicht ersichtlich, aber bereits 1618 hatte eine Anna von Menningen sie als Mitbesucherin eines Hexensabbats benannt, so daß sich Verdächtigungen über viele Jahre hinweg ergaben.[1] Im Jahr 1630 nun wurden gegen En Volmers gleich mehrere Anschuldigungen vorgebracht. Sie war lange im Turm eingekerkert und mußte sich etlichen Verhören unterziehen, dazwischen fanden jeweils Zeugenvernehmungen statt.[2]

Zeitgleich fand ein weiterer Prozeß gegen eine Hebamme statt (die beiden Prozesse sind im Protokollbuch ineinander verschränkt), aber obwohl beide nach Kontakten zu Hebammen, die bereits vor Jahren als Hexen verbrannt wurden, gefragt wurden, sprachen die Turmmeister erstaunlicherweise keine auf die jeweils andere an.

Die Vorwürfe

Eine Bäckersgattin und mehrfache Mutter namens Mechteld war im Wochenbett gestorben. Ende April bezichtigte der Ehemann Johan Michels – ein Nachbar der En Volmers – diese vor Gericht »*bei seinem burgerlichen eydt*« des Todes an seiner Frau, die vor sechs Wochen »*ihm kindelbedt gestorben*« sei. Da sei das Kind gerade vierzehn Tage alt gewesen.

Am Tag der Geburt sei alles gut gegangen, Mutter und Kind waren zwei Tage lang wohlauf. Dann aber sei die »*Mhon En*« morgens an sein Haus gekommen, als er gerade im Keller buk, er sei aus dem Keller gekommen, und habe sie am Bett seiner Frau sitzend vorgefunden. Dieser Besuch bei der Wöchnerin habe so ungewöhnlich lange gedauert, daß sogar schon die Nachbarin, die er zur Wartsfrau für die Wöchnerin und das Kind ernannt hatte, herübergekommen sei, um zu sehen, was die Hebamme da so lange mache. Die Nachbarin sah, daß die Hebamme auf der Bettbank saß, redete noch kurz mit ihr, und dann ging die Hebamme auch fort. Kurz danach habe seine Frau der Nachbarin geklagt, daß es ihr »*so durch die glitter [Glieder] kroche*«. Die Nachbarin richtete den Verdacht sofort auf die Geburtshelferin mit den Worten: »*wie reddet ihr also, ich hoffe nit daß euch die fraw, Mhon En meinendt, geschwetzet hat*«. Der Bäcker ließ sofort die Hebamme rufen, um nach seiner Frau zu schauen. Diese besorgte einige Mittel aus der Apotheke gegen die Leiden (Kiemen eines jungen Hechts, Coralle, Krebsaugen und andere Dinge[3]), aber es war keine Besserung zu verzeichnen. Der Bäcker ließ – nach Beratung mit der Nachbarin – das Kind am folgenden Samstag taufen. Nach und nach kam bei ZeugInnenvernehmungen heraus, daß die Bäckersfrau nach der Entbindung gegessen und getrunken hatte und ziemlich wohlauf gewesen war. Statt Haferbrei wollte die Kramfrau immer nur Wein, lehnte auch am folgenden Tag Mehlsuppe, Brot und Käse ab. Sie stand früh auf, um Bett und Kammer für die Rückkehr der Taufgäste und »*gevatter*« *[Paten]* »*schön zu machen*«, also zu putzen. Sodann arbeitete sie in der Küche und schnitt Kappes – keine leichte Arbeit. Auch hatte sie zwischendurch an der (Bäcker-)Theke gestanden. Einige Tage nach der Geburt wog sie im Keller den Teig für die Milchbrötchen ab, was vermutlich heißt, daß sie schwere Säcke hob. Eine Mitbewohnerin, die im Haus eine Kammer gemietet hatte, berichtete schließlich, die Bäckersfrau sei am zweiten oder dritten Tag barfüßig aus dem Wochenbettzimmer bis ans Feuer gekommen. Die Wöchnerin erlitt einen Schwächeanfall, – und wieder eilte die erwähnte Nachbarin als Beistand herbei, brachte die Frau zu Bett und versorgte das Kind. Die Mutter lag acht Tage krank darnieder; ihr Bauch wurde nun steif, und sie litt große Schmerzen. Schließlich verstummte sie, und einen Tag später starb sie.

Der Witwer sagte im ersten Gespräch aus, *»es sey ihro die milch zur naß vnd mundt außgelauffen vnd ihro einen worm eines fues langk außm mundt gezogen«*. Diese Äußerung glaubten die Turmmeister anscheinend nicht so ganz, denn sie wurde in der Folgezeit durch ZeugInnenbefragungen überprüft. Die Nachbarinnen konnten die Angaben des Witwers nicht unbedingt bestätigen, sei es, daß sie nicht in den *»thots nothen«* der *»cram fraw«* anwesend gewesen waren, sei es, daß sie nur Schleim und Schaum gesehen haben wollten.

Das »falsche« Verhalten der Wöchnerin warf ein zwiespältiges Licht auf sie, und es ist nicht verwunderlich, daß die Befragung abrupt endet.

Bei der nächsten Anklage ging es um einen verstorbenen Säugling, ob Tochter oder Sohn, wird nicht einmal angeführt. Auch hier war die junge Mutter Bäckersfrau (Trankgasse). Der Vorwurf an die Hebamme lautete, sie habe am Tag nach der Taufe der Wöchnerin das Kind vom Schoß genommen, und kurz danach sei das Kind krank geworden und wiederum ein paar Tage später *»gar elendig«* gestorben. Die Beschreibung des Kindes klingt fast lieblos: Es sei ganz schwarz am ganzen Leib gewesen und habe auch auf dem Kopf schwarze Beulen gehabt. Wie der Medizinhistoriker Jütte ausführt, sollten solche Anklagen vor dem Hintergrund der Pest gesehen werden. Rötungen und Schwellungen wurden oft als deren Vorboten mißinterpretiert.[4]

En Volmers wird gefragt, ob sie bei dem üblichen Nachsorge-Besuch das Kind vom Schoß der Mutter genommen habe. Dies kann sie *»mit warheit nit sagen«*, natürlich auch nicht, ob das Kind nach einer solchen Berührung krank und elend geworden sei. Sie begründet fachlich, daß das Aussehen des Säuglings nicht so ungewöhnlich gewesen sei: Es geschehe bisweilen, daß kleine Kinder blau und blutig am ganzen Leib würden, wenn sie krank wären.

Die Zeugin Agnees Mullers betont, die Hebamme habe das Kind eine Zeitlang auf dem Schoß gehabt. Davor sei das Kind gesund gewesen, habe gut gegessen und getrunken, aber danach habe es angefangen zu schreien und zu weinen und sei bis zu seinem Tod elendiglich anzusehen gewesen. Einige Nachbarn hätten mitleidsvoll zu ihr gesagt: »... *Mhoen Agnees, eß scheindt daß eine boese handt ahm Kindt gewesen seye* ...«, worauf sie erwidert habe, daß doch die Hebamme *»langh ein boeß gerucht gehabt«*. Auf die Frage der Turmmeister, was sie denn von dem bösen Leumund und Gerüchten wisse, gibt sie zu Protokoll, daß sie eigentlich nichts Konkretes darüber wisse, sondern das Gerücht hier oder dort gehört habe. Die Zeugin Mullers wurde entlassen mit der Auflage zu schweigen.

Weitere Vorwürfe kreisen um Schuldeneintreibung, einen mißglückten Verkuppelungsversuch der En und ihre angebliche Linkshändigkeit – ein klares Hexenindiz.

Nun kommt ein Fall von vor acht Jahren vor den Richtertisch. Ein Gaffelbote der Fleischer bestätigt auf Befragen der Turmmeister »bei seinem bürgerlichen Eid«, daß die Hebamme »*Mhon Ennen*« vor acht Jahren seiner Frau im Kindbett beigestanden habe und in den Wehen so ungeschickt mit ihr umgegangen sei, daß die Fruchtblase platzte und das Kind tot geboren wurde. Da habe die En einfach gesagt, daß immer mal ein Kind sterbe. Daraufhin habe seine Frau fortan auf ihre Dienste verzichtet. Davon habe er dem Gewaltdiener erzählt, und der habe den Vorfall angezeigt. Am Ende seiner Einlassung sagte er eindeutig, er »*wolle ... der cleger nit sein*«. Nun kommt es zur Gegenüberstellung mit der Hebamme und ihm wird En Volmers Aussage vorgelesen. Sie gesteht, bei der Wöchnerin gewesen zu sein, bestreitet aber die Aussage fachlich. Es sei ausgeschlossen, daß sie der Frau die Fruchtblase zerrissen habe: Angesichts der Tatsache, daß das Kind eine Steißlage hatte und die Mutter sich lange schlecht gefühlt habe, habe sich die Blase hoch im Leib befunden. Wenn die Blase geplatzt sei, müsse dies durch das Kind verursacht worden sein. Die Beschuldigung sei unwahr.

Schließlich wird ein absurdes und unappetitliches Indiz konstruiert. Als »*Volmers Enn*« von den Gewaltdienern zu Turm gebracht wurde, sei sie – so der Diener Merten zu den »*Herrn Gewaltrichtern*« –zunächst auf ihrem Hof »*nacher der heimblicheit [zur Toilette] gangen*«. Er habe gesehen, wie sie mit der einen Hand in der Höhe herumgetastet und mit der anderen die »*thur von der heimbligheit zugehalten*« habe, dann aber doch in der Kammer ihre Notdurft verrichtet habe, mit Verlaub »*in einer bruns kachlen*«. Der Merten habe gedacht, sie habe im Abtritt etwas verborgen. Es gab am gleichen Nachmittag, drei Stunden nach der Verhaftung, eine Hausdurchsuchung, um »*die whare beschaffenheit zuvernemen*«. Die Männer tasteten nun in der Hoftoilette herum und holten einen Klumpen alter Spinnweben hervor, der voller dicker Würmer mit kleinen Schwänzchen war, wie die Männer sie aus schmutzigen Gewässern kannten, ferner lebendige Ameisen, »*so klein wie iunge roppen [Raupen]*«. Sie öffneten sogar mit einer Schaufel das Brett in der Toilette, um zu sehen, ob etwas reingeworfen worden war. Sie fanden jedoch weiter nichts. Wie sollten sie den

Fund einschätzen? Es kamen etliche neugierige Nachbarn herbei, die durch den Zaun geschaut hatten, was da so vor sich geht. Der Zeuge Abraham Balckmann zum Beispiel fand die Spinnenwebwürmer durchaus nicht ungewöhnlich.

Die Verhörenden beleuchten sodann den Ruf der Beschuldigten: En Volmers sollte dazu Stellung nehmen, ob sie nicht früher schon einmal *»wegen des Bösen lasters der hexerei«* in Verdacht geraten sei? Sie gibt dies zu. Daraufhin suchten sie nach möglicher weiblicher Hexenverwandtschaft: Ob nicht auch ihre Mutter schon einen schlechten Ruf gehabt habe. Einzelne Fragen wurden periodisch neu gestellt. So kam allmählich heraus, daß ein haßerfüllter Mann ihrer Mutter einmal nachgesagt hatte, sie habe in einem *»backhaus ... ein Kho beest [Kuhbiest] gezaubert«*. Die Mutter hatte den Denunzianten jedoch ganz mutig mit gerichtlicher Unterstützung aufs Trankgassentor bringen lassen, woraufhin dieser widerrief und der Mutter alle Unkosten zurückerstattete. Auch diese Verteidigungsmöglichkeit gab es, und sie funktionierte bisweilen.

Taufszene in Anwesenheit der Hebamme – aus der niederländischen Handschrift »De zeven Sacramenten Heyligher Kerke«, um 1504 (Ausschnitt)

Um weiteres belastendes Material zu finden, wird En Volmers nach allen möglichen Kontakten zu bereits hingerichteten »Hexen« und tätigen Hebammen gefragt, nach *»Biel«* von Wilhelmstein, Christina Plum, Ael Dünnwald, Mhon Ael in der Weingartsgasse und Mhon Metteldt. Einige der Hebammen kennt sie von ihrer Arbeit her, aber meist nur vom Sehen, wenn jeweils zwei gleichzeitig die Kinder zur Taufe in die Kirche brachten, andere wiederum kennt sie nicht. Diese Aussage belegt, daß es keinen fachlichen Zusammenschluß unter den praktizierenden Hebammen gab, keine jährlichen Feste, keine Rituale, keine kollektive »Schulung«. Nur mit der bereits *»hingerichten«* Mhon Ael aus der Weingartsgasse kooperierte sie, *»auß vrsachen daß sie die Mhon Ael und hingegen Mhon Ael sie gebraucht habe, wie under ihnen bruchlich daß wan eine hebahm zu seer vberlade eine andere ahn ihre stell substituire vnd darzu beschwere«.*[5] Eine übernahm von der anderen PatientInnen, wenn die Geburten zu nah aufeinanderfolgten. Selbst von der Frau, von der sie 1618 wegen Hexerei denunziert wurde und die hingerichtet wurde, hatte sie keine »*kennis*«, sondern kannte sie nur vom Sehen.

Die berufliche Zusammenarbeit interessierte die Herren jedoch weniger als manifeste Zauberei – sie wollten vor allem wissen, ob die Frauen zusammen auf dem Hexentanz waren:

- »... *ob sie nit auch mit selbiger Aelen aufm hexen danß gewesen seye?*«
- »... *ob sie nit mit selbiger Christinen auf den dritten vnd lesten danß? Item aufm danz in Spießerhaff gewesen?*«
- »... *ob sie dan nit auch mit selbiger [Mhon Metteldt] ahn der Linden aufm hexen danß gewesen?*« usw.[6]

Sie antwortet stets verneinend:

- »*dauor wollte Gott ihr behuten*«
- Sie »*were ... mit selbiger Aelen auf keine denß gewesen, daher ihro solches gar frembdt vor komme*«

Auch beim Gedanken, sie sei mit ihrer Denunziantin auf dem Hexentanz gewesen – diese hatte ausgesagt, sie sei dort mit zwölf Frauen gewesen, unter anderem mit der Hebamme En Volmers – entfährt es ihr: »... *daruor wolte ihro Jesus vnd Maria behuten.*« Sicherlich war ihr die Gefahr gerade der Beschuldigung »Teilnahme am Hexensabbat« bewußt.

Zu Anfang des Verfahrens wurden ihre Vorstellungen von dem Verfahren, von Recht oder Unrecht, Schuld oder Unschuld abgefragt: »*Gefg ob sie dan meine daß alle obgl Persohnen welche deß bösen lasters halber hingericht vnd sie dergestalt denuncyrt ihro vnrecht gethan?*« Der Rat schien das wirklich wissen zu wollen! Sie antwortet recht überzeugend, wenn diese solches ausgesagt hätten, »*hetten sie ihro vor Gott ungleich [unrecht] gethan*«.

Trotz mehrerer Aussagen, die sie entlasteten – Zeuge Abraham Balckmann gab zum Beispiel zu Protokoll, seine Frau habe die verhaftete Volmers En fünf Mal eingesetzt und sich zu jeder Zeit wohl gefühlt – wurde En Volmers drei Monate nach der Verhaftung hingerichtet (27.7.1630).[7]

Wir erfahren in den Hexenprotokollen etwas über den Berufsalltag, die Kommunikation zwischen Gebärender und Geburtshelferin. Die Auswahl einer Hebamme scheint bisweilen nicht – wie heute – nach Qualitätsurteilen oder guten Erfahrungen oder auch Vertrautheit erfolgt zu sein, sondern eher nach Bequemlichkeit. Eine Frau gab an, sie habe die »*kramfrau*« gefragt, warum sie nicht ihre frühere Hebamme gebraucht habe? Und diese antwortete, daß ihr Mann gerade in der Mühle gewesen sei, und daher habe sie in Eile die aus der Nachbarschaft genommen. Sie habe über die Hebamme nicht groß nachgedacht, es sei eine wie die andere ... Die »*hebahm*« kam, wenn alles gut ging, »*ufm dritten oder vierten tag zu der cram frawen*«, um sich zu verabschieden. Ihr Werk war getan. Es scheint auch keine intensive Betreuung während der Schwangerschaft gegeben zu haben, denn sonst hätte sich die Bäckerin nicht erst bei den ersten Wehen Gedanken über die Hebamme gemacht. Wir erfahren vor allem auch etwas über funktionierende Nachbarinnenschaft. Nachbarinnen kümmerten sich rührend um das Neugeborene, wenn die Mutter erkrankte. Eine Zeugin gab an, sie habe an einem Abend ebenso wie am folgenden Morgen das Kind gestillt, weil die Mutter sich des Kindes nicht mehr annahm. Sie pflegten die Wöchnerinnen und kamen zu Besuch.

En Volmers Schicksal kann als typisch für eine als Hexe verfolgte Hebamme gelten: Sie wurde verfolgt, weil sie Anlaß zu Projektionen bot und mit dem Tod zu tun hatte. Wöchnerinnen, die sie entband, oder Kinder, denen sie auf die Welt geholfen hatte, waren gestorben, was in dieser Zeit keine Besonderheit war, aber geahndet werden sollte.

Im Fall En Volmers sind einige typische Mechanismen aus Prozessen gegen Hebammen sichtbar. Da es in der Bevölkerung – nicht zuletzt durch die theologischen Traktate – bereits ein großes Mißtrauen gab, lag es nahe, diese Berufsgruppe bevorzugt zu verdächtigen.

Hebammen boten anderen Frauen durch ihre berufliche Tätigkeit Anlaß für Argwohn oder Haß. Hier war Kompetenz gefragt und ein »Versagen« schnell offensichtlich. Heute heißt es bisweilen, Hebammen hätten in der (weiblichen) Bevölkerung über die »zuverlässigsten Feinde« verfügt.[8]

Magie war nie das einzige Kriterium für eine Verfolgung.[9] Alle Beschuldigungen basieren auf einem materiellen bzw. existentiellen Anlaß. Einer der Bäcker echauffierte sich – in der Gewißheit des solidarischen Volkszorns, wenn er wüßte, daß die Mhon En seine Frau verzaubert hätte, dann wolle er, daß sie verbrannt würde. Die denunzierte Person scheint weniger beliebig als die Art des Vorwurfs. »Mußte« es immer eine Hebamme sein, die der Wöchnerin oder dem Kind Schaden zugefügt hatte?

Hebammen waren etwas Besonderes, durch den Kontakt mit dem Tod tabuisiert, sie durften die Nottaufe geben, sie gehörten nicht richtig

War wirklich Hexerei am Werk oder der liederliche Lebenswandel der Wöchnerin? – Kupferstich, Mitte 16. Jh.

dazu. Es wäre zu bedrohlich gewesen, eine aus dem inneren Kreis, eine Verwandte, eine Nachbarin, auf die die HausbewohnerInnen angewiesen waren, zu beschuldigen. Und beschuldigt werden mußte jemand.

Angstreduktion ist ein Erklärungsansatz, die Reduzierung einer eigenen Schuld ein anderes: Immerhin verhielten sich die Gebärenden durchaus nicht immer situationskonform, sie standen auf und arbeiteten, oder sie tranken frühzeitig wieder Alkohol. Es ist deutlich, daß es bei allen Todesfällen letztlich um den Wunsch nach Erklärungen geht: Warum ist es zu einem Unglück gekommen, scheinbar aus heiterem Himmel? Warum traf es diese bestimmte Person? Es ist denkbar, daß eine durch einen solchen Verlust getroffene Person nur das Deutungsangebot aus den Predigten annahm.

Die Angebote zur Denunziation einer Hebamme ergingen oft auch durch andere Personen, kamen nicht von der Betroffenen selbst. »Hat nicht die Hebamme zuletzt das Kind gehalten?« hieß es da gegenüber der Wöchnerin.

In Köln gab es berufsständische Zusammenhänge, aus denen in Köln vermehrt Hebammen denunziert und bis auf den Scheiterhaufen getrieben wurden, die der Bäcker. Dafür gibt es zwei Deutungsmöglichkeiten: Die Berufsausübung produzierte bei Frauen und

Säuglingen mehr Todesfälle (Mehlstaub?), – oder es bildete sich innerhalb eines begrenzten Kreises ein »Wahn«, der sich in den Denunziationen konkretisierte.

Als ein Zeuge direkt befragt wird, ob er – oder seine Frau oder eine Nachbarin – die »*Mhon Ennen*« verdächtigt hätten, bejaht er dies, indem er antwortet: »*... weil dieselbe den nahmen gehabt alß wan sie vorlengst aufgeleidet were, so habe Er vnd seine fraw wol einig Achterdencken [Bedenken] gehabt.*« Die Hebamme geriet also als Tatverdächtige in den Blick, weil sie bereits ins Gerede gekommen war und gerade zu dieser Zeit bei Gericht vorgeführt wurde.

Wie beschrieben waren die Hebammen individuell ausgebildet, sicherlich war nicht jede »Meisterin« eine gute Lehrhebamme. Wie in anderen Berufen auch waren manche unfähig, andere desinteressiert. Aus Hebammenordnungen süddeutscher Städte wissen wir, daß Hebammen viel tranken. Das wird ihre Klarsicht in einer Notlagensituation nicht gesteigert haben.

Ungewöhnlich ist das Verhalten der Behörden: Nicht jeder Verdacht gegen die Hebamme En Volmers scheint die Turm- und Stimmeister zu überzeugen. Sie verstärken den Verdacht nicht, verunsichern die ZeugInnen nicht, wirken in keiner Weise sensationsheischend oder verfolgungslüstern, sondern scheinen einfach Aufklärung zu wollen. Die Frage »*dero herrn Thurnmeisteren*« an den Bäcker lautete, woher »*Er eigentlich wißen konne*«, daß seiner Frau nach dem Tod Milch zu Nase und Mund herausgelaufen sei. Die Vertreter der Institution erscheinen unsicher: Was sollen sie glauben? Dieses Problem zieht sich durch die ganzen Verhöre und scheint – trotz ihrer Anonymität – zwischen den Zeilen heraus. Das 17. Jahrhundert stellte in Bezug auf die Zaubereivorstellungen einen Umbruch dar. Die meisten Menschen hielten magische Erklärungen für ebenso real wie heute jene, die als wissenschaftlich gelten, eine Minderheit erweckte den Anschein, als würde sie schon leicht zweifeln.

Es gibt keinerlei Spuren einer vorsätzlich von oben inszenierten Ausrottungskampagne gegen Hebammen, – der Anteil der von unten initiierten Prozesse dürfte in diesem Milieu bei über neunzig Prozent liegen. Die These der Bevölkerungswissenschaftler Heinsohn und Steiger, die vom Interesse des Staates an der »Vernichtung« von Hebammen geschrieben hatten, kann auch anhand der zugrundeliegenden Prozeßdynamik in Köln nicht unterstützt werden.

In den ersten deutschsprachigen geburtsmedizinischen Traktaten – alle aus der Feder von Männern – ist kein negatives Hebammenbild zu finden, sie erscheinen darin als weise bewährte Frauen.[10] Daß aber die städtische Hebammenordnung, in erster Linie eine Ausbildungsregel, gerade zu dieser Zeit (1628) erlassen wurde und die Handlungsspielräume der Geburtshelferinnen reduzierte, ist weder durch neue Erkenntnisse in der medizinischen Wissenschaft noch durch eine offensive Ausgrenzungsstrategie der Ärzte oder gar eine Häufung von Kunstfehlern erklärbar. Es gab zweifelsohne im frühneuzeitlichen Köln einen Kampf um medizinische Macht und Kontrolle zwischen empirischen und akademischen Ärzten und Heilpersonen[11] – und es gab durchaus starke ökonomische Gründe für eine Verdrängung der volksmedizinisch ausgerichteten HeilerInnen. Zudem wurden die Hebammen immer stärker daraufhin überprüft, ob sie ihren Dienst »christlich« verrichteten.

Anmerkungen

1 vgl. Kölner Hexenverhöre, S. 95; vgl. auch Schwerhoff, Hexenverfolgung, S. 37-42
2 So am 18.4., 22.4., 23.4. (zwei Mal), 24.4., 11.5., 16.5., 22.5.
3 Solche Ingredienzen klingen heute ungewöhnlich, wurden aber noch 1656 in einem Rezept zur Behebung der nachgeburtlichen Depression empfohlen. Diese Analogie fanden die Herausgeber der Kölner Hexenverhöre, vgl. Anm. zu Zeile 2, S. 106
4 vgl. Jütte, S. 35. Die Pest prägte laut dem Medizinhistoriker die Wahrnehmungsmuster von Krankheiten noch für eine lange Zeit und nahm eine ähnliche Rolle ein wie heute der Krebs, der auch nicht an erster Stelle der Krankheiten mit Todesfolge steht, aber leichter zu visualisieren sei.
5 Kölner Hexenverhöre, S. 91; vgl. Schwerhoff, Hexenverfolgung, S. 39f.
6 Kölner Hexenverhöre, S. 90f.
7 vgl. ebd., S. 45ff., vgl. auch Siebel, S. 93
8 vgl. von Hehl, S. 248
9 vgl. Burghartz, S. 163
10 vgl. Kruse, S. 152
11 vgl. Jütte, S. 30

Kinderhexenprozesse

»Die eigene Kindheit korrigieren kann für das primitive unbewußte Denken nichts anderes bedeuten als sich rächen.«
(Wilhelm Reich, Der Erziehungszwang und seine Ursachen)

In Köln wurden mindestens sechs Kinder unter dem Hexereivorwurf vor den Richter gebracht; drei Mädchen und drei Jungen im Alter zwischen sieben und zwölf Jahren waren die Betroffenen. Ihr Schicksal gibt Anlaß zu einer genaueren Auseinandersetzung mit den Kinderhexenprozessen.

Prozesse gegen Kinder und Jugendliche sind eine relativ späte geschichtliche Erscheinung. Diese waren von den Hexenverfolgungen jedoch keineswegs unbeabsichtigt betroffen: In den frühen Fallgeschichten kamen Kinder durch Beschuldigungen anderer in Verdacht. Später lösten sie selbst Prozesse aus, indem sie andere und sich selbst der Zauberei bezichtigten.[1]

In den Hexentheorien und auf Bildern waren Kinder auf die Rolle des passiven Opfers festgelegt: Der Teufel raubt ein Kind – Holzschnitt, Basel 1493

Interessant ist ihre Position im Kontext der Hexentheorie: In den traditionellen dämonologischen Hexereivorstellungen war das Kind auf eine passive Opferrolle festgelegt. Aufgrund seiner Schwäche und Hilflosigkeit galt es als besonders gefährdet, die Eltern hatten Angst vor Kinder-bedrohenden Dämonen und vor Schadenszauber an ihnen. Den Zauberinnen wurde zugeschrieben, daß sie nachts Kinder raubten und töteten, um sie beim Hexensabbat dem Teufel darzubieten.[2] Es hieß, die Kleinen würden zerstückelt, gekocht und zu Salbe verarbeitet – einige Bilder von Hans Baldung Grien geben Zeugnis davon, erfahrbar auch für die, die nicht lesen konnten. Das christliche Taufritual sollte nicht zuletzt zauberische und dämonische Gefahren abwenden und die Kleinen vor der Macht des Satans schützen. Nicht getaufte Kinder galten als unrein, »behinderte« oder gebrechliche Kinder als »Wechselbälge«, gezeugt vom Teufel mit einer Hexe. Martin Luther meinte, man solle sie ersäufen.[3] Auch bei

Kinderhexen werden auf dem Sabbat dem Teufel vorgestellt – Holzschnitt aus einer Serie von Francesco-Maria Guazzo zum »Compendium maleficarum«, 1626

heute verhaltensauffälligen genannten Kindern wähnten viele den Teufel im Spiel. Die Jungen und Mädchen aus »Hexenfamilien« gerieten fast automatisch in die Verfolgungsspirale, ebenso »verdächtig« agierende Kinder. Diese Ausgrenzung, Verfolgung und Bestrafung zerstörte ihr Leben.

Es scheint naheliegend, die Kinderhexenprozesse aus der Perspektive der Kinder und die Kinder als Opfer zu sehen. Aber diese waren nicht nur passiv und ganz ohne Einfluß. Sie bezichtigten sich selbst der Hexerei, sagten selbst(bewußt), sie seien *»von der Kunst«*. Sie folgten in ihren Aussagen dem geläufigen Hexenmuster.

Und auch dabei blieb es nicht: Als Zeugen und Kläger konnten Kinder Täter werden und Menschen in ihrem Nahbereich hinter Gitter oder an den Scharfrichter bringen, sogar regelrechte Verfolgungswellen in Gang setzen. Da Kinder als besonders »zaubermächtig« galten, wurden sie als am Hexenwerk aktiv Beteiligte ernst genommen und gefürchtet. So berichtet H. Weber von Kinderhexenprozessen in Calw, in die bald 38 Menschen verwickelt waren. Die Stadt beruhigte sich erst, nachdem die »Hauptschuldigen«, eine alte Frau und ihr Enkel, verbrannt waren.[4] Auch in Wertheim

Bettelnde Familie – Zeichnung von Rembrandt, 1648

wurden aufgrund von kindlichen Zeugenaussagen zehn Erwachsene hingerichtet.[5]

Nur auf den ersten Blick kann es erstaunen, daß Kinder in Hexereiverfahren gerieten und andere denunzierten. Religiöse Erziehung und kirchliche Unterweisung sorgten dafür, daß Kinder den Hexenglauben schon früh übernahmen. Da lag es nahe, daß sie »Hexenspiele« inszenierten in Form großspuriger Behauptungen, zum Beispiel, daß sie auf dem Bock durch die Luft fahren, Wetter machen oder Hasen zaubern könnten: Dieses Gerede provozierte Erwachsene, vor allem diejenigen, die bei der Vermutung von Schadenszauber keinen Spaß verstanden. So wurde aus dem Spiel schnell ernst. Ermahnungen, Prozeßeinleitungen, Turmverhöre, schließlich Rutenschläge und Stadtverweise konnten die Folge sein. Theologische und juristische Gutachter legitimierten die Sanktionen. Einige wenige nur empfahlen, solcherlei »Kindergeschwätz« nicht so ernst zu nehmen.

Manche Kinder bewegten tieferliegende Motive, sofern die Beziehungen zwischen Kindern und Erwachsenen gestört oder besonders konflikthaft waren. In Aich/Nürtingen denunzierte eine 15jährige die eigene Mutter – aus Solidarität mit dem Vater, der sich von seiner Frau »behext« glaubte.[6] So konnte sich eine problematische Kind-Eltern-Beziehung dramatisch zuspitzen. Die Kinder agierten Konflikte der Eltern aus oder bedrohten Erwachsene, da sie sich von Erwachsenen enttäuscht und verletzt fühlten. Aus ihrer Ohnmacht heraus griffen sie nach Macht und benutzten den Hexenmythos als Waffe. Als Anklagende verkörperten Kinder dann wirklich das, was ausgerottet werden sollte: das Böse. Viele Kinder hatten genug Gründe, sich »böse« zu verhalten, wenn wir

Schon die ZeitgenossInnen machten sich Gedanken über den Hintergrund der »Kinderhexen«. Wolfgang Schiffer, der Autor des in Köln erschienenen Traktats von 1629 »Von der verführten Kinder Zauberei« reflektierte über die Frage: »Warum so viele Kinder der Hexerey anhängen?«

1. Der Eltern Sünden können dieses große Übel verursachen.
2. Die Kinder selbsten auch durch eigene Sünd Ursach geben können.
3. Weil die Eltern den Kindern ubels wünschten und sie verfluchen.
4. Aus Verführung oder Verderbung ihrer eignen Kinder.
5. Die underlassene Tauff gibt Gelegenheit zu derselbigen Verführung.
6. weil die allergottlosesten Eltern ihre Kinder dem Teufel selbst aufopfern.
7. Die böse Gesellschaft deren so gleicher Größe und Alter seindt daneben geben den unschuldigen Kindern zu der Verführung große Gelegenheit.

berücksichtigen, daß arme, verwahrloste Kinder in besonderem Maß von Verfolgung bedroht waren. In Köln war im 16. Jahrhundert der Lebensstandard gesunken, was die Unterschichten stark verarmen ließ. Viele Kinder – etwa ein Drittel der Kölner Bevölkerung Kölns soll in der Frühen Neuzeit minderjährig gewesen sein – lebten unter dem Existenzminimum und brachten sich mit Betteln durch. Sie konnten in der Tat ihr Schicksal als ungerecht empfinden, denn die religiös-moralischen Normen kollidierten mit ihren oft halbkriminellen Überlebensstrategien.

Es ist auch kein Zufall, daß die meisten Kinderhexenprozesse in eine Phase verstärkter Bemühungen um die Durchsetzung kirchlicher Frömmigkeit und die Wahrung konfessioneller Besitzstände fallen, und sei es mit kriegerischen Mitteln. Zur Zeit des Dreißigjährigen Krieges etwa bildeten sich unermeßliche Bettlerheere, und die Zahl entwurzelter, obdachloser Kinder stieg nochmals extrem an, sie waren im Stadtbild deutlich sichtbar. Der Nürnberger Rat klagte 1588, daß die Bürgerschaft »mit dem immerwährenden Schreien und Heulen der jungen Kinder bei Tag und Nacht auf den Gassen und vor den Häusern übermäßig beschwert« werde.[7] Möglicherweise diente der Vorwurf der Hexerei im Einzelfall als Argument zur Verfolgung und Vertreibung bettelnder Kinder, für Köln gibt es jedoch keinen Beleg für einen solchen Fall.

Als Bestrafung von Kinderhexen gab es zunächst religiöse Beeinflussung und Ermahnung. Schwerere Delikte, die mehrere Kriterien der Hexerei, insbesondere die sexuelle Dimension erfüllten, wurden mit Körperstrafen und Stadtverweisen härter sanktioniert. Todesurteile – gegen erwachsene »Hexen« zur Durchsetzung einer sündlosen Gemeinschaft vorgesehen – wurden bei Kindern seltener ausgesprochen und vollzogen.

Kind auf dem Scheiterhaufen – Holzschnitt zu Ulrich Tenglers »Der neü Leyspiegel«, 1511

Anmerkungen

1 Weber, Kinderhexenprozesse, S. 11f.
2 vgl. Hexen und Hexenprozesse, S. 251
3 vgl. Wolf, S. 956ff.
4 vgl. Weber, »Von der Verführten ... «, S. 15ff.
5 vgl. Wolf, S. 965f.
6 vgl. Weber, »Von der Verführten ... «, S. 210ff.
7 vgl. Wolf, S. 981

Kölner Kinderhexen

Für die Verfolgungsregion Köln liegt bisher keine systematische Aufarbeitung der Kinderhexenprozesse vor.

Die Arbeit mit den Quellen scheint bei den Verfahren gegen Mädchen und Jungen auch schwieriger zu sein als bei den Verfahren gegen Erwachsene: Die Protokolle aus der Feder des Turmschreibers bleiben auch bei mehrmaligem Lesen hölzern und karg. Die Hoffnung, ein Gesamtbild von auch nur einer Lebensgeschichte zu bekommen, erfüllt sich nicht – nicht zuletzt weil die Aufzeichnungen oft unvollständig sind und abrupt abbrechen. Es ist schwer, zwischen den formelhaften Vorgaben im Verhörverfahren und den wirklichen Aussagen der Kinder zu trennen und die geläufigen Hexenbilder mischen sich mit den jeweiligen kindlichen Phantasien.

Aber auch wenn die Befragungen stereotypen Mustern folgen, ist es lohnend, etwas vom Alltag und von der Individualität der angeklagten und anklagenden Kinder zu entdecken. Dann zeigt sich: Die Antworten der Kinder sind keine sinnlosen, willkürlichen Phantastereien, und die von ihnen benutzten sprachlichen Bilder sind auf ihre Lebensgeschichte zurückführbar. Vorsichtig lassen sich Motive für Selbstbezichtigungen und Denunziationen erschließen, durch den Vergleich einzelner Fälle können sie zu »Hypothesen« verdichtet werden.

Die sechs Verfahren gegen Kinder (siehe Auflistung in der »Chronik«) zeigen eine symmetrische Geschlechterverteilung, ein Faktum, das von den gegen Erwachsene geführten Prozessen deutlich abweicht. Das Alter der Kinder liegt zwischen sieben und zwölf Jahren. Als »Vergehen« wurde drei Kindern ein »Verlebendigungszauber«, das sogenannte Hasenmachen angelastet. (Vermutlich verdanken sich Kaninchen zaubernde Varietékünstler noch diesem Bild – Hasen bzw. »konein« standen für sich extrem vermehrende und leicht zu reproduzierende Wesen.) Die Mädchen und Jungen wurden inhaftiert, verhört und mit Rutenschlägen (ein Kind), Stadtverweis (zwei Kinder) oder auch Hinrichtung (zwei bis drei Kinder) bestraft. Ein Junge, von dem wir weder Namen noch das Alter wissen, war bereits wegen Zauberei zwei Mal aus Köln ausgewiesen worden und kam nun als Wiederholungstäter vor das Hohe weltliche Gericht. Es ist nicht einmal bekannt, ob er mit dem Leben davonkam. Ein Junge und ein Mädchen standen wegen Teilnahme am Hexensabbat und Teufelsbuhlschaft unter Anklage. Sie wurden bald dem Greven überantwortet und blieben bis zu ihrer Hinrichtung mehrere Jahre in Haft. Bei Prozessen mit sexueller Konnotation sprachen die Schöffen auch über Kinder das Todesurteil, dazu mußten diese im Sinne der Carolina (der reichsweit gültigen Strafprozeßordnung) volljährig bzw. geschlechtsreif sein – Mädchen zwölf Jahre, Jungen vierzehn Jahre.

Soweit die Quellen darüber Auskunft geben, war die Mehrheit der Kinder Waisen oder Halbwaisen, sie lebten fremdplaziert bei Pflegefamilien oder ohne festes Obdach. Manche ernährten sich durch Betteln. Die gesellschaftliche Benachteiligung und die instabilen Beziehungen förderten sicherlich das Entstehen von eigenen Hexenphantasien. Kinder nahmen in den Verfahren oft die Rolle von Opfer, Zeuge/Zeugin und Denunziant/Denunziantin zugleich ein. Wir wissen nicht, welche Ängste der allgemeine Hexenglaube bei den Kindern bereits hervorgerufen hat. Klar ist: Durch die zum Teil langwierigen Verfahren wurden die Kinder abermals massiv traumatisiert.

Kölner Mädchen – Zeichnung von Albrecht Dürer, 1520 (Ausschnitt)

Maria Cäcilia von Ahrweiler

Am 28. Januar 1630 wurde ein sieben- bis achtjähriges Mädchen verhaftet und in den Frankenturm gebracht. Drei Tage später erzählte sie bei der ersten Vernehmung, daß sie aus der Eifel, aus Ahrweiler komme. Ihre Eltern und ihr Bruder seien dort als Hexen verbrannt worden.

Ein Bürger aus Ahrweiler hatte sie nach Köln gebracht (um sie zu retten?). Hier wohnte sie drei Monate bei einem Schuhflicker, dann lebte sie ein bis drei Wochen bei einem sogenannten Nachtreiter am Filzengraben und seit kurzem bei einem Schneider.

Die Turmmeister fragten Maria Cäcilia, ob sie das »Hasenmachen« von ihrer Mutter gelernt habe, und sie antwortete, die Kunst habe ihr teils die Mutter, teils der Teufel beigebracht. Um Häschen zu machen, werfe sie ein Fell in die Höhe und sage: *»nun lauffe, in deß Teuffels nahmen«*. Der Teufel habe ihr *»Venein [Gift] zu bringen versprochen, ... dha kleine kinder weren, in den brei zu thuen«*, aber das habe sie nie getan.

Kinder waren überzeugt, Hasen zaubern zu können, Erwachsene glaubten ihnen – Geburtsbild von 1726, England

Sodann behauptete Maria, daß sie *»beim Teuffel geschlaffen«* habe. Dieser habe sie zum Teufelstanz mitgenommen (*»auf den armen dahin gedragen«*), wo sie Gebratenes gegessen und Wein getrunken und *»mit dem boesen gedanzet«* habe. Anschließend hätten sich beide *»entbloset vnd einer auf den anderen gelegt«*. Als die Turmmeister weiter fragten und *»substantiam rei«*, das heißt, den Kern der Sache, die (pikanten) Einzelheiten wissen wollten – da weinte Maria so heftig, daß sie nicht mehr sprechen konnte. Die Richter beendeten daraufhin das Verhör.

Am selben Tag sagte der Schuhflicker als Zeuge aus, daß eine Witwe ihn gebeten habe, das Kind zu beherbergen, sie wolle für den Lebensunterhalt aufkommen. So habe er Maria bei sich aufgenommen. Die Beamten fragten den Mann, ob er sie habe zaubern sehen, das verneinte er. Maria habe zwar erzählt, daß sie *»der Kunst were«*, aber er sagt ernsthaft aus, ein Zauberversuch sei fehlgeschlagen. Von der Schneidersfrau in der Nachbarschaft wisse er, daß Maria einmal den Brei des Kindes gegessen habe mit dem Kommentar, da sei kein Gift drin, von Quecksilber im Brei müsse man nämlich sterben.

Frau füttert Kind – Eucharius Rhodenius, Holzschnitt 1532

Maria Cäcilias weitere Lebensgeschichte ist nicht vollständig überliefert. Es läßt sich nur rekonstruieren, daß sie am 25. Februar auf Beschluß des Rates ans Hohe weltliche Gericht geliefert und im Kunibertsturm erneut verhört wurde. Später haben die Schöffen sie aus der Stadt ausgewiesen.[1]

Wenn wir annehmen, daß die Schilderungen tatsächlich von Maria Cäcilia stammen und ihr nicht »vorgesagt« wurden, dann ist folgende Deutung möglich: Durch die Hinrichtung und den Verlust ihrer Familie traumatisiert, kommt das Mädchen in eine fremde, großstädtische Umgebung. Dort lebt sie entwurzelt in verschiedenen Haushalten, von außen alimentiert, aber nicht dazugehörig, sondern zu Dank verpflichtet. Mit der Zaubereiphantasie stellt sie vielleicht eine Verbindung zu den verlorenen Eltern her: Durch das Bekenntnis zur Zauberkunst verhält sie sich mit ihnen loyal. Die Vorstellung, kleine Kinder hätten Gift im Brei, könnte ein Ausdruck von Wunschdenken sein, gespeist aus Neid und Zorn darüber, daß andere es besser haben als sie. Maria Cäcilias Aussagen zu den nächtlichen Aktivitäten formulieren vielleicht ihre Sehnsucht danach, gehalten und gut versorgt zu werden: Der Teufel erscheint dann als idealisierter Vater. Die sexuellen Bilder können die Erfahrung von sexuellem Mißbrauch spiegeln, was in Maria Cäcilias realer Alltagssituation nicht fern läge, denn sie lebte bei erwachsenen Männern. Es sind mehrere Mißbrauchsfälle dokumentiert, in denen die männlichen Täter die weiblichen Opfer zu »Hexen« umdeuteten und anklagten. (Anläßlich eines Kinderhexenprozesses in Weinsberg wurden übrigens Hebammen eingeschaltet, um die Vergewaltigung eines Mädchens zu bestätigen.[2])

Maria Cäcilia wurde im Kunibertsturm verhört – Hans Weigel, Große Stadtansicht, Ausschnitt, 2. Hälfte 16. Jh., Kölnisches Stadtmuseum

Maria Cäcilia spricht nur vom Teufel, seine »Person« lenkt eventuell vom tatsächlichen Täter ab, den sie nicht verraten kann/darf. Daß das Mädchen in der Formulierung nicht präzise zwischen der aktiven und der passiven Rolle trennt, zeigt, daß sie sich selbst für schuldig hält und glaubt, sie habe es so verdient – ein übliches Denkmuster mißbrauchter Kinder. Obwohl sexuelle Gewalt gegen Kinder zu den immer wieder in den Kriminalprotokollen genannten Delikten gehörte,[3] vermochten die Behörden den Teufel nicht zu dechiffrieren. Das Schluchzen bei der Vernehmung drückt Maria Cäcilias Scham und Verzweiflung aus. Vielleicht führte das eindeutige Verhalten (Hexen konnten eigentlich nicht weinen!) neben ihrem jungen Alter dazu, daß sie wenigstens am Leben blieb.

Peter von Rodenkirchen

Am 14. Juni 1645 sagte ein elf bis zwölfjähriger Junge im Frankenturm aus, er sei Waise, schon als Säugling nach Köln gekommen *(»in den windelen anhero bracht«)* und lebe am Severinswall bei einer Pflegemutter *(»... seiner frawen«)*. Beide ernährten sich durch Betteln. Peter war seiner Meinung nach verhaftet worden, weil er den Opferstock für die Armen in St. Maria im Kapitol gestohlen hatte – der Junge hatte mit Fischgräten die Münzen herausgeangelt. Er gab zu, auch in St. Jakob geklaut zu haben, aber da war er vom Küster erwischt worden und mußte das Geld zurückgeben. Auch bei den Karmelitern sei er ertappt worden, warfen die Verhörenden dem Jungen vor. Er wehrte sich: Da habe er nichts genommen, die hätten ihn zu Unrecht verleumdet und geschlagen.

Bettlerjunge – Zeichnung von Ludwig Buchhorn, 18. Jh., Kunstsammlungen der Veste Coburg

Der Turmmeister klärten nun Peter darüber auf, daß die Patres ihn wegen Hasenzauber angezeigt hätten. Sodann habe er eine verdächtige Bemerkung über das »Verbrennen« gemacht. Der Junge »bestätigte«, daß er Hasen machen könne und es von einem Jungen namens Peter, *»in ledder gekleidet«*, in der Wohnung seiner Mutter am Griechenmarkt gelernt habe. Der nähme eine Schürze, lege ein Hölzchen drauf, sage *»coras«* und schon *»leufft der haß«*. Als Peter im Turm vorzaubern sollte, lehnte er ab, er traue sich nicht, *»die kunst vfm Thurn ... zu gebrauchen weilen der haß vber die stein lauffen muß, vnd wan derselb funf heuser vorbey gelauffen dan pleibe daß schurtzel liggen, vnd ist alßdan der haß verschwonden«*. Von den Beamten aufgefordert, besagte der Junge Johann im Stavenhof als seinen »Lehrling«. Die Frage nach dem Teufel beantwortete er ausführlich: Er habe ihn an drei verschiedenen Orten *»in gestalt eines menschen«* gesehen; er sei jederzeit *»in side gewant«*, trage Stiefel und eine lederne Tasche und habe *»klawen ahn den füeßen«*. Sein jugendlicher Lehrmeister habe ihm erklärt, daß es sich beim Erscheinen dieses Mannes (!) um den Teufel handele. Peter räumte auf Befragen auch Besuche beim Hexentanz ein, wobei er eine Nachbarin seiner Pflegemutter denunzierte. Der Teufel habe ihn zum Tanz gebeten, aber er habe nur zusehen wollen. In der Mühle auf dem Neumarkt empfing Peter von dem Herren schönes Essen und Geld und saß mit ihm am

Tisch. Danach habe der Teufel ihn nach Hause begleitet. Jetzt fragten die Turmmeister detaillierter, *»ob der teufel ihnen auch angegriffen«* habe. Peter bejahte, berührt worden zu sein, und wies auf eine Narbe an seinem Kopf. Bei einem späteren Hexentanzbesuch *»were einer vber den anderen gefallen«*, auch er über ein Mädchen, das ihm der Teufel zugeführt habe, und sei *»darauf liggen plieben«*. Vor dem Teufel kniend habe er Gott abgeschworen und sich und seine »Schüler« in den Dienst des Teufels gestellt. Auf Nachfrage der Turmmeister erzählte Peter, daß ihm jetzt in der Haft der Teufel in Gestalt eines Mädchens erschienen sei, sie habe ihm *»daß beyschlaffen angemutet«*. Das habe er zurückgewiesen.

Fünf Tage später fand eine weitere Vernehmung statt. Inzwischen waren theologische gegenzauberische Maßnahmen eingeleitet worden: Augustinermönche kümmerten sich um den Jungen, besprengten seine Zelle, gaben ihm geweihtes Wasser zu trinken und hängten ihm ein Amulett um. Auch Jesuiten waren vor Ort erschienen. Doch das teuflische Mädchen besuchte Peter weiterhin täglich, berichtete er. Ein *»stigma«* habe sie ihm gemacht und Unterstützung für sein Entkommen aus der Haft versprochen. Die Turmmeister kamen noch einmal auf den Teufel in Männergestalt zurück und wollten wissen, wie oft er bei ihm gewesen sei. Peter antwortete, er *»hette seinen willen sechs mahl mit ihme betrieben vnd ihnen pro succubo gebraucht«*.

Bemerkenswert ist, daß die Beamten nun offenbar nicht weiter nachfragen. Schon am folgenden Tag wurde der Junge auf Ratsbeschluß von Gewaltrichtern in den Grevenkeller gebracht, das heißt, der Gerichtsbarkeit des Erzbischofs übergeben. Dort blieb er zweieinhalb Jahre eingesperrt, bis zur Erlangung der Volljährigkeit. Am 18. Dezember 1647 wurde Peter von Rodenkirchen auf Melaten hingerichtet. Das Protokoll zeigt am linken Rand die Zeichnung eines Schwertes.[4]

Kölner Richtschwert, mit dem Kinder und Männer hingerichtet wurden – Kölnisches Stadtmuseum

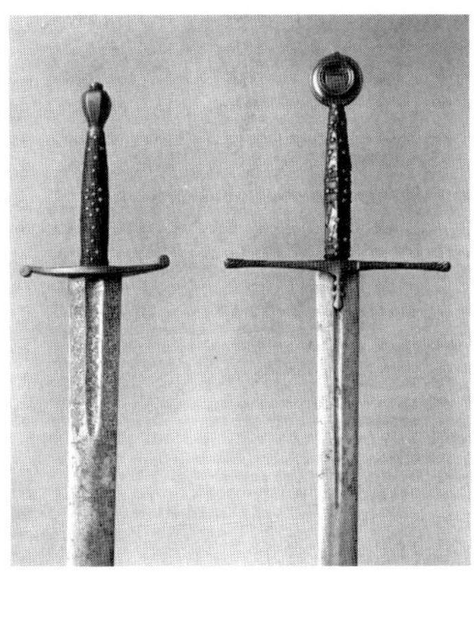

Peter wächst elternlos auf und somit auch ohne männliche Bezugsperson. Er hat kein Vatervorbild zur Entwicklung einer Geschlechtsidentität. Die Pflegemutter nennt er »seine Frau«. Der Junge begeht Diebstähle, um zu überleben und vielleicht auch, um sich kleine Vergnügungen leisten zu können. Er empfindet dabei kein Unrechtsbewußtsein, die christliche Norm kann für einen in seiner Situation nicht gelten. Die Preisgabe des

Freundes klingt nicht wie Verrat, auch die Nachbarin bringt Peter arglos in das Gespräch ein.

Der Teufel-Mann wird ambivalent geschildert: elegant und freigebig, väterlich, aber auch dämonisch und ängstigend. Die homosexuelle Annäherung, auf die der Junge nicht aktiv eingeht, ist in seiner Darstellung mit einer Verletzung verbunden. Die Schilderung der sexuellen Komponente des Hexentanzes ist freimütig; aber aus der historischen Distanz kann nicht zwischen erotischen Phantasien und realen sexuellen Handlungen unterschieden werden. Vielleicht spürten Kinder durchaus den sexuellen Charakter der Dämonologie und benutzten die Teufels- und Hexenbilder, um über Sexualität zu sprechen.[5] Während der kollektiven (phantasierten) Ausschweifung beim Hexensabbat hat Peter angeblich – nicht mehr Kind und noch nicht Mann – aktiv mitgemacht und verkehrte sexuell mit einem Mädchen. Von ihr phantasiert er in der Haft weiter. Die Wahrnehmung aktiver Sexualität bei Kindern schockierte die Erwachsenen vermutlich: Die Beamten riefen eiligst geistliche Helfer auf den Plan.

Weitaus folgenreicher als das »teuflische« Mädchen ist für ihn die Erscheinung des Teufels-Mannes, des homosexuellen Verführers bzw. Vergewaltigers. Wie real diese Gestalt sein kann, verdeutlichen parallele aktenkundig gewordene Fälle: 1484 informierte der Pastor von St. Aposteln den Rat darüber, daß mehr als 200 Leute durch eine »*swaire unsprechliche stumme sunde as manspersone mit manspersonen*« »befleckt« seien. Und zwei – mit Peters Fall zeitgleiche – Quellen überliefern, daß ein zehnjähriger (1647) und ein vierzehnjähriger Junge (1649) durch gewaltsamen analen Verkehr verletzt wurden und medizinische Behandlung brauchten.[6] Peters »Bekenntnis« des mehrmaligen Analverkehrs läßt die verhörenden Männer abrupt das Thema wechseln. Homosexuelle Handlungen waren tabuisiert und galten als todeswürdiges Verbrechen.[7] Peter von Rodenkirchen hatte somit keinerlei Chance, mit dem Leben davonzukommen.

Entgen Lenarts

Am 7. Mai 1653 wurde das zehnjährige Ännchen im Turm vernommen. Ihr Vater, der »*Marketender*« (Wirt und ambulanter Lebensmittelhändler) Peter Lenarts, war vor zwei Jahren erschossen worden; die Mutter hatte einen anderen Mann geheiratet, war mit ihm weggezogen und hatte »*ihrer drei [Kinder] hinderlaßen*«. Entgen lebte vom Betteln. Sie erzählte beim Verhör, daß ihre Mutter sie früher zum Hexentanz geführt habe, damit sie sich bei Spiel und Musik vergnüge. Als sie am Hospital in der Breite Straße einen Platz zum Übernachten suchte, kamen zwei Frauen, die fragten, ob sie mitgehen wolle, und versprachen, sie »*wollen ihr alles gnug verschaffen*«. Sie nahmen sie bei der Hand und führten sie durch die Lüfte zum Tanz zwischen Düsseldorf und Duisburg mit einem großen Gastmahl. Entgen berichtete von einem Galgen, an dessen Stelle sie aber bald ein Haus gesehen habe. Der »böse Feind« habe sie gezwungen, beim Auftragen der Speisen zu helfen, und als sie eine Schüssel fallen ließ, wurde sie »*vom boeßen geschlagen vnd vbel tractirt*«. Über die beiden Frauen weiß das Mädchen, daß sie inzwischen in Duisburg als Hexen verbrannt worden sind.

Auf dem berühmten Blocksbergmotiv von Michael Herr »Eigentlicher Entwurf und Abbildung des Gottlosen und verfluchten Zauberfestes« sind auch Kinder abgebildet – Radierung, 1. Hälfte 17. Jh. (Ausschnitt)

Auf Befragung behauptet sie, sie selbst sei schon dreißig Mal beim Hexentanz und einmal auch auf dem Blocksberg gewesen und habe sich dem Teufel verschrieben. Die Turmmeister wollten noch wissen, ob sie jemandem etwas Schlechtes zugefügt habe, aber das verneint sie. Nur ihrem Bruder habe sie »*feber angehexet*«. Auf Geheiß ihrer Mutter habe sie auch anderen Kindern das Zaubern beigebracht. Sie will jedoch nicht bewerten, ob sie »*Ihnen etwaß guets oder böses gelheret*« hat. Beim Hexentanz habe ein großer glühender »*keßel mit allerhandt art menschen*« gestanden und »*ein Ratt daran verscheidene sehelen mit ketten angeschmit*«. Der Teufel habe diejenigen mit dieser Folterplage bedroht, die ihm nicht folgen würden. Die Turmmeister fragten nun ganz konkret nach einem Hexentanz am hellichten Tag in der Sternengasse. Ja, gab Entgen zu, sie sei dabeigewesen, sie fügte aber hinzu, die Leute auf der Straße hätten davon anscheinend nichts bemerkt, denn »*selbige weren vber Ihre tischen hergangen*«.

Festmahl mit dem Teufel – Flugschrift aus Lancashire, 1613

Drei Tage später fand ein zweites Verhör statt. Das Mädchen bestätigte eine »*anfechtung*« im Gefängnis »*in gestalt eines schonen iungen ge-*

sellens in roden kleideren«, er habe ihr drei Goldstücke angeboten, die sich später – nachdem sie ein Kreuz darüber geschlagen hatte – als Hühnermist entpuppt hätten; den habe sie ihrem Beichtvater überbringen lassen. Nun interessierten sich die Herren genauer für Entgens »Kolleginnen«. Das Kind denunzierte drei andere mit genauen Angaben über deren Eltern und Wohnort. Entgen gestand auf Nachfrage, daß sie vor zwei Jahren das Hexen gelernt habe. Der Beamte wies darauf hin, daß sie da doch schon nicht mehr mit der Mutter zusammengelebt habe. Entgen entgegnete aber, daß die Mutter »*in katzen oder honts gestalt*« zu ihr komme und »*wan sie mit ihr reddet, so redde sie in menschlicher gestalt, ihm abscheidt aber flige sie mit dem henker vort*«. Entgen war bereit, auf ihre Aussagen zu schwören, sterben wolle sie »*wie balder wie lieber, vnd wolte sich zu riemen schneiden laßen, wan sie nur die sehligkeit erlangen mochte*«. Am Ende der Vernehmung denunzierte Entgen unaufgefordert zwei bereits verhaftete Erwachsene, einen Mann und eine Frau.

Noch am selben Tag wurde sie in Begleitung zweier Nonnen ans Hohe weltliche Gericht geliefert. Vor der Vollstreckung des Todesurteils mußte das arme Kind nahezu drei Jahre Einkerkerung im Gefängnisturm aushalten. Entgen Lenarts wurde am 18. Februar 1655 enthauptet und verbrannt. »*Deus miseriatur animae puellae istius*« vermerkt der Schreiber im Protokoll.[8]

Dieses Dokument ist schwer zu entschlüsseln. Ein Kind in Entgens Situation fühlt sich mit Sicherheit von seiner Mutter verraten. Durch die »Erscheinung« der Mutter sorgt Entgen dafür, daß sie die

Verbrennung eines Mädchens – Züricher Zentralbibliothek, Bestand Wickiana

Bindung nicht verliert, sie stellt den Kontakt für sich immer wieder her. Sie idealisiert sie in bunten Phantasien, um eine Brücke zu ihr zu schlagen. Die beiden Frauen, die sie mitnehmen, stehen sinnbildlich für Nähren und Versorgen. Das Galgenbild und der glühende Kessel deuten auf starke Ängste hin, ebenso die Drohungen des Teufels. Die Blocksbergphantasien zeigen, daß Entgen sich mit den Symbolen des Hexenmythologems gut auskennt. Sie bekennt sich zur Hexerei, als sei sie damit identifiziert. Die Figur des Bruders bleibt unklar. Auch ob der schöne junge Mann, der sie betrogen hat, auf eine reale Person zurückgeht (oder zum Beispiel aus einem Märchen stammt), bleibt offen. Ist ihr bewußt, was die Denunziation der Mädchen bedeutet? Es sind frühere Spielgefährtinnen, die es besser hatten als sie; deren Mütter hatten ihrer Mutter damals eine Mahlzeit geschenkt, vermutlich ein Almosen.

Die formulierte Todessehnsucht am Ende des Verhörs und die Hoffnung auf »Seligkeit« zeigen, wie schlecht es dem Kind psychisch geht. Mit der Denunziation zweier Erwachsener nimmt sie stellvertretend Rache an denen, die sie verlassen haben. Wenn Weber schreibt: »Die Aussagen der Kinder erscheinen wie Psychogramme nicht aushaltbarer Gefühle«,[9] so kann die Beobachtung an diesem Fall bestätigt werden. Aus der Sicht der Behörden erfüllt Entgen durch die Teilnahme am Hexensabbat und den Flug – auch ohne sexualisierte Aussagen – die strafrechtlichen Kriterien des Delikts, für sie ist Ännchen eine »richtige Hexe«.

Anmerkungen

1 vgl. Kölner Hexenverhöre, S. 78ff.
2 vgl. Weber, S. 171
3 vgl. ebd., S. 179
4 vgl. Kölner Hexenverhöre, S. 154ff.
5 vgl. Weber, S. 154ff.
6 vgl. Jütte, S. 38
7 vgl. Irsigler/Lassotta, S. 198f.
8 »Gott erbarme sich der Seele dieses Mädchens.« Kölner Hexenverhöre, S. 211. Zum gesamten Fall ebd., S. 204ff.
9 Weber, S. 121

Das Geschlecht der »hexerey«

In der Geschichtswissenschaft galt das »Geschlecht« lange Zeit nicht als forschungsrelevante historische Kategorie. In der Hexenforschung ist die Frage des Geschlechts jedoch von zentraler Bedeutung, gerade weil es für die meisten ZeitgenossInnen ganz selbstverständlich schien, daß »*hexerey*« Frauensache sei. Jede Schulklasse würde dies im Jahr 2000 bestätigen.

Was sagen die Zahlen?

In der Epoche der großen abendländischen Hexenverfolgung wurden weitaus mehr Frauen als Männer bezichtigt, angeklagt und verurteilt. Dieses Faktum könnte dazu einladen, die Hexenverfolgung als Frauenverfolgung »von oben« einfach in eine allgemeine »Unterdrückungsgeschichte« der Frauen einzubetten. Aber der Zusammenhang zwischen Geschlecht und »Hexerei« ist komplizierter. Zunächst ist zu bedenken, daß es regional sehr große Unterschiede in der Geschlechterverteilung gab, deren Ursachen immer noch nicht geklärt sind. In Island waren in neunzig Prozent der Fälle Männer betroffen, in Estland sechzig Prozent und in Finnland fast fünfzig Prozent.[1] In Lausanne verfolgten geistliche Inquisitoren im 15. Jahrhundert mehrheitlich Männer; in Luzern hingegen verurteilten weltliche Instanzen fast ausschließlich Frauen; Männer wurden dort nie der Hexerei bezichtigt, obwohl viele – auch Pfarrer – als Heiler arbeiteten.[2]

Gemeinschaftliche Verbrennung, auch in Köln bisweilen praktiziert – Kolorierte Zeichnung, 1574 (Wickiana), Zentralbibliothek Zürich (Ausschnitt)

In Köln betrug im Untersuchungszeitraum 1446 bis 1662 der Frauenanteil bei den Verfahren sechsundachtzig Prozent, bei den Todesurteilen sogar zweiundneunzig Prozent. Bei einer Hinrichtungswelle in der Stadt Würzburg zwischen 1627 und 1629 waren hingegen mehr als die Hälfte der Opfer männlichen Geschlechts.[3] Da versagen holzschnittartige Vereinfachungen. Regionalgeschichtliche Untersuchungen, die auch den religiösen Einflußfaktor genau analysieren, können zu vorsichtigen Antworten kommen. In England, Dänemark und Ungarn waren über neunzig Prozent der Angeklagten Frauen. In Italien, Spanien und Portugal, also in explizit katholischen Ländern, gab es so gut wie keine Hexenverfolgung.[4] Wenn Hexerei stark mit der Furcht vor Häresie assoziiert wurde, waren Männer bevorzugte Opfer, denn es galt, daß Männer in Sekten die dominanteren wären. Im europäischen Durchschnitt kamen auf vier Frauen ein Mann.

Betrachten wir das Gebiet im heutigen Land Nordrhein-Westfalen, so zeigt sich vergleichsweise eine Zuspitzung auf die Verfolgung von Frauen: Im Hochstift Paderborn und im Herzogtum Westfalen zum Beispiel waren fünfundsiebzig Prozent, in Minden und Lemgo über neunzig Prozent der Angeklagen weiblich.[5] Doch auch für diese Region kann nicht gelten, daß Hexenverfolgung nur ein Vorwand für einen »Geschlechterkrieg gegen Frauen« war. Die Frage bleibt, warum dennoch Frauen in den meisten Gegenden gefährdeter waren, der Hexerei bezichtigt zu werden.

Geburt der Eva aus Adams Rippe – ein Tausende Jahre altes Motiv für Frauendiskriminierung – Holzschnitt, Ausschnitt aus der Kölner Bilder-Bibel, 1478

Eine notwendige, aber nicht hinreichende Bedingung für die Verfolgung von Frauen als Hexen ist die der christlichen Tradition und Volkskultur immanente Geringschätzung der Frau, die sowohl Männer als auch Frauen tief verinnerlicht hatten und in Vorstellungen und Bildern sowie in alltäglichen Geschlechterstereotypen oder auch in Schwänken zum Ausdruck brachten. Diese Misogynie gab es lange vor der Hexenlehre. Die Annahme einer Minderwertigkeit der Frau geht in der christlichen Kultur auf den Schöpfungsmythos – Grundbestandteil religiöser Überlieferung – zurück. Eva ist als Teil von Adam die Unvollständige, die Unterworfene, als Verführerin aber die Gefährliche, die Verkörperung der Sünde. Diese Ambivalenz ist die Grundlage des traditionellen Frauenbildes. Im 15. Jahrhundert erfolgte die Fixierung der Theologen auf weibliche Zauberer und führte zu der »Gewißheit«, daß das Dämonische eng mit der weiblichen »Natur« verknüpft sei (siehe auch Kapitel »Das gelehrte Hexenbild« und »Ein Handbuch gegen Frauen«). Der »Hexenhammer« ist ein verschärfter Ausdruck gesellschaftlicher Frauenfeindlichkeit, das Buch hat die Verfolgungen nicht in Gang gesetzt, sondern diente eher zu ihrer Rechtfertigung. Die Hexenverfolgung schloß sich an eine wirtschaftliche Krise an, in der Ausschlußmechanismen für Frauen aus qualifizierten Arbeitsplätzen definiert und praktiziert wurden.

Die Ehe diente als Garant der Ordnung. Diese bayerische Votivtafel mit dem geschriebenen Dank an Gott für die Behebung der Kopfschmerzen der Ehefrau weist auf dem Bettkasten ein heidnisches Magiesymbol auf, das Pentagramm – Öl auf Holz, 1675

In der Gesellschaft der Frühen Neuzeit bestand ein »natürlicher« Zusammenhang zwischen ständischer und geschlechtsspezifischer Hierarchie. Es ist so nicht verwunderlich, daß Frauen als die gesellschaftlich Benachteiligten häufiger und intensiver von Repressionen betroffen waren. Eine Frau war Tochter und Schwester, später ggf. Ehefrau und Mutter, sie war stets definiert in Beziehung zu einem Mann, sie war sein Anhängsel. Rechtlich stand sie unter Vormundschaft: erst des Vaters, dann des Ehemannes. Er hatte das Verfügungsrecht über den Besitz und über seine Frau und seine Kinder. Die Ehe erfüllte wichtige gesellschaftliche Funktionen.[6] Sie gehörte zu den »*wolthaten Gottes*«, wie es in einem Ehebüchlein heißt. Ohne sie wären die Menschen »*in der jirre gelauffen, one ordnung, one gewisse Regiment ... wie das unvernuenfftige vihe*«.[7] Die Ehe war nicht zuletzt eine wirtschaftliche Angelegenheit, die rationalen Überlegungen folgte. Hermann von Weinsberg berichtet, daß er 30jährig seine »erste Hausfrau zur Ehe genommen« hat, eine sechs Jahre ältere Witwe, denn er »wollte keine Jungfrau nehmen«.[8] Er selbst blickte auf Bordellbesuche und ein »Bastardkind« mit einer Magd seiner Eltern zurück. Die Geschlechterrollen waren asymmetrisch konzipiert; die Ungleichheit der Geschlechter gehörte zur Selbstdefinition, und die meisten Frauen waren dem Mann so untergeordnet wie dieser der Obrigkeit. Die Historikerin Heide Wunder sieht eine Verbindung zwischen Hexereivorwürfen und dem Kampf um die Macht in Beziehungen zu dieser Zeit.[9] Die Ehefrau blieb in vielen Familien außen vor. Sie kam als Fremde ins System ihres Mannes und blieb ohne Verbündete.

Es war für die meisten ZeitgenossInnen undenkbar, daß eine Frau völlig autonom leben konnte oder gar wollte. Nicht-Ehe bedeutete Schlechtes: Gottlosigkeit, Ehrlosigkeit und Verdammnis.[10] Überschreitungen der Grenzen des Geschlechts wurden als Bedrohung der »natürlichen« Ordnung betrachtet. Beeindruckend ist ein Bericht von 1537 aus Basel über eine »*frow in manskleydung*«, die eine Frau heiratete, den prügelnden Ehemann spielte und erst nach einem Diebstahl in der Haft als Frau »entlarvt« wurde; die Gesellschaft hielt für ihre Anmaßung die Strafe Tod durch Ertränken bereit.[11] Hier zeigt sich die Furcht vor Gotteszorn und weiblichem Eigen-Sinn. Hexereianklagen können ein mögliches Mittel gewesen sein, die Verletzung von Rollennormen zu bestrafen.

Die Angst vor der (sexuellen) Dominanz der Frau über die Rationalität des Mannes, die sog. »Weiberherrschaft« oder das »Weiberregiment«, muß in der Frühen Neuzeit stark gewesen sein, wie unzählige Stiche und Drucke nahelegen. Hier triumphiert Phyllis, Ehefrau von Alexander dem Großen und antiker Prototyp einer sinnlichen Frau, über den Philosophen Aristoteles, der die Überlegenheit des Mannes über die Frau theoretisch abgehandelt und den Ehemann der Phyllis kritisiert hatte, er widme sich zu viel seiner Frau – Holzschnitt, Hans Baldung Grien, 1513

Der Mann konnte ungefragt Normen brechen, indem er trank, spielte, sich prügelte oder sexuelle Kontakte pflegte. Die Frau dagegen mußte stets auf ihre »Zucht« in Kleidung, Sprache und Verhalten achtgeben. Die Gewalt des prügelnden Mannes galt als angemessen und wurde nicht sanktioniert. Das Wort der Frau zählte weniger als seines.

Die Angst vor der aktiven und fordernden Sexualität der Frau war sicherlich ein massiver Faktor hinter vielen Anklagen von Männern. Folgender Fall zeigt, daß eine Frau sich keinen »sexistischen« Scherz erlauben durfte, »so einer«, die nicht weiß, was sich ziemt, unterstellte man(n) Hexerei: 1580 in der Bäckerei von St. Georg – der Geselle kam »*nackslibffs*« (nackten Leibes) in seiner Schürze aus der Backstube. Die Nachbarin/Kundin Agnieß von Gylstopf, eine ältere Frau, scherzte mit ihm und soll ihm angeblich an sein »*manlich glidt*« gefaßt haben, worauf er jenes als – im Sinn eines Schadens – verzaubert ansah. Erbost schlug der »kranke« Geselle mit einer Holzlatte auf die Frau ein. Daraufhin ließ Agnes den Gewalttäter vor Gericht zitieren. Doch in den Turm kam nicht er, sondern sie – aufgrund seiner Anschuldigungen. Später wurde sie allerdings freigesprochen.[12]

Ehelosigkeit war in der Frühen Neuzeit nicht mehr anerkannt, die Frauen mußten sich um einen Ehemann bemühen, diese machten sich für Frauen zum Narren – Karikatur »Männerfang«, 16. Jh.

Die Gesellschaft war aufgeteilt in öffentliche und private Sphären, in »draußen« und »drinnen«, in männliche und weibliche Handlungsräume. Es gab Orte (nur) für Männer (Militär, Universität, Rat, Zunftversammlung, Domkapitel, letztlich auch das Bordell) und (wenige) Orte für Frauen: Geburtsstube, Waschhaus, Markt, Brunnen. Seine Territorien waren jedoch wesentlich ausschließender konstruiert als ihre. Männliche und weibliche Sphären waren festgelegt, vom Platz in der Kirche über den Platz in der Küche bis zum Platz im Bett. Überschreitungen kamen jedoch sicher vor.

Die Frau als Verführerin? Schadenszauber? Oder Heilung eines Mannes, der unter Kopfweh leidet? Die Bilddeutungen gehen weit auseinander – Holzschnitt-Illustration von Hans Schäuffelein zu Johann Neuber von Schwartzenberg: »Memorial der Tugent«, in »Der Teutsch Cicero«, 1531

Weibliche Handlungsräume waren traditionell Geburtsstube, Krankenbett und Küche, und dort konnte leicht der Verdacht magischer Beeinflussung aufkommen. Magie, in vielerlei Formen praktiziert, gehörte somit zum Alltag der Menschen. Eigentlich war die professionelle magische Arbeit nicht geschlechterspezifiziert. Aber es gab feine Unterscheidungen. Der Liebeszauber war eindeutig eine Frauendomäne; der Schadenszauber wurde allein den Frauen zugeschrieben, was sich wiederum zirkulär aus frauenfeindlichen Stereotypen und den realen weiblichen Handlungsbereichen erklärt.

Die Kölner Überlieferungen zeigen, daß nicht wenige Frauen mit Hexereibeschuldigungen aus dem magischen Gewerbe kamen. Wahrscheinlich haben die »astrologischen« und naturheilkundlichen Dienstleistungen der »Beraterinnen« einzelne »KlientInnen« nicht zufriedengestellt und diese zu einer Anzeige bewegt.

Angst vor der Verschwesterung von Frauen drücken viele Sabbatmotive aus, wie dieses Sabbatmal der drei (!) Frauen – Holzschnitt, anonym, zu Ulrich Molitors »Tractatus von den bosen weibern«, ca. 1490

Die Wahrsagerin Anna Maria von Menningen, die schon mit Stadtverweis vorbestraft war, kam 1618 erneut in Haft. Bevor sie wegen Hexerei zum Tode verurteilt wurde, denunzierte sie zwölf Frauen wegen Teilnahme am Hexensabbat.[13]

1624 kam die Heilerin Eva von Trevelsdorf in die Fänge der Justiz. Sie war der Zauberei bezichtigt worden. Die Schöffen erteilten ihr die Weisung, fortan keine Heilmagie mehr anzuwenden.[14]

Auch bei den Hebammen lag es berufsbedingt nahe, daß Frauen Frauen anzeigten.

In Köln lebten in der Frühen Neuzeit mehr Frauen als Männer. Unter den als Hexen verfolgten Frauen befanden sich überproportional viele alte Frauen und Witwen aus der Unterschicht. Sie standen am unteren Ende der sozialen Hierarchie, waren strukturell entwertet und hatten keine Lobby. Aus den Quellen scheint auf, daß sie sich nicht wie Unterdrückte verhielten, daß sie »Unfrieden« stifteten, indem sie frech oder zänkisch waren. Da fehlte nur ein »böser Blick« – und schon lief das Gerede über die *»ahl hex«* durch die Gassen.

Hexe mit Besen – Gemälde, Öl auf Kupfer von Jakob Toorenvliet, 1667, niederländische Privatsammlung

Das klassische Bild der Hexe beinhaltet den Aspekt der schlechten Mutter, das des Hexenmeisters dagegen nicht das des schlechten Vaters, sondern das des mächtigen Handwerkers, des Alchimisten.

Dem Prinzip der Inversion folgend versorgt und beschützt die »Hexenmutter« ihre Kinder nicht, sondern liefert sie aus oder tötet sie sogar. Viele Menschen hatten das Gefühl, verlassen worden zu sein. So meint denn auch die Psychoanalyse zur Frage Hexerei und Geschlecht, das irrationale Motiv der Hexenprozesse, die Furcht vor Verhexung könne nur über die psychische Situation der BeschuldigerInnen verstanden werden. Wenn in der frühen Entwicklung des Kindes das emotionale Auftanken und Absichern bei der Mutter gestört wird, bildet sich im Kind ein mit Aggressionen aufgeladenes, »böses« Vorstellungsbild. Die Hexe als Imago der »bösen« Mutter ist ein Bild der versagenden, verlassenden, strafenden, frustrierenden Mutter.[15] Da die Mutter eine Frau ist und der erste Mensch, dem der kleine Mensch begegnet, wäre die bevorzugte Projektion des Hexenbildes auf die Frau logisch. Der Teufel ist in dieser Sichtweise die Projektionsfigur für den Vater, eine allmächtige Gestalt – dem die Hexe gehorcht wie die Mutter dem Vater. Die Untersuchung der Rolle des Teufelsbildes in der Volkskultur der Regionen mit hohem Männeranteil an Verfolgten trüge vielleicht zur Klärung des »Geheimnisses« der Geschlechterfrage bei.

Hexerei war geschlechtsgebunden, aber nicht geschlechtsspezifisch. Ingrid Ahrendt-Schulte schreibt dazu: »Die Diskriminierung der Frauen im Hexenprozeß war nicht das Ergebnis gezielter Frauenfeindlichkeit, sondern eines Denkens in Geschlechterstereotypen und insofern strukturell bedingt.«[16]

Es bedarf noch genauerer Erforschung der lokalen Bedingungen, um die Frage nach der »Wahl« des Geschlechts bei den Verfolgungen befriedigend zu klären.

Anmerkungen

1 vgl. Briggs, S. 327; vgl. zum Folgenden auch: Levack, S. 133ff.
2 vgl. Schwerhoff, Hexerei, S. 330
3 vgl. Sallmann, Hexen, S. 469
4 vgl. Briggs, S. 327
5 vgl. Schwerhoff, Hexerei, S. 326
6 vgl. Völker-Rasor, S. 209
7 Erasmus Sarcerius: Ein Buch vom heiligen Ehestand, zit. nach Völker-Rasor, S. 323
8 von Weinsberg/Hässlin, S. 196f. und 166
9 vgl. Wunder, Sonn, S. 200
10 vgl. Völker-Rasor, S. 92
11 vgl. Chronik des Fridolyn Ryff, zit. nach Hausen/Wunder, Frauengeschichte, S. 133f.
12 vgl. Schwerhoff, Köln, S. 438, und Schwerhoff, Hexenverfolgung, S. 21f.
13 vgl. Schwerhoff, Hexenverfolgung, S. 40
14 vgl. L. Ennen, S. 772
15 vgl. Heinemann, S. 35 und 78
16 Ahrendt-Schulte, Zauberinnen, S. 242

Das »Hexen Prothocoll von Jahren 1629« – ein Kölner Dokument

Es ist schwer, zum Thema Hexenverfolgung jenseits von erotisierten Abbildungen und Daumenschrauben einen »sinnlichen« Zugang zu bekommen. Originalaussagen können dabei helfen, sich in die beteiligten Menschen der Zeit hineinzuversetzen. Insofern ist es ein großer Gewinn für die Kölner Hexenforschung, daß die Handschrift *»Hexen Prothocoll«* von StudentInnen und Wissenschaftlern der Germanistik und Geschichtswissenschaft transkribiert und 1992 in einer kommentierten Edition einem breiteren Publikum zugänglich gemacht wurde.

Das Dokument umfaßt 114 Doppelseiten und ist als juristischer, kontrollierter Text nicht neutral, sondern ein Spiegel einer spezifischen politischen wie mentalen Zeit.

Auszug aus den Kölner Hexenverhören mit der Nachricht über die Lieferung Entgens an den Greven vom 10. Mai 1653 – Historisches Archiv der Stadt Köln, Bestand G 187

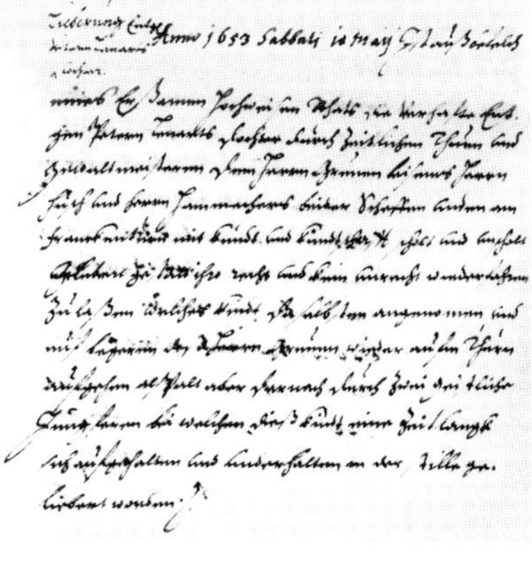

Das Hexenprotokoll enthält gerichtliche Ermittlungen der Stadt Köln wegen vermeintlicher Hexereidelikte. Die Verhöre bildeten insofern die Grundlage weiterer Prozesse, als die Aufzeichnungen zusammen mit einem Gutachten der städtischen Syndici Grundlage für die Entscheidung waren, ob der Fall der erzbischöflichen Hochgerichtsbarkeit (dem Hohen weltlichen Gericht) zu übergeben war oder nicht – und somit die Todesstrafe drohte oder nicht. Der erfahrene Turmschreiber Stephan Muser protokollierte die Verhöre.[1] Es ist nicht zu ermessen, wie stark die Verzerrungen sind, die durch seine subjektive Wahrnehmung – er kommt aus einer anderen Schicht als die Verhörten und gehört dem privilegierten Geschlecht an – und durch die formalisierte Verschriftlichung entstanden. Das Hexenprotokoll beinhaltet eigenständig verfaßte, gesonderte Aufzeichnungen der Kölner Hexenprozesse. Die festgehaltenen Ereignisse beginnen mit dem Jahr 1629 und enden 1662, wobei das Dokument in zwei Schüben angefertigt zu sein scheint: am Ende der großen Verfolgungswelle 1629/30 und dann wieder zwischen 1645 und 1662. Die Prozesse aus der Zwischenzeit sind nicht erfaßt, auch die aus dem angegebenen Zeitraum sind keineswegs vollständig, sondern stellen eine nicht zu ergründende Auswahl dar (Auswahl von 19 Personen: 16 Frauen, 3 Kinder, 1 Mann).[2]

Es bleibt ebenso dunkel, in wessen Auftrag und für welche Zwecke das Hexenprotokoll verfaßt wurde.[3] Das erste Verhörprotokoll versetzt uns recht abrupt in den bereits laufenden Fall Christina Plum (siehe auch »Lebensbild«). Sie hatte etliche Leute aus der Kölner Oberschicht der Hexerei bezichtigt, unter anderem auch einen beim Verhör anwesenden Gerichtsbeamten, den städtischen Syndicus Dr. Wissius. Die politische Brisanz dieses Prozesses könnte die Abfassung des Hexenprotokolls begründet haben.[4] Da die »Denunziationsattacke« der Plum das Ansehen des Kölner Rates gefährdete, bekam das »Hexenproblem« einen nie zuvor erreichten Stellenwert.[5]

Amtsstube mit Schreiber, Schöffen, Notar und »Klienten« – Kupferstich 1607 (Ausschnitt)

Das Verfahren gegen die Obstverkäuferin Plum soll als Beispiel dienen, um die allgemeine Situation bei den Verhören darzustellen:

Die Verhörkonstellation

Die Kommunikation beim Verhör war immer asymmetrisch: Die Angeklagte, meist eine Frau, war durch monate- oder jahrelange Feindseligkeiten in ihrem Umfeld und grausame Haftbedingungen im Turm entkräftet und demoralisiert. Sie stand allein, das heißt, ohne Rechtsbeistand, vor den Vernehmern und hatte angesichts ihrer Ohn-Macht und Ausweglosigkeit handfeste Gründe, dem Druck nachzugeben und zu sagen, was von ihr erwartet wurde. Ihr gegenüber standen mehrere männliche Vertreter der Institution, die die reale Macht hatten: Die Turm- und Stimmeister – keine ausgebildeten Rechtsgelehrten, sondern Laien aus dem Rat – waren für Beweisaufnahme, Verhöre und Zeugenbefragung verantwortlich. Weitere Vertreter des Rates und Juristen kamen ggf. zu den Verhören dazu. Die Konstellation war feindlich und brachte kein »dialogisches« Gespräch hervor, denn die Dramaturgie des Verhörs *zwang* die Angeklagte zur Antwort, selbst Fragen stellen durfte sie natürlich nicht. Die Zeuginnen oder Zeugen waren häufig die Personen, die durch Denunziation die Verfahren in Gang gebracht hatten, weil sie sich geschädigt sahen, manche waren Leute aus der Nachbarschaft, die einfach »etwas gesehen« hatten. Ab und zu finden sich aber auch mutige entlastende Zeugnisse von Menschen, die sich gegen das »*gemeyn geschrei*« stellten und die Angeklagte in Schutz nahmen.

Die Verhörenden blieben als Personen gänzlich anonym, in den Aufzeichnungen bleibt sogar unklar, wer gerade eine Frage stellt. Auch das soziale Umfeld der Verhafteten bleibt im dunkeln, es scheint bisweilen im Subtext der ZeugInnenaussagen auf. Im Vorspann werden dürre Daten zur Person der Angeklagten aufgeführt: Alter, Herkunftsort, bei Frauen der eheliche Stand, die Erwerbstätigkeit. Nicht einmal das Delikt wird genau spezifiziert.

Bisweilen – selten – finden Emotionen die Beachtung des Protokollanten, so zum Beispiel einmal in einem Verhör der Christina Plum, die sich angesichts einer Erscheinung aufgeregt »*mit einer commotion*« (Gemütsbewegung) mehrmals umdreht.[6] Und bei einem Kinderverfahren protokolliert der Schreiber, daß die kleine Maria Cäcilia bei der Frage nach sexuellen Details mit dem Teufel bitterlich weint.[7]

Der Modus des Fragens

Die Verhöre weisen stereotype Fragetechniken auf. Die Fragen sind seriell aneinandergereiht. Auf den ersten Blick wirkt der Protokolltext dialogisch, aber die »Dialoge« sind direktiv angelegt, da die Antworten oft nur ein Echo auf die Fragen bilden. Für die Turmmeister sind folgende Inhalte immer wieder von Interesse:

- Kontakte mit anderen zaubernden/hexenden Personen
- Teilnahme am Hexensabbat
- Abschwören von Gott, blasphemische Details (zum Beispiel Hostienfrevel)
- Pakt mit dem Teufel

Gerichtsverhandlung mit Folterszene (Streckfolter hinten links) und Gerichtsboten, die einen Gefangenen hereinbringen – Holzschnitt, Hans Burgkmair, aus »Der Teutsch Cicero«, ca. 1540

- Geschlechtsverkehr mit den Teufel, gelegentlich Details, zum Beispiel »*unflettigh kußen*«[8]
- Verüben von Schadenszauber (»Malefizien«)
- MultiplikatorInnen der Hexenkunst, Kontakte zu als Hexen hingerichteten Personen
- Benutzung obsoleter Gegenstände, Worte und Gesten
- schlechter Ruf, böser Leumund
- Verwandte, die bereits als Hexen hingerichtet wurden.

Die meisten Fragen stammen aus dem Fundus des gelehrten Diskurses über Zauberei/Hexerei. Entlang dieser Inhalte wurden Anknüpfungsmöglichkeiten für die denunzierten Tatbestände gesucht. Die CCC schreibt vor, daß die Angeklagten nach den »*vrsachen vnnd umbstenden ... vnd des mer, wo mit, wie und wann, die zauberey beschehen, mit was worten oder wercken*« *gefragt werden sollen.*[9] Bei einem imaginären Delikt ist das keine leichte Sache. Die Inquisitoren lösten dieses Problem am häufigsten in der Form, daß die Angeklagte gefragt wurde, »*ob sie [nicht]*«

- beim Kaplan noch mehr als 4 Leute denunziert habe
- früher schon einmal wegen des »bösen Lasters« in Verdacht geraten sei
- die hingerichtete Hebamme Ael Dünnwalts kenne
- Unzucht mit dem Teufel getrieben hätte.

Diese Fragetechnik ist nicht im engeren Sinne suggestiv, aber sie legt die gewünschte Antwort nahe, indem sie eng gefaßt nur auf Bestätigung oder Verneinung zielt. Neben diesen Standardfragen, die zum Grundrepertoire der Verhöre gehörten, wurden Angeklagte in der gleichen Form auch zu »sachlichen« Details gefragt, die ganz konkrete individuelle Beschuldigungen betrafen, zum Beispiel Hebammen nach Tätigkeiten und Unterlassungen: Ob sie nicht verursacht, daß die Frau auf der Breiten Straße in den Nöten gestorben?

Nur gelegentlich sind die Informationsfragen formuliert, die die Antwort nicht schon vor sich her transportieren: Wer? Wo? Was? Wie? Nur ausgesprochen selten findet sich in den Aufzeichnungen eine Warum-Frage. Eine gewisse Nähe zu Gesprächsstrukturen der Beichte ist auffällig. Das macht Sinn, wenn wir bedenken, daß das Prinzip der Inversion durchgängig ist: Der Hexensabbat ist die Umkehrung der christlichen Messe, der Teufel der Anti-Gott, das Hexenmal das Christus-Stigma usw. Mit »pornografischen« Fragen sind die Kölner Behörden recht zurückhaltend – verglichen mit den Vorgaben des »*Malleus maleficarum*«.

Manchmal wird eine Frage wiederholt, um zu prüfen, ob bei den Antworten Widersprüche sichtbar werden; auch rekurrieren die Verhörenden in weiteren Sitzungen auf früher gemachte Aussagen.

Die Antworten

Die Angeklagten fügten sich in der Regel im Verhör in ihre Rolle und reagierten nicht offensiv oder aggressiv auf die Zumutungen, was angesichts des Settings nicht verwunderlich ist. Wenn Stephan Muser im Vorspann der Verhöre wiederholt schreibt, daß die Angeklagte vor den »*edlen ... und vornemen herrn*« erschienen sei, wird das soziale Gefälle noch einmal unterstrichen.

Erstaunen mag uns heute die Häufung zustimmender Antworten auf abstruse Fragen, sei es, daß die Angeklagten bestätigten, was in der Bestätigung suchenden Ob-Frage von ihnen verlangt wurde, sei es, daß sie Namen, Orte oder Details auf die W-Fragen antworteten: Wir lesen ein »Eingangs-Ja« vor vielen Erklärungen. So gestanden unschuldige Menschen,

- Gott abgeschworen
- mit dem Teufel gebuhlt
- beim Sabbat scheußliche Orgien gefeiert
- Ernten und Vieh vernichtet
- Krankheiten an des Nachbarn Leib gezaubert zu haben.[10]

Gerichtsszene mit Paar, vielleicht Angeklagte – Bilder-Cautio, Kupferstich 1632

Dies erklärt sich aus der Macht und Autorität der Institutionenvertreter sowie dadurch, daß die Angeklagten die Stereotypen des Hexenmusters selbst verinnerlicht hatten. So kamen manche Standardklischees auf den Tisch, wie sie in Predigten gehört und auf der Straße erzählt wurden, damit die Verhörenden zufrieden waren, in der Hoffnung, daß die schreckliche Prozedur sich dadurch abkürze oder sich das eigene Leben retten ließe. Manche gestanden die »Tat« aus Schuldbe-

»Die Herren von den Geschlechten, Sie sitzen im Rath oder im Rechten« ... Kölner Ratsherr und/oder Jurist in Amtstracht – Holzschnitt von Jost Amman aus dem Ständebuch, 1568

wußtsein oder in positiver Identifikation mit der »Kunst«. Wir finden akribische Darlegungen von (sich wiedersprechenden) Uhrzeiten und Wochentagen ebenso wie detailverliebtes Erzählen in den ZeugInnenaussagen. In der Regel sind die Antworten der Verhörten eher kurz, für kunstfertige Selbstdarstellungen läßt das direkte Fragen keinen Raum – und es ist auch nicht Sache der »einfachen Leute«, wenn sie sich in einer hierarchisierten Sprechsituation befinden. Catharina Bly empört sich darüber, daß die Geistlichen das Beichtgeheimnis verletzen, En Volmers wehrt sich mit beruflichen Argumenten und die »verrückte« Plum antwortet offensiv, indem sie das Hexenmuster gegen die Verfolger richtet (siehe die jeweiligen Kapitel).

Durch das Hexenprotokoll erfahren wir nicht nur etwas über das Prozedere der Verfahren, sondern – bei mehrfachem Lesen der sperrigen Texte – auch ein wenig über den Alltag der frühneuzeitlichen Menschen, über ihre Arbeit, ihre nachbarschaftlichen Beziehungen und über die Gewalt, die sie ausübten und erlitten.

Inwiefern die sich in den Verhören begegnenden Parteien wirklich an Hexen glauben, ist den Dokumenten letztlich nicht zu entnehmen. Der Turm ist nicht der Ort, um Zweifel an einem Dogma zu äußern; die Beklagten hätten ihre Situation verschlechtert, ihr Schuldkonto vergrößert, die Vertreter der Obrigkeit waren qua Rolle gezwungen, das gelehrte Hexenmuster anzuwenden.

Anmerkungen

1 vgl. Kölner Hexenverhöre, S. XII. Stephan Muser war mindestens 45 Jahre als Schreiber im stadtkölnischen Gerichtswesen tätig.
2 vgl. ebd., S. XXIIIf.
3 vgl. ebd., S. XIII
4 vgl. ebd., S. XIII
5 vgl. ebd., S. XV
6 ebd., S. 6
7 vgl. ebd., S. 79
8 ebd., S. 5
9 CCC, Artikel 52, zit. nach Internetseite: http://www.zpr.uni-köln.de/~nix/hexen/d-texte.htm
10 vgl. L. Ennen, S. 749ff.

Die Verfolgerstellen gegen Magie und Schadenszauber

Das Gegenstück zur Konstruktion der häretischen Hexe durch die Theologen ist die Kriminalisierung der Schadenszauberin und Teufelsbuhlerin durch die Obrigkeit und die Installation einer behördlichen Verfolgung.[1]

Aus verschiedenen Gründen gibt es nicht *den* einen Hexenprozeß: Es wechselten die Träger des Verfahrens – mal waren es weltliche, mal kirchliche Instanzen, die die Verantwortung trugen. In Köln waren sogar konkurrierende weltliche Obrigkeiten am Werk. Die Verfahrensweisen und die Ideologien, auf denen sie basieren, resultieren aus der Ketzerverfolgung, daher sind »Hexen«-Prozesse nicht isoliert zu betrachten.[2] Innerhalb der juristischen Praxis steht das Hexereidelikt nicht für sich, sondern in dem größeren Kontext gesellschaftlicher Kriminalität.[3] Für die Hexenprozesse wurden geltende Rechtsnormen außer Kraft gesetzt, so die Tradition, daß auch den AnklägerInnen vorübergehend die Freiheit genommen wurde. Die DenunziantInnen mußten nicht mehr in Gegenhaftung auf den Turm, sondern es reichten eine Bürgschaft oder Kaution oder ein guter Leumund. Die Grenze zwischen KlägerInnen und ZeugInnenfunktion verschwammen.

Im Hexenprozeß waren DenunziantInnen oft die einzigen ZeugInnen – Kupferstich 1655, Titelblatt aus Johann Kaspar Höckner, »Gang des Zivilprozesses« (Ausschnitt)

Die Vorstellungen des zu bekämpfenden Hexereideliktes unterschieden sich bei Richtern, Angeklagten, ZeugInnen, DenunziantInnen.[4]

Sodann gab es unterschiedliche Strukturen im Rechtswesen; die Art und Weise, wie die Prozesse geführt wurden, wandelte sich in der Epoche der Hexenverfolgung. Das Gericht war über eine lange Zeit eher Zeuge einer Konfliktaustragung gewesen, als selbst Anklage zu erheben oder zu ermitteln. (In diesem Sinne ist die bekannte Redewendung zu verstehen: »Wo kein Kläger, da kein Richter.«) Auch der Prozeßausgang änderte sich seit dem Mittelalter, beispielsweise traten anstelle der Gottesurteile oder Zweikämpfe Zeugenbeweise und Geständnisse zur Urteilsfindung. Das Gericht wurde damit stark aufgewertet. Diese strukturellen Veränderungen im Prozeßverfahren betrafen weiterhin den Ankläger/die Anklägerin – es wurde in dieser Zeit die Möglichkeit eingeführt, bei Vorliegen bestimmter Verdachtsmomente einen Anklageprozeß oder eine Ermittlung von Amts wegen zu führen. Mit der Aufwertung des Geständnisses wurden die Methoden, es zu erlangen, intensiviert, da andernfalls die Urteile nicht anerkannt worden wären. Mit dieser Schwerpunktverlagerung kam es zu einer Änderung in der Folterpraxis – die Strafpraxis »Folter« rückte vom Ende des Prozesses in die Verhörphase. Auch wurde ein übler Leumund einer Angeklagten stärker gewichtet – und mußte recherchiert werden. Im mittelalterlichen Stadtrecht hatte es noch die Möglichkeit gegeben, bei Schadenszauber durch »Ent-Schädigung« in Höhe des verübten Schadens zu sühnen; dieses Angebot fiel im Spätmittelalter weg.

Inhaltlich gewann die Idee des Teufelspaktes in Kombination mit einer Schädigung auf materieller Ebene Einfluß auf den Verfahrensalltag, indem nun nach Genossinnen gefragt wurde und mehrheitlich stereotype Fragen zum Hexenmuster gestellt wurden. Die dämonologische Theorie nahm einen großen Einfluß auf den Gegenstand der Gerichtspraxis.[5]

Fazit: Die Verfahrensmuster wechselten in Spätmittelalter und Früher Neuzeit; seit dem 16. Jahrhundert – Erlaß der reichsweiten Halsgerichtsordnung Carolina und Formierung der beteiligten Instanzen – blieben die Faktoren jedoch relativ konstant.

Die Gerichtsverfahren gegen Zauberinnen und Zauberer begannen in Köln 1446, ihre Gesamtzahl ist noch nicht genau zu benennen; zur Zeit sind etwa 100 Vorermittlungsverfahren bzw. Prozesse bekannt. Die einzelnen »Hoch-Zeiten« der Hexenverfolgungen dauerten in den Städten erfahrungsgemäß nicht sehr lange an, so auch in Köln. Das Thema Hexen beschäftigte auch in Köln unterschiedliche Institutionen. Die

Strafverfolgung von Zauberei fiel anfänglich in die Kompetenz geistlicher Gerichte – und sie kämpften vornehmlich mit Kirchenstrafen. 1357 zum Beispiel erließ der Erzbischof eine Verfügung, daß bei Wahrsagerei durch Loswerfen und Beschwören die Exkommunikation drohe.

Die (katholische) Kirche bezog über die Jahrhunderte keine einheitliche Position zur Hexerei, aber sie praktizierte ihre Bekämpfung in der Kontinuität des Kampfes gegen Häresie. Solange die römische Inquisition Hexerei wie jede andere Häresie behandelte, konnte die Ersttäterin auf Milde rechnen, sobald sie widerrief.[6] Reumütigen, nicht rückfälligen »Hexen« sollte ohne Einschränkung Gnade gewährt werden.[7] Falls eine »Hexe« jedoch zentrale Glaubenswahrheiten bezweifelte, so war dies eine schwere Ketzerei, und dann waren »Hexen« wie andere ketzerische Schwerverbrecherinnen zu bestrafen.[8] Der Gehalt des Zauberwesens bestand für die Kirchenvertreter weniger in der Destruktion, zum Beispiel der Beschädigung von Menschen, Vieh oder materiellen Dingen, sondern in der häretischen Gesinnung, in der Missetat wider den christlichen Glauben.

Weltliche Gerichte dagegen führten Hexenprozesse durch, damit eine Person, die sich geschädigt fühlte, eine angebliche Schadenszauberin vor Gericht bringen konnte. Nachdem die Dämonologen eine Vermischung des Schadenszaubers mit dem Häresiegedanken konstruiert hatten, wurde das »*maleficium*« in Verbindung mit einem Sabbatbesuch oder Teufelspakt bewertet, und nicht nur, wenn eine/r totgezaubert worden war, wurde die Todesstrafe ausgesprochen, sondern auch bei geringer erscheinenden Vergehen.[9]

Die Bedrohung des Stadtfriedens wurde nun stärker am zerstörten Besitz festgemacht. Ein Hexereivorwurf wurde zugleich als Privatklage und als Strafverfolgung im öffentlichen Interesse verstanden. Im Kontext der Glaubensrivalitäten und der Konfessionalisierung der Gesellschaft (spätes 16. und beginnendes 17. Jahrhundert) trat dann für manche Instanzen wieder die Kontrolle des rechten Glaubens in den Vordergrund.[10] Entsprechende Verfahren ähnelten nun fast einem Hochverratsprozeß und zogen viel Aufmerksamkeit auf sich.

Inquisitoren

Vom 13. Jahrhundert bis zum Ende des 15. Jahrhunderts gingen die meisten Verfahren gegen Ketzerinnen und Zauberinnen von

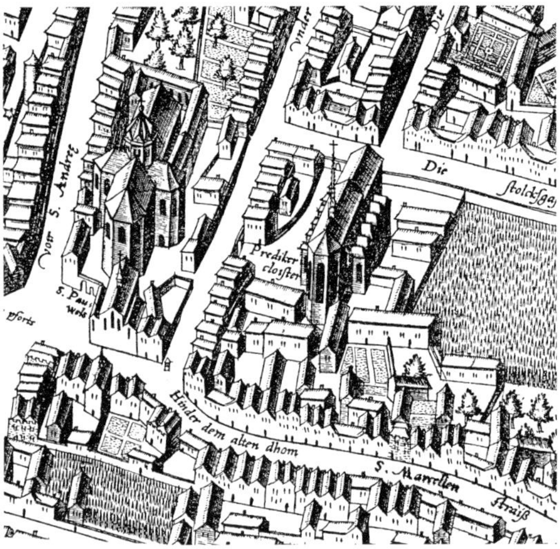

Vogelschau-Ansicht auf das Predigerkloster der Dominikaner in Köln, Nähe Dom – Kupferstich, Ausschnitt der Stadtansicht von Arnold Mercator, die vermutlich aus militärischen Gründen angelegt wurde, 1570/71

Dominikanerinquisitoren aus. Berühmte und zum Teil auch gefürchtete Kölner Inquisitoren waren zum Beispiel Kalteisen und Sprenger, wenn auch Sprenger wesentlich weniger Zauberinnenverfolgung betrieben hat, als früher unterstellt wurde.[11] Er verschaffte jedoch der Kölner Universität einen Ruf als harte Zensurbehörde. Schon im 16. Jahrhundert trugen die Kölner Dominikanerpriore nur noch theoretisch zu den Verfolgungen bei, sie konzentrierten ihre Aufmerksamkeit auf Protestanten.[12]

Der Inquisitor mußte vorab eine öffentliche Predigt halten, um die Bevölkerung über den Sachverhalt und das definierte Delikt zu informieren (und zur Denunziation aufzurufen). Wer sich selbst stellte, erhielt eine mildere Strafe, und wenn die Beschuldigte die Tat zugab, erübrigten sich ZeugInnenvernehmung und Folter. Andernfalls genügten zwei Aussagen von ZeugInnen als Schuldbeweis. Die Namen der Besagenden wurden in der Regel der Beklagten bekannt gegeben.

In der Frühzeit wurden »nur« kirchliche Strafen wie Wallfahrt oder Exkommunikation ausgesprochen, an Ehrenstrafen waren die öffentliche Auspeitschung oder das Tragen von Schandsymbolen durch den Ort vorgesehen. Das frühe inquisitorische Strafsystem zielte so auf Abschreckung und Besserung, nicht auf eine Bestrafung, die nicht zur Einsicht in das sündige Tun beitrug.[13] Die Todesstrafe für KetzerInnen folgte jedoch recht bald. Da Geistliche keine Todesstrafe verhängen konnten, übergaben die Inquisitoren die Beschuldigten den weltlichen Behörden, die dann das Todesurteil aussprachen und vollstreckten.

Das letzte Verfahren vor dem Inquisitionsgericht fand in Köln 1489 gegen einen Astrologen statt.[14]

Rat

Bereits im 15. Jahrhundert führten in Köln auch weltliche Behörden Verfolgungen durch, so verantworteten sie auch den ersten Prozeß von 1446. Der Magistrat als obrigkeitsstaatliches Gebilde fühlte sich geradezu gezwungen, schädigende ZauberInnen zu verfolgen, insofern er sich als »Wahrer einer Heilsgemeinschaft« begriff.[15]

In Köln gab es eine spezifische Rechtssituation, die auf vielfältige Weise in die Hexenverfolgungen hineinspielte: Die Rivalität der Reichsstadt mit dem Kölner Erzbischof. Obwohl Köln seit 1288 de facto, seit 1475 auch de jure eine Freie Reichsstadt war, blieb die hohe Gerichtsbarkeit über Jahrhunderte in der Hand des früheren Herrschers, des jeweiligen Erzbischofs, und wichtige Behörden agierten im Schatten der Metropolitankirche – Stoff für einen Jahrhunderte währenden Konflikt. Der Geistliche war zwar 1288 aus seinem ehemaligen Erzbistumssitz nach Bonn bzw. Brühl (Sommerresidenz) vertrieben worden, aber er behielt einzelne Rechte wie die hohe Gerichtsbarkeit bei. Immer wieder suchten und fanden die selbstbewußten freien Stadtbürger Gelegenheit, die Anordnungen des Erzbischofs nur schleppend durchzuführen, so vermutlich auch in der Frage der Hexenverfolgung, wie entsprechende Kritik Anfang des 17. Jahrhunderts nahelegt.[16]

Kölner Repräsentanten um 1633: Bürgermeister und Untertanen tragen die neue spanisch beeinflußte Tracht des 17. Jahrhunderts (Halskrause) – Kupferstich von Wenzel Hollar, 1656 (Große Ansicht der Stadt Köln), Kölnisches Stadtmuseum

Die Stadt hatte ein Pfand: Sie besaß das Vorrecht, die erste Entscheidung zu fällen, ob ein Delikt überhaupt in die Kompetenz des Bischofs fiele. In dieser Voruntersuchung ging es darum zu klären, ob der Blutbann, das Recht des ehemaligen Stadtherrn über Leben und Tod, berührt wäre. Nur wenn der Rat es so entschied, gelangte ein/e Angeklagte/r an das erzbischöfliche Gericht. Der Rat saß an der Schaltstelle zu entscheiden, ob es einen Prozeß geben sollte oder nicht.

Die Stadt war immer dann verpflichtet, DelinquentInnen an das Hohe weltliche Gericht (HwG) auszuliefern, wenn der Fall über einen sogenannten Anfangsverdacht hinausging und Indizien für ein Kapitalverbrechen vorlagen.[17] Diese Machtzuweisung könnte ungewöhnlich erscheinen, da – wie erwähnt – üblicherweise Geistliche gerade nicht über Leben und Tod urteilen durften. Es ging bei dem Kölner Modell jedoch um ein altes Privileg, bei dem der Erzbischof als weltlicher Stadtherr angesprochen war. Er delegierte die Entscheidung wiederum an ein Gericht, das mit Laien besetzt war.

Dieser »institutionelle Anachronismus«, die Trennung zwischen Hochgericht und Rat, wirkte laut Schwerhoff »verfolgungshemmend«.[18] In den Zeiten, in denen in fast allen umliegenden kurkölnischen Gemeinden geradezu eine »Wettbewerbsstimmung« darüber aufkam, wer am meisten zur Ehre Gottes beitrüge, war in Köln das Klima nicht ganz so hysterisch. Dem lag keineswegs eine Ablehnung der Idee von der Bedrohung durch Hexen zugrunde – auch Ratsherren fürchteten magische Praktiken; vielmehr überstellte die Ratsversammlung nicht jede Verdächtige, die anderswo hingerichtet worden wäre, eilfertig an den Greven, weigerte sich, Hinweisen aus dem Umland zu folgen und »Hexen« zu verhaften, und ließ Angeklagte frei.[19] Der Rat ging »sogar« 1628 gegen EinwohnerInnen vor, die leichtfertig Beschuldigungen gegen MitbürgerInnen erhoben hatten.[20] Vielleicht kam auch zum Tragen, daß Mehrheitsentscheidungen, Meinungsbildung innerhalb juristischer Kollektive, stärker vor Hinrichtungen schützten als die Entscheidung eines einzelnen Landesherrn.

Der Rat mußte auf der anderen Seite bedenken, nicht in den Ruf zu kommen, »Hexen« zu begünstigen.[21] Daß er sich trotz massiver Kritik des Erzbischofs und seiner Untergebenen in seiner Verfolgungspraxis stark fühlte, zeigt die Tatsache, daß er im Jahre 1630 den Dechanten Heinrich Glimbach, der eine schriftliche Anklage gegen die Stadt wegen mangelnden Ernstes bei der Ausrottung der schädigenden »Hexenbrut« verfaßt hatte, zu einer öffentlichen Rücknahme der Beschuldigung zwang. Aber da hatte der Rat auch gerade über dreißig Todesopfer gebracht …

In Einzelfällen agierte der Rat bzw. seine Behörden denn auch einträchtig mit den erzbischöflichen Richtern, etwa im Fall Henot[22] oder wenn die Stadt sich 1629 auf Verhandlungen mit Schöffen über die Hexenprozesse einließ, um gemeinsam gegen das Hexenunwesen zu kämpfen.

Der Rat zeigt insgesamt eine recht uneinheitliche, unentschiedene Untersuchungs- und Verhörpolitik, mal stand die Verfolgung im Vordergrund, mal das Zaudern.[23] Dabei ließen sich die Ratsherren der größten deutschen Stadt nicht schnell von einer Fraktion (Verfolgungsbefürwortern oder Verfolgungsgegnern) instrumentalisieren. Sie folgten weder willig dem Erzbischof noch blind den Menschen aus dem VerfolgerInnenmilieu.

Die Hexenverfolgung wurde offenbar auch nicht als Mittel der Krisenbewältigung genutzt; der Rat setzte die Prozesse weder zur politischen Stabilisierung und Harmonisierung in aufgewühlten Zeiten, noch zur Monopolisierung der Konfession ein – die Hexenverfolgung diente höchstens dazu, seine souveräne Herrschaft gegenüber dem Erzbischof zu betonen. Dies wirkte sich eher positiv für die verfolgten Frauen, Männer und Kinder aus.

Erzbischof ...

Fürsten und Stadtherren hatten spätestens seit dem 16. Jahrhundert (mit dem Erscheinen der Carolina) eigene Eingreifmöglichkeiten und -pflichten in ihrem Territorium. Zu diesen Herrschern gehörten auch geistliche Kurfürsten wie der erwähnte Kölner Erzbischof. Er war in einem recht großen Territorium, dem Erzstift, weltlicher Landesfürst und bestimmte die Ausrichtung der Hexenpolitik im heutigen Nordrhein-Westfalen entscheidend mit. Nur in Köln stellte das Voruntersuchungsrecht des Rates eine massive Einschränkung seiner Kompetenzen dar und bewirkte eine Unbeweglichkeit der Gerichtsbarkeit: Über diese »seine« BürgerInnen konnte der Erzbischof nicht nach Belieben richten. Das hatte auf dem Gipfel der Hexenverfolgungen Auswirkungen auf viele Frauen, denn während in Kurköln schon die Scheiterhaufen loderten, überlegten die Ratsherren noch, inwieweit Schadenszauber vorlag und die Delinquentin zum Greven überstellt werden mußte, oder inwieweit es vielleicht »nur« um eine nachbarschaftliche Auseinandersetzung ging, bei der eine Ermahnung oder ein Stadtverweis ausreichten.[24]

Selbstverständlich waren die konkreten Anstrengungen auch von der jeweiligen Persönlichkeit geprägt: So tat sich Hermann von Wied 1538 durch Gegnerschaft zur Hexenverfolgung hervor und entzog durch seine Zweifel an der Theorie von den Luftfahrten der Frauen dem Wahn in der Region vorübergehend eine wesentliche Prämisse.[25] Ausgerechnet unter den katholischen Fürstbischöfen finden sich aber auch die aggressivsten Hexenjäger.

... Ferdinand von Bayern

Die unbestrittene Nummer 1 der Hexenverfolger des 17. Jahrhunderts war der Kurkölner Ferdinand von Bayern aus dem Haus Wittelsbach. Zu seiner Amtszeit (1595 bzw. 1612-1650) erlebte die Kölner und Kurkölner Hexenverfolgung ihren absoluten Höhepunkt – im Umland von Köln sollen die Scheiterhaufen so stark gebrannt haben, daß die Rauchwolken noch in Köln zu sehen waren.

Sein Beispiel zeigt, welch großen Einfluß eine Einzelperson nehmen konnte.[26] Allein in Köln starben an die 30 Frauen und ein Mann im Feuer; von sieben Frauen und einem Jungen, die in seine gerichtliche Verantwortung übergeben wurden, fehlen weitere Nachrichten.

Der hochadelige fromme Ferdinand kam Ende des 16. Jahrhunderts als 18jähriger Jesuitenschüler ins Bistum, um seinen unwilligen und liederlichen Onkel zu vertreten, und erledigte die Aufgabe mit Bravour. Er kümmerte sich – ganz im Sinne der Reformbestrebungen von Rom – um alles, seien es neue Gesangbücher, Karnevalsverbote, die Abschaffung der Priesterliebchen oder die desolate Finanzlage.

Gegenreformer und Hexenfeind Ferdinand von Bayern aus dem Haus Wittelsbach, über mehr als 50 Jahre Herrscher über Kurköln – Kupferstich, vermutlich 17. Jh.

Der »Senkrechtstarter« war nach mehrmaligen Disastern mit Erzbischöfen, die Protestanten geworden waren (und sogar geheiratet hatten), der erste, dem Wiedergewinnung der übergetretenen Schäfchen und strenge Führung der Seelen ein tiefes Bedürfnis war. Sein Ziel waren die Festigung und Vertiefung des Glaubens und eine katholische Reform des Erzbistums im Sinne des Konzils von Trient. Dafür war besonders die Priesterausbildung relevant. Auch die Ausmerzung alles Abergläubischen betrieb er mit Eifer. Den Hexenglauben begriff er nicht als Volksglauben und Blendwerk, sondern er verschärfte ihn und machte den Kampf gegen die Zauberinnen/Hexen zu seiner Herzenssache. Noch als sogenannter Coadjutor – bevor er de jure Erzbischof war – erließ Ferdinand ohne äußerlichen Anlaß, außer »zu Gottes und seiner Heiligen Ehre ... auf göttlichen Befehl«[27] eine Hexenordnung (1607)[28]; diese basierte auf der weltlichen Gerichtsordnung Carolina und erläuterte seinen Richtern die dortigen Bestimmungen, wobei er ihnen in manchen Punkten ein gewisses Ermessen ließ. Grundsätzlich ging es ihm darum, Richtern, Geistlichen und Schöffen, die Hexenprozessen gegenüber skeptisch eingestellt waren, »zu einer strengeren Durchführung der Verfolgungen anzuhalten«.[29] Der Text bestimmte, die Hexen seien wegen einer Anklage »nur« einmal zu foltern, außer es gäbe neue Indizien (diese waren ggf. nicht schwer zu beschaffen). Die Einschränkung entspricht dem »Hexenhammer«, der Ferdinand sicher bekannt war.[30] So erklärt sich auch ein Kölner Spezifikum: Die Kurkölnische Hexenordnung hob – abermals in Einklang mit dem »Hexenhammer« – besonders die Hebammen als zu Verfolgende hervor. In Ferdinands Amtszeit wurden in der Stadt Köln – im Vergleich zum Reich – außergewöhnlich viele Hebammen hingerichtet – ein Einfluß des Werkes auch auf die Stadt Köln ist nicht auszuschließen.

Der engagierte Hexenverfolger Ferdinand ließ die im Rheinland so verehrten Marienfiguren auf die Nebenaltäre verbannen; auf die Hauptaltäre durfte nur noch das auf Christus bezogene Tabernakel gestellt werden.[31] Auch seine Vorliebe für Geißelprozessionen spricht nicht für eine lebensbejahende positive Lebensauffassung. Kennzeichnend für die frauenfeindliche Mentalität Ferdinands, seine zirkuläre Wahrnehmungsstruktur und die Ignorierung jeglichen weiblichen Schamgefühls ist die folgende Passage:

Wenn »*die Angeklagte zittert oder verwirrt erscheint, das Haupt neigt und den Blick zur Erde senkt, so hat sie wohl ein schlechtes Gewissen, und wenn gar die Angeschuldigte bei ihrer Verhaftung klagt: nun ist es mit mir vorbei und dergl., so liegt darin ein höchst sicheres Anzeichen der Schuld*«.[32]

Mit 35 Jahren war Ferdinand »endlich« selbst Erzbischof geworden (1612). Bald ging er auch praktisch gegen Protestantismus und Hexerei vor. Eine erneuerte Hexengerichtsordnung aus dem Jahre 1628 (kurz nachdem die kurkölnische Verfolgungswelle angefangen hatte) bekräftigte anlaßgemäß noch einmal die Anordnungen von 1607. Die meisten Prozesse sowohl in Köln als auch in Kurköln fanden im direkten Anschluß an diese zweite Verordnung statt.[33] Weil er auf die Ratsherren der Stadt Köln wenig Einfluß hatte, bezeichnete er diese als »*Patroni Veneficarum*« (Verteidiger der Zauberinnen).[34] Sie engagierten sich seiner Meinung nach nicht genug für die Ausmerzung der Zauberinnen. Und er unterstützte den Ratskritiker Glimbach in seinem Kampf gegen die Stadt Köln.

Seine erfolgreichen Anstrengungen um eine Konsolidierung der Finanzen und bessere Ausbildung des Klerus seien ihm unbenommen, daß er in der Region dem Katholizismus zum Monopol verhalf, den Glauben restaurierte und reformierte,[35] kann unterschiedlich bewertet werden. Aber seine Mitverantwortlichkeit für ca. 2.000 ermordete als Hexen verbrannte Menschen kann ihm keiner absprechen.[36]

Sein Nachfolger bewirkte in seinen ersten zwei Amtsjahren die Hinrichtung eines seit zwei Jahren inhaftierten Mädchens, das nun volljährig geworden war. Danach waren die »Hexen« nur noch ein Thema beim Eid der Hebammen.

Hohes weltliches Gericht (HwG) und Greve

Das HwG, ein Schöffengericht, tagte auf dem Domhof. Es war das wichtigste Instrumentarium für die erzbischöfliche Hexenverfolgung in Köln. Das HwG hatte die Kompetenz, in Kriminalsachen aus dem ganzen Stadtbezirk auf Leben oder Tod zu erkennen. Seitdem der Erzbischof nicht mehr selbst als höchster Richter urteilte, tat dies stellvertretend für ihn der Burggraf, genannt Greve (Graf). Der Greve unterstand zunächst dem kurfürstlichen Hofrat und dann dem Erzbischof.

Der Beamte nahm bei der ritualisierten Übergabe (Lieferung) die Gefangenen aus der Hand der Ratsdeputierten und Gewaltmeister in Empfang und war an allen weiteren wichtigen Prozeßvorgängen beteiligt. Da die Basis der Beurteilungen des HwG die Akten aus dem Vorverfahren der Stadt (Turmverhöre) waren, wurden diese hier sicher mitgeliefert. Sodann trat das Schöffengericht[37] unter dem Vorsitz des Greven zusammen, weitere Verhöre wurden durchgeführt, diesmal unter Anwendung der Folter. Nicht selten erkannten die Schöffen bei Hexerei/Zauberei auf Hinrichtung, und der Greve zerbrach symbolisch einen Stab. Die symbolische Geste der Erhebung des Richterstabes durch den Greven war auch das Signal für den Henker, daß er »vom Leben zum Tod« richten sollte.

Juristen bei einer Hinrichtung, der Richter ist am Richtstab zu erkennen – Holzschnitt von Hans Schäuffelein: Die Schadenszaubertaten der Hexen, Illustration zu Ulrich Tenglers »Der neü Leyspiegel«, 1511 (Ausschnitt)

Schöffen

Die Schöffen, zuständig für die Urteilsfindung bei erzbischöflichen Hexenprozessen, waren Kölner Bürger. Das sieben- bis zehnköpfige Gericht ergänzte sich selbst, denn die amtierenden Schöffen bestimmten die neuen. Es formte sich jeweils eine recht kontinuierliche Gruppe, weil die Mitglieder lebenslang bestellt wurden. Sie waren an vielen Rechtsakten rund um die Hexenprozesse beteiligt, so an den zweiten Verhören, an der Suche nach Hexenmalen, sie begleiteten die Folterungen, sprachen die Todesurteile aus und gingen zur Hinrichtung bzw. bereiteten zusammen mit den Turmschreibern die »letzte Stunde« der DelinquentInnen auf Melaten vor.

Auf dem Kölner Stadtgebiet konnten die Schöffen nicht eigenständig auf Hexensuche gehen, weil sie in der Stadt kein Ermittlungsrecht besaßen; sie blieben so lange passiv, bis ihnen der Rat Beschuldigte aushändigte.

Die Schöffen waren insofern in einer ambivalenten Position, als sie im Namen des Erzbischofs sprachen und auf ihn eingeschworen waren, aber andererseits auch Kölner Bürger mit der Pflicht zum Immobilienbesitz in der Stadt.[38] Obwohl die Schöffen im religiösen Sinn Laien waren, beschäftigten sie sich mit geistlichen Themen. Daß sie auch Laien im beruflichen Sinn waren, ist zu bezweifeln, die meisten von ihnen waren Fachjuristen und hatten eine Ausbildung an der Kölner Universität absolviert.[39] Sie mußten sich in eine schwierige und akademisch-theologische Materie einarbeiten, wie sie das Delikt Zauberei mit seinen ganzen päpstlichen Dekreten und Einflüssen des römischen Rechts darstellt. Diese Richter waren sicher eine primäre Zielgruppe der gelehrten Traktate.

Schöffe zu sein war aber ein sehr angesehenes Amt, für das außergewöhnlich kostenträchtige Jurastudium gab es im Tausch den höchsten akademischen Nimbus. Die Mitglieder des Hohen weltlichen Gerichts gehörten zur städtischen Elite. Durch ihre verwandtschaftlichen Verknüpfungen mit den Ratsfamilien haben Ratsmitglieder sicherlich hin und wieder versucht, auf Urteile einzuwirken.[40]

Die Einstellung der Schöffen zum Hexenglauben war ausschlaggebend für den Ausgang des peinlichen Verfahrens, denn sie mußten nicht das Todesurteil aussprechen – andere Strafmaßnahmen waren möglich. Auch wenn nicht alle Schöffen als verfolgungslüstern bezeichnet werden können, so sind doch gerade im 17. Jahrhundert einige »Hardliner« unter ihnen auszumachen, zum Beispiel die Schöffen Rommeswinckel, Aldenhoven und Birkmann.[41]

O-Ton eines Kölner Schöffen
Dr. Johannes Rommeswinckel, Mitglied des HwG und damit für die Aburteilung von Hexen und die Verhängung der Todesstrafe zuständig, seit 1612 Schöffe, in den 1620er Jahren in der Eifel reisender Kommissar, Hexenverfolger, schrieb 1589 über das Wesen und Wirken der Hexen:
»Zuerst verleugnen sie Gott, sie sagen ihrer einst empfangenen Taufe ab, sie schließen ein Bündnis mit Tod und Hölle, bringen dem Teufel kultische Ehre dar und ergeben sich seiner ewigen Dienstbarkeit; sie pflegen geschlechtlichen Unfug mit den Teufeln, sie werden von diesen aufgenommen und nachts durch die Luft nach fernen Gegenden getragen, wo sie Zusammenkünfte abhalten und sich gegen das Wohl aller Menschen verschwören, um nämlich durch ihre Zaubersprüche und schändliche Beschwörungen die Erdkräfte zu erschüttern, Gewitter und Stürme hervorzurufen, die Früchte von Feldern und Gärten zu verderben, Menschen und Vieh zu töten, Neugeborene zu ersticken und ihre Leichen zu Asche zu verbrennen, um die Asche für ihre schändlichen Zaubereien zu gebrauchen; sie verhindern den Zeugungsakt bei Männern, Weiber machen sie unfruchtbar; das allerheiligste Sakrament zermalmen sie, zertreten es und werfen es dann in ihre Töpfe, um ihrer abscheulichen Bosheit zu frönen; und ferner üben sie allerhand anderen Unfug und Schandtaten, welcher ein frommer Mensch zu gedenken sich schämt.«
(zit. nach Siebel, S. 84)

Schwerhoff konstatiert beim Schöffengericht einen »Einstellungswandel« bzw. einen »Wandel des Verfolgungsklimas« parallel zu Neuberufungen von fast 10 Schöffen nach 1604. Inwieweit ausgerechnet die Zuwahl von richtigen »Hexenjägern« zu den Kölner Prozessen zwischen 1627 und 1630 beitrugen, ist jedoch fraglich. Dieses Argument läßt außer acht, daß vorher aus der Bevölkerung gehäuft Denunziationen erfolgt sein müssen, die Turmmeister öfter auf Schadenszauber hin erkannt und die Ratsmitglieder vermehrt entschieden haben müssen, der Hexerei Verdächtige an den Greven bzw. das HwG auszuliefern. Die Schöffen bilden nur den letzten Stein im Verfolgungsgebäude.[42] Eher ist zu fragen, ob die straffe Vernichtungspolitik des Erzbischofs vor den Toren der Stadtmauer ab 1626 unbewußte oder auch beabsichtigte Wirkungen auf StadtbewohnerInnen, Ratsherren und Schöffen zeigte – einfach weil es nicht sein konnte, daß in Köln tatsächlich keine Hexen existieren sollten.

Wenn die Schöffen auf dem Höhepunkt der Hexenverfolgung die mehrfach besagte Elßbeth von Schwelm freiließen, so kann dies als rationales Verhalten gedeutet werden, im Sinne von »die Schöffen machten doch Unterschiede je nach Sachlage ...« Da jedoch hinter den sonstigen Entscheidungen aus dem bisher ausgewerteten Aktenmaterial keine solche Logik erkennbar wird, kann der Einzelfall genauso gut als Gegenteil verbucht werden: Daß solchen Institutionen Irrationalität innewohnt, daß immer einmal gegen die Gesetzeslage einzelne Menschen freikommen können, das wissen wir spätestens aus der NS-Forschung.

Generalvikar

Der Generalvikar führte die Befehle des Kurfürsten aus oder gab sie weiter. Er reiste viel herum, war immer vor Ort und führte Visitationen durch, er kontrollierte die Geistlichen in den Pfarreien zu den Punkten, die der Kurfürst jeweils vorgab.[43] Ein Generalvikar namens Johannes Gelenius war auch in den Fall Henot/»Langenbergerin« involviert: Er nahm an den Verhören teil und versuchte noch kurz vor der Hinrichtung, sie zu einem Geständnis zu bewegen. Er forderte auf Befehl Ferdinands, also dienstlich, alle Geistlichen zu Predigten gegen das »abscheuliche Laster der Hexerei« auf, solidarisierte sich aber privat mit Hartger Henot, als dieser von der Plum beschuldigt wurde. Wie Becker herausgefunden hat, war Hexerei erstaunlicherweise bei den Bereisungen kein Befragungsthema, es wird in den Visitationsprotokollen fast nie genannt. Auch Gelenius nutzte seine Visitationsmöglichkeit nicht zur Intensivierung der Hexenverfolgung. Oft wurde, wenn eine »Hexe« erwähnt wurde, diesem Hinweis an höherer Stelle nicht gefolgt.

Hohes geistliches Gericht (HgG)/Offizialat

Im Fall Henot wurde ein Offizial erwähnt, er war der jeweilige Leiter des Hohen geistlichen Gerichts. Es war möglich, auch als weltliche Person darum zu bitten, vom HgG (Offizialat) im erzbischöflichen Palast gerichtet zu werden, obwohl es eigentlich für Klagen von oder gegen Geistliche/Universitätsangehörige sowie bei »geistlichen Sachen« vorgesehen war.[44] Die Stadt versuchte zu verhindern, daß Prozesse vor das HgG verlagert wurden, da sie darauf am wenigsten Einfluß hatte.[45] Das geistliche Gericht als Gerichtsstand gab die Sicherheit, die juristisch am besten ausgebildeten Richter vorzufinden.[46] Damit muß sich die Hoffnung auf Besonnenheit verbunden haben. Und: Die Strafmöglichkeiten waren geringer, so zum Beispiel der Ausschluß von gottesdienstlichen Handlungen oder aus der Gemeinschaft der Gläubigen.

Die Haltung der bischöflichen Richter zur Hexenverfolgung hing sicher jeweils auch vom obersten Dienstherrn ab.

Päpstlicher Nuntius

Der päpstliche Vertreter in Köln, seit 1583 angesiedelt, um das wichtige Erzbistum vor dem Unglauben zu bewahren, hielt sich aus den Hexenverfolgungen deutlich heraus. Der Nuntius berichtete anscheinend nichts von Verfolgungen oder brennenden Scheiterhaufen nach Rom, was bedeuten kann, daß er ihre Bedeutung gering erachtete. Dies erstaunt insofern, als in Italien fast überhaupt keine Frau verbrannt wurde, es hätte ihm daher berichtenswert erscheinen können. Immerhin fiel das Thema Zauberei in den Bereich Ketzerei hinein. Offensichtlich interessierte sich die Kurie für »Hexen« bei weitem nicht so wie die fanatisierten deutschen Bischöfe.

Hexenkommissare

Die kurkölnischen Hexenkommissare waren eine Instanz der kurfürstlichen Hexenordnung; sie waren besonders präsent während der kurkölnischen Verfolgungswelle von 1626-1630.[47] Der Alltag dieser Spezialbeamten ist noch nicht eindeutig zu fassen. Mit Sicherheit handelte es sich um sehr gut ausgebildete Juristen, die auf Anforderung agierten, indem sie Laiengerichte, das heißt, die Schöffenrichter auf dem Land und in den Kleinstädten, in die Feinheiten des römischen Rechts einwiesen. Die von dörflichen Querelen unbeeindruckten Juristen erhielten die Akten und forschten ggf. selbst vor Ort. Waren sie einmal involviert, stellten sie sich aufgrund ihrer Fachkenntnisse oft an die Spitze der Verfahren. Durch ihre Spezialisierung als »schnelle Eingreiftruppe« waren sie fanatische Hexenfeinde. Viele von ihnen verfaßten Hetzschriften sorgten für Prozeßvereinfachungen (Beweisrecht) und setzten vor Ort Kettenprozesse in Gang, denn wo eine Hexe war, mußte es nach ihrer Ideologie noch mehr geben. Daß mit Rommeswinckel, Blankenberg, Liblaer und von der Dussel einige von ihnen zugleich Schöffen des Kölner Schöffengerichtes waren, wirft wiederum ein Licht auf die Geisteshaltung dieser Institution. Der unheilvollste Vertreter war Franz Buirmann, ein skrupelloser Jurist, ein zugleich dämonisch-sadistischer und gewinnsüchtiger Beamter.[48] Wer meint, es habe zum großen Teil mit der Haltung der Juristen zu tun, daß sich kein größerer europäischer Hexenwahn entwickelt habe, der kann nicht die Hexenkommissare im Blick gehabt haben.

Die Kölner Universität

Die Kölner Universität – eine päpstliche Zensurbehörde für Veröffentlichungen – bot Inquisitoren wie Sprenger und Hoogstraeten Möglichkeiten, als Professor der Theologie zu lehren. Und sie bildete an der Jura-Fakultät die Hexenrichter aus. Nicht nur Spee schrieb den Juristen eine große Verantwortung für die Hexenverfolgungen zu: zehn der elf Hexenkommissare des beginnenden 17. Jahrhunderts hatten die Kölner Universität absolviert und auch fast alle Kölner Schöffen. An der Kölner Universität lehrten zu dieser Zeit zwar keine berühmten Juristen, aber ein Professor tat sich explizit durch Anti-Hexentraktate hervor. Er versuchte, die Beweisbarkeit der Hexensektenzugehörigkeit zu erleichtern – ein Grundlagenproblem der Hexenprozesse war, daß die Verbrechen nicht beweisbar waren.[49] Andere drohten, das Anti-Folter-Buch des Jesuiten von Spee auf den Index setzen zu lassen.

An die Juristenfakultät der Kölner Universität erinnert noch heute der Straßenname »An der Rechtschule« – Neubau von 1621 mit Wappen über dem Eingang, später Taubstummenschule und Kunstgewerbemuseum, nach einer Tuschezeichnung von G. Odenthal, ca. 1840

So kann die juristische Fakultät als Multiplikator einer rigiden Einstellung gegenüber dem Hexenproblem betrachtet werden. Erst nach 1650 wurden die Juristen vorsichtiger und skeptischer, sie kritisierten nun schon mal die Prozeßform und die praktische Durchführung der Prozesse.[50] In Köln waren die Kritiker aufgrund des späten Zeitpunkts kein Faktor für die Beendigung der Prozesse, diese endeten zu der Zeit aufgrund ausbleibender Besagungen.

Pfarrgeistliche

Pfarrgeistliche und Priester trugen durch Predigten, in denen sie die Theorien der Dämonologen im Volk bekannt machten und so die Furcht, die Projektionen und die Denunziationen erhöhten, zu Hexenverfolgungen bei.

Geistliche begleiteten die zum Tode Verurteilten auf die Richtstätte – Kupferstich zu »Geistliche Exerzitien des Ignatius von Loyola«, Ausschnitt, Antwerpen 1676

Einige von ihnen waren insofern auch direkt in Prozesse verwickelt, als sie zu Verhören zugezogen wurden. Geistliche sollten sogar Tag und Nacht im Turm bei den Verhafteten weilen, was sie sicher nicht taten,[51] – und wenn sie es taten, war diese Anwesenheit nicht in jedem Fall zum Besten der Angeklagten. Als fanatische Hexenverfolger sind nur Ausnahmegestalten zu benennen, so in den Fällen Plum und Catharina sine cognomine. Eine Korrelation zwischen ansteigendem Bildungsniveau der Gemeindepfarrer und endender Hexenverfolgung ist für Köln nicht herzustellen, da eine wirklich breite Ausbildung erst zum 18. Jahrhundert hin durchgesetzt werden konnte.

Gewaltrichter

Die städtischen Gewaltrichter, zwei ehemalige Ratsherren, übernahmen für den Rat das ihm zustehende Verhaftungsrecht, sie nahmen vermeintliche StraftäterInnen fest und brachten sie in die Stadttürme. Diese »Polizeirichter« waren des weiteren zuständig für Friedensdelikte, für die Übertretung von Polizeigesetzen und für das Erlassen von Sitten- und Luxusgesetzen. In ihrem Rahmen konnten sie Turmhaft, Leibstrafen und Geldstrafen verhängen.[52]

Die Gewaltrichter weigerten sich bisweilen, Urteile des HwG zu vollstrecken aus dem Impetus heraus, dessen Zuständigkeit zu beschränken; in Bezug auf Hexenprozesse ist ein solches Verhalten jedoch nicht aktenkundig geworden.

Gewaltmeister/Gewaltrichterboten

Die Gewaltmeister waren die frühneuzeitliche Polizei, zuständig unter anderem auch für die Prostituierten. Auch die Gewaltrichterboten waren »Büttel« des Gewaltrichters, sie führten einfachere Aufgaben durch wie Pfänden oder Verhaftungen.

Syndici

Ein Syndicus war ein juristisch gebildetes Ratsmitglied mit gerichtlicher Funktion. Die Syndici waren verantwortlich für die Durchführung der ersten Nachforschungen, die Verhöre und für die Vorentscheidung über den weiteren Gang des Verfahrens. Über ihre Darstellungen und Vorschläge (Relatio) entschied dann der gesamte Rat. Ferner waren sie Berufungsinstanz für städtische Gerichte.

Stimmeister

Die Stimmeister waren gleichfalls städtische Beamte, die auf Gerüchte hin die ersten Nachforschungen, vor allem über den Ruf einer angeklagten Person, anstellten. Sie waren mit Turmmeistern und ggf. Syndici auch bei den ersten (städtischen) Verhören anwesend.

Turmmeister

Nach der Voruntersuchung führten diese städtischen Beamten die ausführlichen Verhöre im Turmgefängnis durch (ohne Folter). Die Aufzeichnungen waren mit einem Gutachten der städtischen Syndici zusammen Basismaterial für die Entscheidung, ob der Fall an das

HwG gehen sollte oder nicht. Sie waren auch für das Untersuchungsgefängnis zuständig – eine Art Kerkermeister. Ihre Frauen versorgten oft die inhaftierten DelinquentInnen.

Verteidiger

In manchen Verfahren hat das Kölner Hohe weltliche Gericht Verteidiger zugelassen. Die Familie Henot hatte in ihrem aktuellen Rechtsstreit gegen die Taxis schon mehrere Anwälte eingeschaltet, und auch Katharina wollte in ihrem Hexereiprozeß selbstverständlich einen Verteidiger zuziehen. Das wurde ihr nicht vergönnt: Dem Anwalt Lorenz Mey wurde keine Akteneinsicht gewährt, und so konnte er nicht viel ausrichten. Bei der römischen Inquisition war die Heranziehung eines Advokaten durchaus erlaubt gewesen, auch konnten notarielle Abschriften der gegnerischen Beschuldigungen eingesehen, Argumente zur Entkräftigung der Anklage vorgebracht oder ZeugInnen der Verteidigung geladen werden. Katharina versuchte diese Strategien anzuwenden, um ihre Unschuld zu beweisen, aber sie wurden in ihrem Verfahren nicht zugestanden.

Kölner Henker – Zeichnung aus einem Schmähbrief von 1464

Henker

1427 wurde erstmals ein Henker erwähnt, die Einrichtung muß jedoch älter sein. Der Henker – in Köln eher Scharfrichter genannt – übte einen »unehrenhaften« Beruf aus, weswegen seine Arbeit – und seine Familie – stark tabuisiert waren.[53] Er unterstand hier dem Erzbischof, weil dieser über den Blutbann verfügte. In den Urkunden wird der Name des Henkers verschwiegen, hingegen wird er immer als »Meister Hans« aufgeführt. Dieses anonyme Vorgehen hängt mit der Ambivalenz seines Berufes zusammen. Auch der »*Scharprichter*« und die »*Boiden*« unterlagen der Geheimhaltungspflicht.

Sobald die Delinquentin dem Greven überstellt wurde, trat der Scharfrichter in

Aktion – mit der Folter. Später dann war er für die Hinrichtung zuständig – er muß die jeweils benötigten Gerätschaften wie Pfosten, Heu, Seile, Leitern, Schaufeln und Schwert stellen.

Der Scharfrichter sollte sein Handwerk geschickt ausführen, sonst war der Akt des Tötens mit Schande verbunden. Es sind Kölner Berichte überliefert, in denen der Rat sich über besonders grausame Henker beschwerte.

Das »Schauspiel« der Hinrichtung folgte einer klaren Dramaturgie, unter anderem mahnten die DelinquentInnen die Menge und baten um ein Gebet für ihr Seelenheil.

Das Volk

Ohne die starke Teilnahme der Bevölkerung wäre es nicht zu einem solchen Ausmaß von Verfolgungen, Prozessen und Hinrichtungen gekommen. Schon die erste Kölner Hinrichtung einer Zauberin fand durch Volksjustiz statt (1074); auch im 17. Jahrhundert wurde noch einmal Lynchjustiz geübt (1610), weil der Rat nichts unternahm. Kurz darauf wurde das System der Hexenverfolgung insgesamt »nachfrageorientierter«. Die Hexenverfolgung wurde nicht auf Knopfdruck von oben in Gang gesetzt.

Menge bei der Hinrichtung eines Entführers in Köln im Jahr 1588 – Kupferstich, 16. Jh., Kölnisches Stadtmuseum

Die Behörden waren in der Mehrzahl eher »Manager der Hexenverfolgungen«, wie Briggs es benennt, als deren Anstifter. Als Ausnahmen sind Figuren an Einflußstellen wie Ferdinand von Bayern zu benennen, der in seinen Funktionen als Landesherr und als Behördenchef agierte.

Wirkliche Karrieristen, die sich von der Hexenverfolgung Aufstiegsmöglichkeiten erhofften, finden sich in Köln nur wenige.[54] Einige wenige Schöffen machten die Hexenverfolgung zu ihrem Thema. Wer immer eine neue Welle von Verdächtigungen in Gang setzte, konnte sich der breiten Akzeptanz der Bevölkerung gewiß sein. Hemmend wirkte weniger eine aufklärerische städtische Rationalität als die strukturelle Rivalität der stolzen Reichsstadt mit ihrem ehemaligen Stadtherrn.

Das Rathaus und seine Akteure – Kupferstich von J. Toussyn, um 1660

Männerjustiz?

Strafverfolgung von »Hexen« sind vom 15. bis 17. Jahrhundert Teil der Kölner Rechtspraxis, aber es waren auch geschlechterspezifizierte Verfahren. Nicht nur, daß es im Mittelalter geschlechterspezifische Strafmaße und Hinrichtungsarten gab. Sondern das Frausein war auch insofern eine Komponente der Prozesse, als den Frauen einerseits Macht, Verführungskraft, besondere magische Kompetenzen und andererseits gerade Schwäche, Verführbarkeit, und größere sinnliche Erregbarkeit zugeschrieben wurden. Da die Hexenhandbücher nahegelegt hatten, daß Frauen generell empfänglicher für die Angebote des Teufels seien als Männer, erwarteten die Mitglieder der weltlichen Verfolgungsinstanzen nach den Vorgaben der Theologen, daß eine Hexe weiblich sei.[55] Hexenprozesse entsprachen auch in ihrem Setting nicht dem Gerichtsalltag, denn es standen seltener Frauen vor Gericht. Das hatte zwei Gründe: Bei konventionellen Kriminaldelikten mußten sich weibliche Stadtbürger – zumindest außerhalb von Köln – durch die Person vertreten lassen, die die Vormundschaft über sie hatte, sei es der Mann oder der Vater.[56] Und: Frauen begingen in der Frühen Neuzeit nur um die

Die mit dem Teufel tanzt ... wird verbrannt – Zeichnung um 1570 (Wickiana), Zentralbibliothek Zürich (Ausschnitt)

sechzehn Prozent der Straftaten ...[57] Sie waren also auch seltener in Prozesse verwickelt.

In Köln gab es bedeutsame Ausnahmen. Kauffrauen und Handwerkerinnen konnten sich selbst vor Gericht zu ihren Handelsgeschäften bzw. Produkten äußern. Dieses Privileg wirkte sich auch auf private Verfahren aus.

Indem Männer über Frauen Recht sprachen und über ihr Leben oder Tod richteten, spiegeln die Hexenprozesse ein weiteres Mal die patriarchal ausgerichtete Gesellschaftsstruktur der Frühen Neuzeit.

Anmerkungen

1 vgl. Rogge, S. 385; zum folgenden Kapitel vgl. vor allem Schwerhoff, Köln; Trusen; Ahrendt-Schulte, Hexenprozesse, Decker und Schormann sowie das Kapiel »Gang des Verfahrens« im Anhang
2 vgl. Stollberg-Rilinger, S. 95
3 So auch der Ansatz von Schwerhoff in »Köln im Kreuzverhör«.
4 vgl. Ahrendt-Schulte, Hexenprozesse, S. 206
5 vgl. Burghartz, S. 159
6 vgl. Trusen, S. 212f.
7 So Petrus Dufina, ein Beisitzer am römischen Inquisitionsgericht (1580), vgl. Decker, S. 101
8 vgl. Decker, S. 101
9 vgl. Trusen, S. 212f.
10 vgl. Ahrendt-Schulte, Hexenprozesse, S. 204
11 vgl. den Ausstellungskatalog »Blühende ...« zu einigen Kölner Inquisitoren
12 vgl. Blühende, S. 53
13 vgl. Decker, S. 101
14 vgl. Siebel, S. 29f. Er vermutet, es habe im 15. Jh. schon Todesurteile gegeben, die bisher noch nicht bekannt seien.
15 Rogge, S. 392, Anm. 24
16 vgl. Siebel, S. 56; bzw. Schormann, Krieg, S. 56 und 108. Inwieweit die Kritik wiederum nur geäußert wurde, um die Ratsherren zu ärgern, und es nicht wirklich um die Sache ging, sei dahingestellt.
17 vgl. Schormann, S. 30
18 vgl. Schwerhoff, Hexenverfolgung, S. 47
19 Auch in der Frühen Neuzeit gab es die Möglichkeit, Berufung einzulegen. Laut den Statuten von 1437 war in Art. 3 die Möglichkeit zur »Schelte« am Urteil des HwG vorgesehen. Intendiert, um die Bedeutsamkeit des aufgezwungenen Gerichts zu limitieren, war es anscheinend kein Rechtsmittel, um Hexereiurteile aufzuheben und so »ein anderes Urteil zu verlangen« (vgl. Heppekausen, S. 8). Ob die Stadt die Berufung nicht zulassen konnte oder wollte, ist ungeklärt, die Leerstelle mag dadurch bedingt sein, daß auch die Ratsherren an die Schändlichkeit der Hexerei glaubten, und wenn einmal entschieden war, daß ein Indiz vorlag, gab es keine Veranlassung zu einer Rücknahme.
20 vgl. Siebel, S. 64 mit Verweis auf das Turmbuch
21 vgl. Siebel, S. 50
22 vgl. Schormann, Freiheit, S. 375
23 vgl. Schwerhoff, Hexenverfolgung, S. 23
24 Zu den Strafen vgl. im Kapitel Glossar: »Urteile«

25 vgl. Pauls, S. 192, und Siebel, S. 42. Er wollte den Canon Episcopi aus der fränkischen Zeit wieder ins Bewußtsein bringen, der den Flug der Zauberinnen als unchristlichen Aberglauben verworfen hatte.

26 vgl. Siebel, S. 44ff.; vgl. Schormann, Krieg, S. 109f.; vgl. Becker, Internetseite Ferdinand

27 Siebel, S. 45, mit Verweis auf die Erlaßsammlung von Scotti

28 Es scheint schon 1604 eine kurkölnische Verfahrensordnung für Hexenprozesse gegeben zu haben, auf die bezieht sich ein Protokoll eines Hofrates – diese ist jedoch nach bisheriger Kenntnis nicht überliefert; die Verordnung von 1607 war auch kein Gesetz, sondern eher eine Anleitung, vgl. Siebel, S. 43

29 Siebel, S. 45

30 vgl. Pauls, S. 201

31 vgl. Becker, Internetseite Ferdinand, S. 9

32 zit. nach Pauls, S. 220

33 vgl. Siebel, S. 46. Ein weiterer Erlaß des Erzbischofs von 1622 bedrohte die »Wichler« (Gaukler) und Wahrsager mit der Todesstrafe, vgl. Pauls, S. 202

34 vgl. Siebel, S. 46 und S. 164, Anm. 195; vgl. Schormann, Krieg, S. 56

35 vgl. Schormann, Freiheit, S. 271

36 vgl. Schormann, Krieg, S. 67, und Becker, Hexenverfolgung, S. 100

37 Es gibt die Vermutung, daß kollektive Gremien seltener als Hexen angeklagte Frauen zum Tode verurteilten als Individuen, vgl. Möhring, S. 252, Diskussionsbeitrag von Goldhammer; vgl. zu den Schöffen auch Schwerhoff, Köln, S. 72ff.; Siebel, S. 122ff.; L. Ennen, S. 764ff., und Schwerhoff, Hexenverfolgung, S. 34

38 Die Ratsherren forderten sogar einen Eid von den Schöffen, die eigentlich dem Erzbischof zu Loyalität verpflichtet waren. Sie verhinderten allerdings auch, daß bei einem städtischen Urteil Berufung beim Erzbischof eingelegt werden konnte.

39 Schöffen waren auf dem Land häufig juristische Laien.

40 Die Zwischenstellung zeigt sich auch daran, daß drei Schöffen 1437 die Stadtgesetzgebung (Statuten) mit formulierten und die Zustimmung des Greven zu ihr eingeholt werden mußte, vgl. Heppekausen, S. 8

41 vgl. Schwerhoff, Hexenverfolgung, S. 25f.

42 Für die Implikation, daß zuvor viele Frauen aus den Händen des Greven in die Freiheit gelassen wurden, gibt es keine Hinweise.

43 vgl. Becker, Hexenverfolgung, S. 112, und Siebel, S. 47 mit Verweis auf Akten des HStAD

44 vgl. Heppekausen, S. 10

45 vgl. Becker, Hexenverfolgung, S. 112

46 vgl. Heppekausen, S. 10

47 Zu der Zeit gab es mindestens elf Hexenkommissare in Kurköln; vgl. Schormann, Freiheit, S. 374; Schormann, Krieg, S. 80ff., Schwerhoff, Hexenverfolgung, S. 26 und Becker, Hexenverfolgung, S. 113-115

48 vgl. Becker, Hexenverfolgung, S. 116 und Schormann, Krieg, S. 62f., S.69-79. In Köln sind die Hexenkommissare kaum in Erscheinung getreten.

49 vgl. Peter Ostermann über Stigmata als Beweismittel gegen Hexen; vgl. Schwerhoff, Hexenverfolgung, S. 26f., Trusen, S. 206 (das Problem war die Unmöglichkeit eines Handhaftverfahrens, da »Hexen« selten »auf frischer Tat« ertappt wurden ...)

50 vgl. Trusen, S. 203

51 vgl. Siebel, S. 47

52 vgl. Schwerhoff, Köln, S. 51

53 vgl. Irsigler/Lassotta, S. 228-282

54 vgl. Schwerhoff, Hexenverfolgung, S. 47

55 vgl. Hufton, S. 348

56 vgl. Burghartz, S. 166

57 vgl. Schwerhoff, Köln, S. 178

Nachwort

Nach der zweiten großen Verfolgungswelle von 1626 bis 1630 kamen die Hexenprozesse in Köln für 15 Jahre beinahe zum Erliegen. Bis 1662, als die Verfolgung vermeintlicher Hexen ihr Ende fand, sind allerdings noch zehn Prozesse (mit vier Todesurteilen) geführt worden. Ebenso wie für das Entstehen der Hexenverfolgungen kann es auch für ihre Beendigung nur einen multikausalen Erklärungsansatz geben.

Schormann vermutet, daß ortsspezifische Ereignisse beim Ausklang der Prozeßwelle keine große Bedeutung hatten.[1] Einige Phänomene sprechen – zumindest bei den Kölner Fällen – dagegen: Die Entscheidungsinstanzen waren hier – anders als in den dörflichen Gemeinden – personell nicht mit dem Verfolgungsmilieu identisch. Die »moralischen Unternehmer«, Einzelpersonen, die die Hexenverfolgung zu ihrer Sache machten und forcierten (zum Beispiel der Dechant Glimbach, der Schöffe Rommeswinckel) konnten sich in Köln langfristig nicht durchsetzen. Im Rat, also innerhalb der politischen Klasse der Stadt, gab es Meinungsverschiedenheiten und widersprüchliche Interessenlagen. Die Erfahrung von 1630 im Fall Plum, daß auch Mitglieder der Elite selbst in die Denunziationsdynamik geraten konnten, beendete die Prozesse vorläufig.

Es gab Widerstand in Wort und Schrift gegen die Hexenprozesse durch einzelne Kritiker, die, wie schon von Weinsberg, die Zauberei für eine Phantasie hielten.[2] Zu den Gegnern der Hexenverfolgung gehörte zum Beispiel der am Niederrhein praktizierende Arzt Johannes Weyer, der die meisten Zauberinnen als melancholische schuldunfähige Frauen ansah, die der Hilfe und nicht der Haft bedürften. Er forderte ihre Freisprechung. Sodann erschien 1631 die »Cautio Criminalis«, eine Kritik an der Methodik der Hexenprozesse; dieses Anti-Folterwerk war anonym verfaßt, stammte aber – wie sich bald herausstellte – von dem Jesuitenpater Friedrich von Spee. Weyer und Spee hatten übrigens kein »fortschrittlicheres« Frauenbild als die Verfolgungsbefürworter, sie kamen nur zu anderen Schlüssen in der Hexenfrage.[3] Ihre Schriften haben jedoch langfristig zu einer Veränderung von Einstellungen bei den Verantwortlichen beigetragen.

Die Rekatholisierung Kölns war bereits zu Beginn des 17. Jahrhunderts erfolgreich abgeschlossen, die Bedrohung durch die Lutheraner, Wiedertäufer und Kalvinisten gebannt und die Stadtbevölkerung weitgehend »auf Linie«.

Für viele große gesellschaftliche Faktoren sind keine offensichtlichen Zusammenhänge mit der Hexenverfolgung zu finden: Im Dreißigjährigen Krieg war Köln neutral. Eine wirkliche Bedrohung durch herannahende Protestanten und schwedische Truppen vor Deutz gab es erst 1632.

Wirtschaftliche Verschlechterungen wirkten dem Abklingen der Hexenverfolgungen nicht entgegen: Im Jahr 1631 – dem ersten ruhigen Jahr nach der langen Verfolgungsphase – waren Teuerungen und Lebensmittelknappheit zu verkraften.

Die Pestepidemie von 1665, die ein Viertel der KölnerInnen dahinraffte, führte nicht zu einem Wiederaufflammen der Hexenverfolgung. Das spricht dafür, daß es nach der »Hoch-Zeit« der tödlichen Prozesse einen generellen Mentalitätswandel gegeben haben muß.

Die Exzesse der »inneren« Glaubenskriege waren vorbei, eine Art neue Vernunft konnte Einzug halten. 1631 beschloß der Rat, Flüchtlinge aufzunehmen, (Kriegs-)MigrantInnen durften nun legal nach Köln ziehen, während es 1617 – im Angesicht des Kalvinismus innerhalb der Stadtmauern – noch sehr restriktive Aufnahmemodalitäten gegeben hatte.

Vielleicht hatte auch die massenhafte Vernichtung des/der »Bösen« in den Jahren 1627 bis 1630 eine so »reinigende« Funktion für die Bevölkerung (und für die Verfolger?), daß der aggressive Druck nachließ. Vergessen wir nicht, daß der letzte Grund hinter der Verfolgung der »Hexen« immer die Angst war.

Anmerkungen

1 vgl. Schormann, Krieg, S. 166
2 vgl. von Weinsberg, Denkwürdigkeiten, Band 4, S. 258
3 vgl. Schwerhoff, Geschlecht, S. 331

Chronik

Die 103 erfaßbaren Lebensgeschichten[1] der verfolgten Frauen, Männer und Kinder in Köln ausführlicher darzustellen, würde den Rahmen des Buches sprengen. Daher wird hier nur eine tabellarische Übersicht gegeben. Eine detaillierte Version der Chronik wird auf den Internetseiten zur Verfügung gestellt (www.hexenkoeln.de) – diese kann bei Bedarf ausgedruckt werden.

Zeitraum 1446 (erstes urkundlich belegtes Verfahren) bis 1662 (letztes Verfahren in dem »Kölner Hexenverhören«)

Jahr	Name	Geschlecht	Alter	Beruf	Familienstand	Beschuldigung	Sanktion/Ausgang
1. 1446	–	F	–	–	–	Zauberei	FRU
2. 1453	–	F	–	–	–	SZ	FT
3. 1453	–	F	–	–	–	SZ	FT
4. 1483	–	F	alt	–	–	Z	(starb an Folter während der Haft)
5. 1500	–	F	–	–	–	Z	FR
6. 1506	Stina Dürrenaels	F	–	–	–	SZ	SV
7. 1507	Tringin von Breisig	F	–	–	–	SZ/TP/TB/SAB	SV
8. 1510	–	F	–	–	–	Z	–
9. 1510	–	F	–	–	–	Z	–
10. 1515	–	F	–	–	–	Z	FRU
11. 1521	Jenne Halfen	F	–	HF	vh	Z	HWG
12. 1521	Frau Moisselhenne	F	–	–	vh	Geisterbeschwörung	FR
13. 1521	Johann Moisselhenne	M	–	–	vh	Geisterbeschwörung	FR
14. 1528	Frau des Maissen von Bracht	F	–	–	vh	SZ/SAB	–
15. 1530	Johann im Bonnerhofe	M	–	Wahrsager	–	Z	HWG
16. 1556	Frau des Kesselschlägers	F	–	–	vh	Z	FRK
17. 1559	C. von Aich	F	–	–	–	Z	–
18. 1570	–	F	–	–	–	Z	FR
19. 1570	–	F	–	–	–	Z	HWG
20. 1571	Adelheid von Erkelenz	F	–	–	vh	Z	SV
21. 1571	Getrud Gechem	F	jung	–	ledig	Z	HWG
22. 1575	–	F	–	–	–	Z	SV
23. 1580	Agnieß von Gylstorph	F	alt	–	–	SZ	FR
24. 1589	Eva Beckersche	F	alt	Bäckerin	–	SZ	–

Jahr	Name	Geschlecht	Alter	Beruf	Familienstand	Beschuldigung	Sanktion/Ausgang
25. 1589	Peter Stube	M	–	–	–	Werwolf/TB/Inzest	HWG / Hinrichtung mit dem Schwert
26. 1591	Tryn von Rychradt	F	–	–	vh	SZ	HWG
27. 1591	–	F	–	–	–	Z	HWG
28. 1591	Gertrud Schütz	wK	7	–	–	Hasenzauber	Rutenschläge
29. 1592	Magdalena von Schwadorp	F	–	Wahrsagerin/ Haarspinnerin		Z	–
30. 1592	Elisabeth Zimmermann	F	–	Kleider-reinigerin	vh	TP	–
31. 1599	Frau des Hermann Ratingen	F	–	–	vh	Z	FRK
32. 1599	Catharina Blankenheim	F	–	–	–	–	FR
33. 1600	Martin Schmidt	M	–	–	–	Werwolf	SV
34. 1603	Frau Altreuscher	F	–	–	vh	Z	–
35. 1603	Herr Altreuscher	M	–	–	vh	Z	–
36. 1604	Richmod von Glessen	F	–	–	vw	Z	SV
37. 1608	Jan Schultheiß	M	–	Wein-gärtner	–	Geisterbeschwörung	–
38. 1608	Georg/Jürgen Mangold	M	–	–	–	Z/schwarze Magie/ Werwolf	FR
39. 1610	–	F	–	–	–	Hexerei	Rat reagiert nicht, Bevölkerung verübt Lynchmord
40. 1612	Trin von Bedorp	F	–	Spinnerin	vw	SZ	HWG
41. 1615	Gertud von Villich	F	–	–	–	SZ	FR
42. 1617	Margaretha von Eischen	F	–	–	–	SZ	HWG / FT
43. 1617	Gertrud von Flammerschen/ Flerzheim	F	–	–	vh	SAB	HWG / FT
44. 1618	Clara von Metz	F	–	Tage-löhnerin/ Wahrsagerin	–	H	HWG / FT
45. 1618	Anna von Menningen[2]	F	–	Wahrsagerin		H	HG / FT
46. 1618	Elschen von Bensberg	F	–	–	–	H	HWG / FT
47. 1624	Eva von Trevelsdorf	F	–	Heilerin (?)	–	Z	Berufsverbot
48. 1626/ 1627	Katharina Henot	F	50-60	Post-meisterin	vw	H	HG / FT
49. 1626/ 1627	Sofie Agnes von Langenberg	F	–	–	–	Besessenheit	HG / FT in Euskirchen
50. 1626/ 1627	Margarethe Raußrath	F	–	Näherin	–	Besessenheit	–
51. 1627	Franziska Henot	F	–	Nonne	ledig	–	–
52. 1627	Tring –	F	–	Wartsfrau	–	Z	–
53. 1628	Tringen Eigelmann	F	–	Hebamme	–	SZ	HWG / FT
54. 1628	Adelheid Esser	F	61	–	–	H	HWG / FT
55. 1628	–	F	–	–	–	H	–
56. 1628	Giertgen Sesenschmidt	F	–	Hebamme	vh	H	HWG / FT
57. 1628	Agnes Solden	F	–	–	–	H	HWG

Jahr	Name	Geschlecht	Alter	Beruf	Familienstand	Beschuldigung	Sanktion/Ausgang
58. 1628	Biel Trutzeler	F	–	–	vh	Z	–
59. 1628	Heinrich Trutzeler	M	–	–	vh	SZ/Werwolf	–
60. 1628	Sophie Courtt von Bruehl	F	–	–	–	Z	HWG
61. 1628	Entgen von Essen	F	83	–	–	H	HWG
62. 1628	Aelfrite Boden	F	–	–	–	H	HWG / FT
63. 1628	Cecilia von Aachen	F	60	Krämerin	–	H	HWG / FT
64. 1628	Tringen Vischer	F	–	–	–	H	HWG / FT
65. 1628	Feyen Decker	F	63	Spinnerin	–	H	HWG / FT
66. 1628	Anna Gossmann/ Haussmann	F	–	–	–	SAB/SZ	HWG / FT
67. 1628	Gertraud von Witzhellen	F	–	–	–	SZ	HWG / FT
68. 1628	Hans Strack	M	–	Schneider	–	Z	Selbstmord in der Haft
69. 1629	Merg Bungers	F	–	–	–	H	HWG / FT
70. 1629	Sibilla von Wilhelmstein	F	63	Hebamme	–	H	HWG / FT
71. 1629	Biertgen Kleinjohanns	F	60	Händlerin	–	H	HWG / FT
72. 1629	Mergen Müllersche aufm Bott	F	–	HF	vh	H	HWG / FT
73. 1629	Aeltgen Dünnwald	F	74	Hebamme	vh	H	HWG / FT
74. 1629	Anna Mautin von Andernach	F	–	Bäuerin	vh	H	HWG
75. 1629	Maria Renot/Renoit	F	–	Hebamme	–	SZ	–
76. 1629/ 1630	Christina Plum[3]	F	24	Obstverkäuferin	ledig	H	HWG / FT
77. 1630	Elßbeth von Schwelm	F	64	(Hausfrau)	vw	Z	HWG / FR
78. 1630	Catharina sine cognomine/Bly/ Bentinck	F	30	Magd/Bettlerin	ledig	H	HG / FT
79. 1630	Maria Cäcilia von Ahrweiler	wK	7-8	–	–	Hasenzauber/SZ	SV
80. 1630	Mechthild von Worringen	F	–	–	vh	H	HWG / FT
81. 1630	Aellgen Braun	F	60	Hebamme	vh	H	HWG / FT
82. 1630	Sophia Haas	F	77	–	vw	H/SZ	HWG / FT
83. 1630	Frau in der Britzel (Haus Brezel am Altermarkt)	F	–	–	–	H	HWG
84. 1630	Gerhard von Sudtlo	M	–	Leineweber	–	Z	HWG / FT
85. 1630	Entgen Schilts	F	74	Wartsfrau	–	H/SZ	HWG / FT
86. 1630	En Volmers	F	60	Hebamme	–	H/SZ	HWG / FT
87. 1630	En Konings	F	50	Hebamme	vh	H/SZ	HWG / FT
88. 1630	Feichen von Mülheim	F	–	–	–	–	–
89. 1630	Josten Nisius von Naumagen	M	67	–	–	Z	–
90. 1630	Maria Grontsfelts	F	38	Stickerin/ Näherin	ledig	Z	–
91. 1630	Anniken van Hout	F	70	Seiden-blumenmacherin	–	H	–

Jahr	Name	Geschlecht	Alter	Beruf	Familienstand	Beschuldigung	Sanktion/Ausgang
92. 1635	Hans Bernd von Breidbach	mK	8	–	–	Z	FR wg. Wiederh. SV
93. 1639	–	mK	–	–	–	Z	SV wg. Wiederh. HWG
94. 1645	Peter von Rodenkirchen	mK	11-12	Bettler	–	Z/TB	HWG / Hinrichtung mit dem Schwert (nach zweieinhalb Jahren Haft; zweites und letztes männliches Todesopfer)
95. 1647	Barbara von Haven	F	–	–	–	H	HWG / FT
96. 1648	Maria Beckers	F	–	–	–	H/TP	HG / FT
97. 1648	Ursula Horst	F	67	HF	vh	SZ	HWG
98. 1648	Entgen Eßers	F	38	–	vh	SZ	FRK
99. 1650	Witwe Gertraud	F	–	Apfelverkäuferin	vw	–	FR
100. 1650	Anna Morsbach	F	40	Händlerin	vh	SZ	HWG
101. 1650	Margriet vom Pellegraben	F	16	Magd	ledig	TB	HWG / FT
102. 1653	Entgen Lenartz	wK	10	Bettlerin	–	SZ/SAB	HWG / FT (nach knapp zwei Jahren Haft)
103. 1662	Anne Toer	F	22	Sargschmückerin/ Papierblumenmacherin	ledig	Selbstanklage	HWG

Abkürzungen:

F	Frau
FR	Freilassung
FRK	Freilassung gegen Kaution
FRU	Freilassung gegen Schwören der Urfehde
FT	Hinrichtung durch Feuertod
H	Hexerei
HF	Hausfrau
HWG	Lieferung an das Hohe weltliche Gericht
M	Mann
mK	Junge
SAB	Teilnahme am Hexensabbat
SV	Stadtverweis
SZ	Schadenszauber
TB	Teufelsbuhlschaft
TP	Teufelspakt
v	verheiratet
vw	verwitwet
wK	Mädchen
Z	Zauberei
–	nicht bekannt

Anmerkungen

1 Schwerhoff geht in »Köln im Kreuzverhör« davon aus, daß es im 16. und 17. Jahrhundert mindestens 150-200 Ermittlungsverfahren wegen Magie, Zauberei und Hexerei gab.

2 Anna von Menningen denunzierte 12 Frauen wegen Teilnahme am Hexentanz, sie wurden alle gehört und schuldlos entlassen.

3 Christina Plum denunzierte mehr als 20 Personen (siehe »Lebensbild: Christina Plum«).

Der Gang des

VORGEHEN/PROZESSE	HANDLUNGSTRÄGER ORTE
IMAGINATION Konstruktion der »Hexe« Volksmagie Gelehrtes Hexenstereotyp Teufelsbündnis Teufelsbuhlschaft Teilnahme am Hexentanz/Sabbat Schadenszauber: Säuglingstod, Wetterzauber, Tierverwandlungen	Theologische und juristische Theoretiker Volk Klientinnen von Heilerinnen/Hebammen
KRIMINALISIERUNG durch Obrigkeit/Strafgesetze	Inquisitoren Verfolgungsbehörden
DENUNZIATION »gemeyn geschrei«, Klage, Besagung unter der Folter	Jede/r beliebige
INDIZIENFESTSTELLUNG [Vorverfahren, Vorermittlung durch Rat]	Stimmeister Schöffen/Ratsherren
INTERROGATIO (Vernehmung) Verhör im Stadtgefängnis (in der Regel gütlich, also ohne Folter) ggf. ZeugInnenvernehmungen/Tatzeugnisse	Turmmeister (maßgeblich) Stimmeister Syndici Turmschreiber
RELATIO (Gutachten) Vorentscheidung über weitere Handhabung, Mitteilung an den Rat	Syndici
VERHAFTUNG — wenn Indizien, aber kein Zauberfall erkennbar **VERHAFTUNG** — wenn Indizien für (Schadens-)Zauber vorhanden (in Zuständigkeit des erzbischöflichen Hochgerichts) **FREILASSUNG** — wenn Schuldlosigkeit erkennbar	Syndici Ratsabgeordnete Turmschreiber

Prozeßverfahrens

ÜBERSTELLUNG

an das städtische Gewaltgericht, also die nicht-körperliche Gerichtsbarkeit

↓

STRAFEN

z.B.: Entzug der Bürgerschaft
Stadtverweisung
Kerzentragen
Rutenschläge
Pranger (Käx)
Haft im Turm bei Wasser und Brot

ÜBERSTELLUNG

an den Greven bzw. das erzbischöfliche Hohe weltliche Gericht, das Blutgericht; erfolgt unter »blauem« (freiem) Himmel vor dem Frankenturm

Gewaltmeister
Gewaltrichter
Greve, 2 Schöffen
Turmmeister
Kurfürstlicher Schreiber
2 Ratsabgeordnete

↓

HAFT

zugleich Übergabe der Abschriften der bisherigen Untersuchung

Gewaltmeister Gewaltrichter
Greve, 2 Schöffen
Turmmeister, 2 Ratsdeputierte
in: Frankenturm, Gereonsturm, Kunibertsturm, Trankgassenturm

↓

ESSEN DER AMTSPERSONEN

auf Kosten des Rates

Ratsherr, Greve
Schöffen, Städt. Beamte

↓

NEUES GERICHTSVERFAHREN

↓

VERHÖR

(es sollte gütlich sein, das war es aber fast nie)

Grevenkeller
(Unter der Hacht/Greven-Gefängnis am Domhof)
Greve

↓

OFFENES GESTÄNDNIS

↓

CONFIRMIERUNG

d.h. Bekräftigung des Geständnisses

↓

FOLTER

↓

KEIN GESTÄNDNIS

»niedrige« Verdächtige: 3-4 Verdachtsgründe reichen aus/müssen laut Theorie vorhanden sein

↓

SOFORTIGE FOLTER

»peinliches« Befragen

»hohe« Verdächtige: 6-7 Verdachtsmomente und ein schlechter Ruf müssen laut Theorie zusammenkommen

↓

SUCHE NACH TEUFELSMALEN

Stigmata (Nadelprobe)

↓

FOLTER

Schöffen als Entscheidungsträger über Folter
Henker
Ratsherren
(schweigend anwesend)
(Greve)

↓

EVENTUELL DIVERSE WIEDERHOLUNGEN DER FOLTER

(Ziel: rechtskräftiges Geständnis)

↓

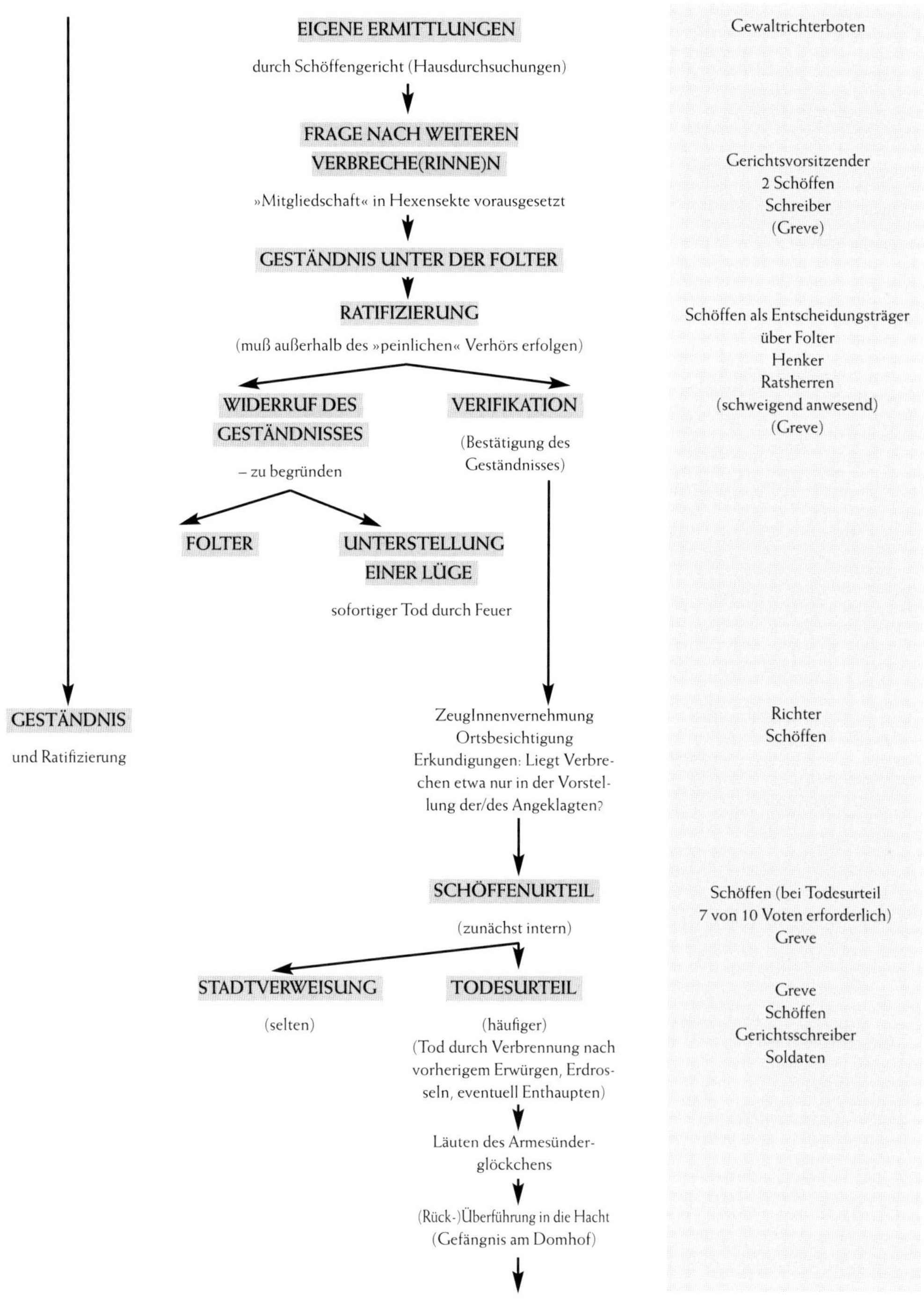

EIGENE ERMITTLUNGEN
durch Schöffengericht (Hausdurchsuchungen)
FRAGE NACH WEITEREN VERBRECHE(RINNE)N
»Mitgliedschaft« in Hexensekte vorausgesetzt
GESTÄNDNIS UNTER DER FOLTER
RATIFIZIERUNG
(muß außerhalb des »peinlichen« Verhörs erfolgen)
WIDERRUF DES GESTÄNDNISSES
– zu begründen
FOLTER
UNTERSTELLUNG EINER LÜGE
sofortiger Tod durch Feuer
VERIFIKATION
(Bestätigung des Geständnisses)
GESTÄNDNIS
und Ratifizierung
ZeugInnenvernehmung
Ortsbesichtigung
Erkundigungen: Liegt Verbrechen etwa nur in der Vorstellung der/des Angeklagten?
SCHÖFFENURTEIL
(zunächst intern)
STADTVERWEISUNG
(selten)
TODESURTEIL
(häufiger)
(Tod durch Verbrennung nach vorherigem Erwürgen, Erdrosseln, eventuell Enthaupten)
Läuten des Armesünderglöckchens
(Rück-)Überführung in die Hacht
(Gefängnis am Domhof)
Gewaltrichterboten
Gerichtsvorsitzender
2 Schöffen
Schreiber
(Greve)
Schöffen als Entscheidungsträger über Folter
Henker
Ratsherren
(schweigend anwesend)
(Greve)
Richter
Schöffen
Schöffen (bei Todesurteil 7 von 10 Voten erforderlich)
Greve
Greve
Schöffen
Gerichtsschreiber
Soldaten

Öffentliche **VERKÜNDIGUNG DES URTEILS** (einen Tag später) Verurteilte/r sitzt derweil auf einem Wagen, umkreist von Soldaten und Amtspersonen	Hinrichtungszug: Amtspersonen Verurteilte/r Soldaten Volksmenge Domhof
↓	
ZERBRECHEN DES STABES	Greve
↓	
Dreimaliges **WERFEN AN DEN BLAUEN STEIN**	
↓	
Eventuell **PEINIGUNG MIT GLÜHENDEN ZANGEN**	Henker
↓	
AUSSCHLEIFUNG Öffentliche Fahrt auf Karren oder Schlitten	Henker, Geistlicher (oft mit auf dem Wagen) Hohe und Breite Straße, Aachener Straße
↓	
TROSTWORTE	Geistlicher
↓	
VERABREICHUNG VON- BROT UND WEIN	
EXEKUTION (HINRICHTUNG)	Melaten, sogenannter Rabenstein
↙ **STRANGULIERUNG UND ANSCHLIEßENDE VERBRENNUNG** / ↓ **VERBRENNUNG BEI LEBENDIGEM LEIB IM HÄUSCHEN**	Mitwirkung der Stadt: Soldaten stellen; Scharfrichter, Greve zu Pferde 2 Schöffen Gerichtsschreiber 2 Gewaltrichter
↘ ↙	
GEMEINSAMES ESSEN DER AMTSPERSONEN im Haus des Greven	
↓	
Eventuell: **KONFISZIERUNG** der Güter durch Erzbischof nach Feststellung des Vermögens zur Deckung der »Gerichtskosten« (unter anderem Verbrennungsmaterial)	Gerichtsschreiber Erzbischöfliche Beamte

Eigentliche Abbildung des H: Römischen Reichs freyer Statt Cöllen
Welche im Jahr 1633. Zu einer Vöstung ist gemac
OCCI
Die Weyer Port
Die Neue Forti fica tion
MERIDIES
RHENVS FL
DVI T
ORI
V. Hollar fec 1635
1
2
3
4
5
6
7
8
9
10
11
12
HERR IACOB VON ROTKIRCHEN
HERR CONSTANTIN VON IVDDEN
HERR IOHAN VON BOLANDT
HERR BALTHAS
2. REGIERENDE HERREN. pro tempore
2. RHENTMEISTER. pro
Denen Woll Edlen, Hochweysen, Hochgelehrten, Ehrenuesten, etc: Herrn Bürgermeistern, Rhendtmeistern
Reichs freyer Statt Cöllen, Meinen gnädigen Herren, Dediciert unterthönig

Schauplätze

1 Pfarre St. Severin
2 Wohnort Peter Rodenkirchen
3 Karmeliterkirche
4 Wohnort Maria Cäcilia
5 St. Jakob
6 Wohnort Katharina Henot/ Hexentanzplatz
7 Pfarre St. Peter
8 Wohnort En Vollmers
9 Neumarkt, Hexentanzplatz, Prostitutionsort
10 Am Alten Posthof
11 Rathaus, Oberste Behörde
12 Alter Markt, Pranger (Kax)
13 Städtisches Bordell
14 Domhof, Erzbischöfliches Gericht, Hacht, Blauer Stein, Hexentanzplatz, Prostitutionsort
15 Theologische Fakultät
16 Kloster St. Klara
17 Frankenturm (Gefängnis)
18 Trankgassenturm (Gefängnis)
19 St. Andreas (Grab Albertus Magnus)
20 Dominikanerkonvent (Magnus, Aquin, Sprenger)
21 Jesuitenkirche
22 Gereonsturm (Gefängnis)
23 Wohnort Henker
24 Kunibertsturm (Gefängnis)

(Literatur: L. Ennen, Bd. V; Kölner Hexenverhöre; Schwerhoff, Köln; Siebel)

Ansicht von Köln und Deutz aus der Vogelschau – Kupferstich von Wenzel Hollar, 1635

Glossar

Blauer Stein
Das Hoheitszeichen des Erzbischofs mit dem erzbischöflichen Wappen wurde bei jedem Todesurteil einbezogen und die Verurteilten symbolisch von der Welt verabschiedet, indem sie drei Mal gegen den auf dem Domhof aufgestellten Stein gestoßen wurden. Hierbei wurde der Vers gesprochen: »*Ich stüssen dich an de bloe Stein, do küss ze lebdag no Vader en Moder nit mih heim.*«[1] Wahrscheinlich hatte dieses Ritual einen weitaus älteren, vielleicht heidnisch-germanischen Ursprung.

Carolina oder CCC, Hexenprozeßordnung
Seit 1532 wurde in den deutschen Ländern und (Reichs-)Städten, die keine eigenen Statute innerhalb der Stadtrechte verabschiedet hatten, nach der Halsgerichtsordnung des Kaisers Karl V. (»Constitutio Criminalis Carolina«) geurteilt.[2] Die Städte und Territorialfürsten hatten die Carolina unter der Bedingung akzeptiert, daß lokale rechtliche Traditionen bestehen bleiben könnten.[3] Im Kölner Stadtrecht wurden keine gesonderten Gesetze, die schadenstiftende und teuflische Zauberei unter Strafe stellten, erlassen; folglich wurde hier die Carolina zur gesetzlichen Grundlage[4] (zur Hexenordnung des Fürstbischofs Ferdinand von Bayern siehe unter »Indizien«).

Die CCC enthielt Bestimmungen zu Straftat, Strafmaß und Durchführung des Verfahrens. Artikel 44 betraf die Aspekte Anzeige/Denunziation, ein anderer (52) das Geständnis (»*So die gefragt person zauberey bekent*«) und Artikel 109 schließlich unterschied schädigende und nicht schädigende Zauberei, jedoch ohne denjenigen, die vor Ort Recht sprachen, Unterscheidungsmerkmale zur Differenzierung an die Hand zu geben. Dabei war der kleine Unterschied für die Beklagten durchaus relevant: Auf schädigende Zauberei stand nämlich die Todesstrafe durch Verbrennen, andernfalls – wenn die »*zauberey … niemant schaden gethan hett*«, sollte »*sunst gestrafft werden, nach gelegenheid der sach*«.[5] Daß Zauberei zugleich als Straftat gegen den Staat[6] und als »todeswürdiges Vergehen gegen die Religion«[7] begriffen wurde, mag die hohen Strafen erklären. Die einzelnen Elemente des »kumulativen Hexenmusters« wurden weder in der Carolina noch bei ihrem Vorbild, der Bambergischen Halsgerichtsordnung von 1508, thematisiert. Die letztere setzte bei der Strafzumessung jedoch Schadenszauberei noch der Häresie gleich.[8]

Die Hexenprozeßordnungen waren oft eine Reaktion auf existierende Hetzjagden; die Gesetze folgten dann einer bereits gelebten Rechtspraxis und nicht umgekehrt. Nicht in jedem Fall waren sie als Intensivierung der Verfolgungen gedacht; zum Teil begrenzten diese Gesetzeswerke die Verfolgungen sogar.[9] Die Verordnungen des Kölner Erzbischofs, die sich auf die Carolina bezogen, waren jedoch von dem Wunsch nach Förderung der Hexenverfolgung beseelt.

Die Rechtspraxis wurde in ebenso starkem Maß von den Zaubereivorstellungen der beteiligten Personen beeinflußt wie von Gesetzbüchern;[10] das heißt, es gab Spielräume, subjektive Faktoren, ggf. regionale Traditionen bei der Strafbewertung und -bemessung.

Folter[11]

Folter war nicht typisch für Hexenprozesse, sondern wurde bei vielen Strafverfahren eingesetzt (bei ca. sechzig Prozent der Kölner Kriminalfälle, die vor das Hohe weltliche Gericht gekommen waren[12]). Aber ohne die erfolterten Geständnisse wäre es nicht zu Massenverfolgungen gekommen. Im römischen Recht war die Folter als abschließendes Reinigungsinstrument konzipiert und nicht (nur) als Mittel zur Geständniserpressung. Daher wurde sie auch nicht mehrmals bei der gleichen Person angewandt. Durch Übertragung der Normen des Ketzerprozesses auf das Hexenverfahren kam das Element Folter auch in die Verfahren nach »deutschem« Recht.[13] Nur wurde sie jetzt (1. Hälfte des 14. Jahrhunderts) ins Vorverfahren integriert. Irsigler und Lassotta erwähnen die kirchliche Losung, mit der Folter im Diesseits werde die Tortur im Jenseits abgekürzt. Es galt sogar, dem Henker die Bereitung der Qualen zu verzeihen.[14]

Folterung durch Beinschienen und »Strecken«-Kupferstich aus der Bilder-Cautio, 1632

In Deutschland wurde öfter gefoltert als in anderen europäischen Ländern. Besonders deutsche Laiengerichte gingen völlig willkürlich vor, vielleicht aus Unsicherheit gegenüber den studierten Kollegen; ein (erzwungenes) Geständnis gab Sicherheit. Mit diesem groben Instrument gelangten sie an die Namen weiterer Beteiligter und »mußten« somit immer weiter foltern.

Das Recht zu Tortur und Körperstrafen lag ausschließlich bei weltlichen Personen. In Köln führten der Henker, der Büttel (Gerichtsbote des Greven) oder der Henkersknecht die Folter aus; meistens delegierte der Henker die Arbeit. Die Kölner Folterer sollen sehr grausam gewesen sein, was an dem Bild festgemacht werden kann, daß einer Mutter bei der Folterung die Milch aus den Brüsten floß.[15] Dabei monierte der Domkapitular Adolf von Pempelfurt 1630 das »zu milde« Foltern der Henkersknechte![16]

»Jämmerlich gepeiniget, gepeitschet und darnach verbrent« ... Die Folterung der Schulmeisterin Ursel aus Maastricht, Niederlande – Radierung von Jan Luyken, ca. 1685

Gertrud Gechem deutete 1571 an, daß sie – wie schon ihre Mutter – unter der Folter die Unwahrheit sagen werde, nur um den Schmerzen zu entgehen. Es gab das Gerücht, daß der Kölner Scharfrichter Getränke verabreichte, daß einer ausplaudere, *»waß Er nit wiße«*, so der verhörte Josten Nisius.[17]

In Köln waren Daumenschrauben, Bein-/Fußschrauben, der Einsatz des Folterstuhls und das Hochziehen (*»Anspannen«*) der Inhaftierten gängig. Auch psychologische Torturen wie tagelanger Schlafentzug waren schon bekannt. Die Qual muß unermeßlich gewesen sein. Viele Gefolterte nannten angebliche Mitbeteiligte am Hexensabbat, nur weil sie *»die pein nit ausstehen«* konnten und lieber unschuldig auf den Scheiterhaufen gingen.[18] Der Gedanke des Todes war leichter zu ertragen als die Folterung. Nicht wenige Eingekerkerte versuchten anscheinend, sich zu Tode zu hungern. Andere Delinquentinnen starben bereits unter der Folter, so eine der ersten aktenkundigen Zauberinnen, eine alte Frau, die 1483 verhaftet worden war. Der Turmmeister folterte sie zu Tode, um einen gegen ihn gerichteten Verdacht auf sie abzuwälzen.

»Alle« wußten, daß auf diese Weise die Angeklagten zu falschen Geständnissen gebracht wurden, aber erst ab Mitte des 16. Jahrhunderts wurde das Phänomen Folter langsam in Schriften problematisiert. Schon siebzig Jahre vor dem »Foltergegner« Friedrich von Spee schrieb der niederrheinische Arzt Weyer, Geständnisse durch Folter zu erpressen und Zauberinnen hinzurichten sei ein schrecklicher Fehler. Er forderte die sofortige Begnadigung der Angeklagten. Spee verwendete den größten Teil seiner »Cautio Criminalis« zur Kritik an der Folter.[19] Beanstandungen kamen auch aus Rom vom Inquisitor von Genua. Ein Franzose schrieb sogar, Folter sei ursprünglich durch den Teufel erfunden.

Geständnis

Das erste überlieferte Kölner »Hexen«-Geständnis datiert aus dem Jahr 1507. Es enthält schon die Elemente Teufelspakt und Hexensabbat. In herkömmlichen Prozessen war ein Geständnis Voraussetzung für die Verurteilung. Hexerei galt jedoch als sogenanntes »*crimen exceptum*« (Ausnahmeverbrechen),[20] und für ein Todesurteil reichten unbewiesene Anklagen. Eine Verweigerung des Geständnisses bewirkte keine Unschuldsvermutung, vielmehr wurde an eine Demonstration der Macht des Teufels gedacht. Das Geständnis einer Hexe wurde nicht hoch eingeschätzt: Hexen konnten ja durch Unterstützung des Teufels leichtgläubige Richter in die Irre führen. Mit dieser Überlegung propagierte Institoris' »Hexenhammer« eine Strafbemessung ohne zwingendes Vorliegen einer derartigen »Konfession«. Oft half die Folter zum gewünschten Text. Da das unter der Folter getätigte (peinlich erzwungene) Geständnis später vor einem Richter zu wiederholen war (gütliches Verifizieren), regte Institoris an, Vernehmung und Tortur strategisch gleich so anzulegen, daß ein »Davonkommen« ausgeschlossen sei. Langfristig wurden so auch ZeugInnenaussagen irrelevant.

Hexenmal

Jedes Muttermal, jede Warze konnte in der Frühen Neuzeit nach Melaten führen. Im 15. Jahrhundert wurde das »*stigma diabolicum*« als Merkmal des Hexenbundes konstruiert. Alle Hexen trugen angeblich irgendwo am Körper ein Mal, das ihnen der Teufel aufgedrückt hatte. Mit diesem körperlichen Zeichen markierte er seinen Besitzanspruch auf diejenigen, die sich ihm im Teufelspakt versprochen hatten.[21] Professionelle Hexensucher machten sich diese Eigenschaft zu nutze, um Beweise für Hexenwesen zu finden, denn in bestimmten Regionen wurde jede Überführung vergütet. Der Beweis für Hexerei war erbracht, wenn der Hexensucher ein Mal fand, das unempfindlich war und nicht blutete. Das mußte schließlich übernatürlich sein.[22] Überprüft wurde das durch Stechen mit langen Nadeln. 1629 gab es in Köln und Bonn eine rege Debatte über die Beweiskraft des Hexenmals; es ging darum, wie zuverlässig es tatsächlich war.[23]

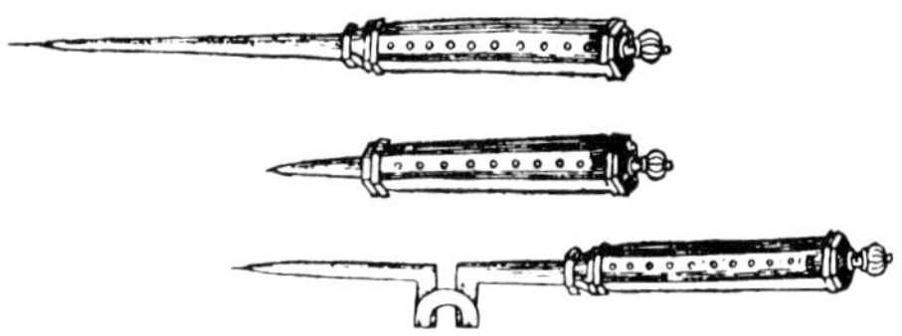

Instrumente zum Stechen von »Hexenmalen«

Hexenprobe

Um ein Hexenmal zu finden, scheuten sich die Schöffen und Turmmeister nicht, die Angeklagte zu entkleiden, ihr die Haare abzuscheren und – wie im »Hexenhammer« beschrieben – den ganzen Körper abzusuchen, um jene Stelle zu entdecken, die als Brandzeichen des Teufels gelten konnte.[24] Bei der *Nadelprobe* ging es darum, auffällige Merkmale zu finden, um dann zu entscheiden, ob sie durch den Teufel bedingt seien.

Bei der *Wasserprobe* wurde die Delinquentin in den Fluß geworfen: Wenn sie unterging (und ggf. ertrank), wurde sie als unschuldig betrachtet, hielt sie sich jedoch über Wasser, war ihre Schuld bewiesen. Ob dieser Ritus in Köln oft durchgeführt wurde, ist unklar. Fürstbischof Ferdinand lehnte dieses Gottesurteil ab.[25] In den Niederlanden gab es noch eine regionale Besonderheit, die *Luftprobe* auf der Hexenwaage in Oudewater oder Gouda, die Leuten aus ganz Europa zur Verfügung gestellt wurde, um ihre Unschuld zu beweisen. Es hieß, Hexen wögen nichts – hier gab es nun ein Zertifikat darüber, daß das festgestellte Gewicht mit den natürlichen Proportionen des Körpers korrelierte. Noch im 18. Jahrhundert wurden solche Zeugnisse erbeten. Heute bietet der Ort Oudewater diesen Service für touristische Zwecke an.

Veröffentlichung über die Wasserprobe von Hermann Neuwalt, Holzschnitt, 1584

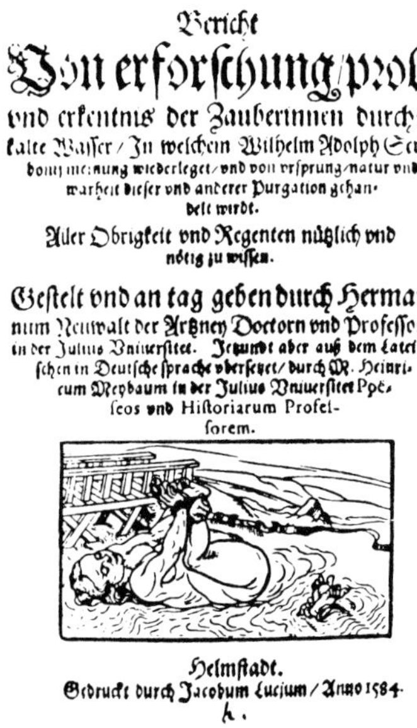
Bericht
Von erforschung/prob vnd erkentnis der Zauberinnen durchs kalte Wasser/ In welchem Wilhelm Adolph Scribonij meinung wiederleget/ vnd von vrsprung/natur vnd warheit dieser vnd anderer Purgation gehandelt wirdt.
Aller Obrigkeit vnd Regenten nützlich vnd nötig zu wissen.
Gestelt vnd an tag geben durch Hermannum Neuwalt der Artzney Doctorn vnd Professorn in der Julius Vniversitet. Jetzundt aber auß dem Lateinischen in Deutsche sprache vbersetzet/ durch M. Heinricum Meybaum in der Julius Vniversitet Poëseos vnd Historiarum Professorem.
Helmstadt.
Gedruckt durch Jacobum Lucium/ Anno 1584.

Imagination

Einbildungen, Vorstellungen und Phantasien im Vorfeld des Rechtsweges – die ideologischen Vorgaben des Verfahrens.

Indizien (»anzeygung«)
Indizien dienten dazu zu beweisen, daß wirklich ein Hexereidelikt vorlag, die Merkmale waren in Hexenordnungen und Gesetzeswerken festgeschrieben und sollten die Folter legitimieren. Der Indizienbeweis wurde jedoch von den Untersuchungsbeamten nicht immer sorgfältig geführt.

Die Carolina nannte »lediglich« vier Indizien, die eine Folter rechtfertigten: Wenn die denunzierte Person angeboten hatte, andere das Zaubern zu lehren, wenn sie einem Menschen mit Schadenszauber gedroht hatte und der Schaden tatsächlich eingetroffen war, wenn jemand mit einer zauberischen Person enge Gemeinschaft pflegte und wenn eine berüchtigte Frau zweifelhafte Worte und Gesten gebrauchte, in ihrem Haus verdächtige Gefäße herumstanden und die Person allgemein im Ruf der Zauberei stand.[26] Auch die Unfähigkeit zu weinen, der Tränenmangel, waren verdächtig. 1589 wurde der Moen Eva Beckerschen, die der Zauberei angeklagt war, zusätzlich vorgeworfen, sie könne nicht weinen, auch wenn man sie schlage.

In der Hexenordnung des Fürstbischofs Ferdinand, laut Schormann eine »Schreckensliste«, wurde die Indizienreihung auf 13 Punkte erweitert. Unter anderem waren die Stigmata erklärt, an denen eine Hexe zu erkennen wäre – »*wenn ahn der diffamirter personen ungewonliche Stigmata undt Zeichen als wann schon darin gestochen kein blut daruß kommen thuet, erfunden werden*«.[27]

Interrogatio (Befragung, Verhör)
Nach brisanten Einzelheiten wurde in den Kölner Vernehmungen laut den Protokollen nicht gefragt. Die Verhöre durch die Schöffen erfolgten gestuft, zum Beispiel: *gütlich befragt*, *gebunden*, *ernstlich bedroht*, *peinlich befragt* (d.h. Folterung).

Lieferung (»Lieberung«)
Beim Ritual der Übergabe gelangten die Angeklagten aus der Hand des Stadtrates (Gewaltrichter, Turmmeister und Turmschreiber) in die Zuständigkeit der Greven und zweier Schöffen, d.h. in die erzbischöfliche Halsgerichtsbarkeit. Der Gewaltrichter sprach die Übergabeformel, der Greve antwortete mit formalisierten Redewendungen. Übergabeort war das Gericht am Frankenturm; die Behördenvertreter tranken zusammen Wein. Die Gefangenen nahmen daran natürlich nicht teil, sie wußten nur, daß weitere Verhöre – diesmal unter der Folter – auf sie warteten.

Purgationsverfahren
Der Reinigungseid, eventuell unter Hinzuziehung sogenannter Eideshelfer, durfte nur von nicht »übel beleumdeten« Personen angenommen werden.

Ratifizierung
Zwei Tage nach einem erfolterten Geständnis sollte in Köln die »Hexe« bestätigen, daß ihre Aussage der Wahrheit entsprach. Ein besonders zynischer Legalismus nach Vorschrift der Carolina.

Relatio
Das Gutachten der Syndici wurde auf der Basis der Aufzeichnungen des Turmschreibers während der städtischen Verhöre erstellt.

»Unkosten«
Die einen gönnten sich zum Abschluß eines Hexenprozesses ein Mahl und tranken auf das Gelingen (Kleriker, Schöffen, Henker), die anderen verdienten an den Hexenprozessen (Fuhrleute, Gutachter, Gastwirte, Hexenkommissare, Henker). Und die Familien der Opfer hatten nur Ausgaben, zusätzlich zum Schmerz über die verlorene Person (die hinterbliebenen Ehegatten oder Eltern mußten in Kurköln für die Hinrichtung ihrer Ehefrauen bzw. Töchter als Hexe 100 Reichstaler zahlen, wie aus Beschwerden hervorgeht).

Auch die Folterung zum Krüppel[28] und die Gefangenschaft mußten bezahlt werden, sofern Geldmittel vorhanden waren. Die Carolina erlaubte die Vermögenskonfiskation als Teil der spezifischen Strafe.

Seit der Kurkölnischen Konfiskationsordnung von 1628, die nach dem Fall Henot erlassen wurde, waren der Erbteil des Ehepartners und die gesetzlichen Erbteile der Kinder abzuziehen, der Rest mußte z.B. für die Unkosten der Hinrichtung aufgewendet werden. Behördliche Habgier war vermutlich dennoch kein Motiv für Denunziationen.

Urfehde (eigentlich Unfehde)
Zustand ohne Streit, d.h., die Beklagte legte einen Eid ab, daß sie auf Rache – zum Beispiel gegenüber dem Kläger/der Klägerin bzw. dem gesamten Gericht – verzichtet, und die Stadt versprach, sie nicht mehr zu verfolgen, sofern sie die Stadt verläßt.

Urgicht
Das unter der Folter abgegebene Geständnis bildete die Grundlage der gerichtlichen Urteilsfindung.

Stadtverweis mit Ausstäupen – Zeichnung aus dem Ulmer Urgichtbuch

Urteile (strafrechtliche Sanktionen)
Freilassung: Zweiundvierzig Prozent der Kölner Angeklagten (inkl. Hexerei/ Magieverfahren) kamen ohne zusätzliche Strafe vom Turm frei. Die häufigste Sanktion war im 16. Jahrhundert und bis zum frühen 17. Jahrhundert der *Stadtverweis* nach Verbüßung einer Haftstrafe im Turm.[29] Nach einer öffentlichen Geißelung an der Marspforte (Nähe Rathaus) wurde die Delinquentin zur Severinspforte hinausgetrieben. Als *Körperstrafen* wurde bei Hexen am ehesten das Ausstäupen gewählt, also Prügeln mit Ruten. Die *Haft im Turm* dauerte bei normalen Vergehen durchschnittlich ein bis zwei Wochen. Als »Hexen« angeklagte Frauen und Männer kamen jedoch quasi in U-Haft, und die konnte dauern, im schlimmsten Fall sogar mehr als ein Jahr, so geschehen bei den zwei Kinder Entgen Lenarts und Peter Rodenkirchen, die bis zur Volljährigkeit gefangengehalten wurden.

Stadtverweis gehörte beim Hexereidelikt zu den »milden« Sanktionen, eine Bettlerin – Kupferstich von Jacques Callot, 17. Jh.

Die Zustände in den Kerkern müssen so schlimm gewesen sein, daß die beteiligten Beamten eine Zulage forderten. Zu erahnen ist dies aus einem Antrag auf Erhöhung der Spesensätze pro gefolterte Hexe, den der Kerkermeister (Turmmeister) des Frankenturms 1630 an den Magistrat von Köln übersandte.

Es gab, wie später bei den Suffragetten, Zwangsernährung für widerständige Frauen.

Für Mitglieder der städtischen Führungsschicht galt Turmhaft als unangemessen, sie konnten eine Geldstrafe leisten. Bei Katharina Henot kam diese Begünstigung jedoch nicht zum Tragen.

Todesstrafe
Seit der Bibel fühlten sich Leute ermächtigt, »*zeuberinnen*« umzubringen,[31] in dem Bewußtsein, ein

»Wenn die Gefangenen verhört und gepeinigt werden, ist es wegen Gestanks und Unlust allezeit gebräuchlich, den Herren Schöffen einen Trunk Weins zu geben ...; es kann solches mit dem Bankett unter zwei Goldgulden Weins gemäß dieser Zeit Gelegenheit nicht geliefert werden ...
Ferner sei wohl zu erwägen, daß nach vorgesehenem Verhör und Tortur die Schöffen abtreten und die Hexen gelähmt liegenlassen, und ich alsdann darauf bedacht sein muß, daß die Hexen nicht allein mit geistlichem Trost, sondern auch mit zeitlicher Notdurft, Stroh, Betten, Decken, warmem Sand oder Wasser und dergleichen Sachen versorgt werden, und, weil die Hexen sich allemal durch Hunger töten wollen, daß denselben die Speise mit Gewalt eingepreßt werde.«[30]

göttliches Gesetz zu befolgen. Im Mittelalter wurde bei Zauberei in der Regel keine Todesstrafe ausgesprochen, sondern wie auch bei Ketzerei eine Kirchenbuße verhängt. Die Hinrichtung wurde erst Mitte des 16. Jahrhunderts – nach der Verknüpfung mit dem Teufelsbündnis – gebräuchlich,[32] in Köln Anfang des 17. Jahrhunderts. Damit ein Todesurteil gültig war, mußte der Greve jeden Schöffen einzeln nach seinem Urteil fragen; Voraussetzung war das Erkennen auf Schadenszauber. Ein Todesurteil diente in der christlichen Ideologie nicht nur als Schutz der Allgemeinheit vor dem Wirken der Unholdinnen, sondern zugleich als Sühne für die Beleidigung der Majestät Gottes und Verschaffung der ewigen Seligkeit für Verirrte und Abgefallene.[33]

Das Urteil wurde auf einer der Kölner Richtstätten vollzogen, ab dem 16. Jahrhundert vorrangig auf Melaten, am sogenannten Rabenstein bzw. auf dem Galgenberg.

»Der almechtig Gott wolle deren sehlen gnedig vnd barmherzigh sein amen, amen, amen« Hinrichtung in Kurköln aus dem Jahre 1589 – Flugblatt aus Nürnberg, Ausschnitt (mit Kommentar des Turmschreibers anläßlich des Verbrennungstodes von Sophia Haas, Mechtbild von Worringen und Aellgen Braun, aus: Kölner Hexenverhöre, S. 87)

Hinrichtungsarten

»Den Dieb soll man henken, die Hure ertränken«, lautete ein Sprichwort – und die übliche mittelalterliche »weibliche« Strafe war denn auch das Ertränken. Vermutlich um nicht den Körper von Frauen unsittlich zur Schau zu stellen, wurden Diebinnen und – seltener – Kindsmörderinnen bei Nacht und ohne Öffentlichkeit in den Rhein geworfen.[34]

Bei Mord wurde die Delinquentin lebendig begraben, so geschah es 1487 Mutter und Tochter, die eines gemeinsam ausgeführten Mordes beschuldigt wurden. Die Tochter hatte unter der Folter Zauberei gestanden (*»syn moder have it ouch zo andern tzijden up einre waenscheiden understanden, tzoufferige zo leren, der it doch niet woulde leren noch sich dartzo ergeven have«*[35]), doch wog der Mord schwerer.

Verbrennen war die »traditionelle« Hinrichtungsart für KetzerInnen und so auch für Zauberinnen. (Zauberer wurden meist mit dem Schwert getötet.) War das

Gericht gnädig, wurde die Verurteilte vorher erwürgt. Der Greve steuerte Stroh bei, der Henker die restlichen Materialien.[36] Eine Hexenverbrennung war – wie aus zeitgenössischen Berichten bekannt ist – im 16. Jahrhundert noch ein großes Spektakel, für das Leute bis in andere Städte fuhren.

Anmerkungen

1 Siebel, S. 142
2 Hamburg zum Beispiel verabschiedete 100 Jahre nach der CCC diesbezügliche Stadtrechte, vgl. Rogge, S. 394
3 vgl. Ahrendt-Schulte, Hexenprozesse, S. 208
4 Im Internet ist der gesamte Text der Carolina nachzulesen und auszudrucken unter www.zpr.uni-koeln.de/~nix/hexen/d-texte.htm (mit kleinen Schreibfehlern).
5 wie Anm. 5, Internet, Textausdruck, S. 47
6 vgl. Ahrendt-Schulte, Hexenprozesse, S. 199
7 ebd.
8 Dort heißt es, »man sol söliche straff gleich der ketzerei mit dem fewer thun«, zit. nach Ahrendt-Schulte, Hexenprozesse, S. 207
9 vgl. Ahrendt-Schulte, Hexenprozesse, S. 207f.; zur salvatorischen Klausel, das heißt, zur eingeschränkten (»subsidiären«) Gültigkeit, vgl. Rogge, S. 395
10 vgl. Ahrendt-Schulte, Hexenprozesse, S. 207
11 Die Literatur zu diesem Thema ist beachtlich, weitere Hinweise finden sich bei Ahrendt-Schulte, Hexenprozesse, S. 205; Schwerhoff, Köln, S. 109ff.; L. Ennen, S. 761; Irsigler/Lassotta, S. 165 und 250; Trusen, S. 215; Siebel S. 131ff. usw.
12 vgl. Schwerhoff, Köln, S. 111f.
13 vgl. Trusen, S. 226
14 vgl. Irsigler/Lassotta, S. 253
15 vgl. ebd., S. 252
16 vgl. Siebel, S. 47
17 Kölner Hexenverhöre, S. 110
18 von Hehl, S. 245
19 vgl. Cautio, S. 9ff. und S. 72ff.
20 Ausnahmeverbrechen, bei dem gesetzliche Verordnungen außer Kraft gesetzt wurden, z.B. das Verbot der mehrmaligen Folter
21 vgl. Blühende, S. 53
22 vgl. Becker, Hexenverfolgung, S. 110
23 ebd., S. 112 und S. 132, Anm. 69
24 vgl. Dinzelbacher, S. 296 mit Verweis auf den »Malleus«, III, 96
25 vgl. Siebel, S. 43; Pauls, S. 193. Kirchenrechtlich gab es schon länger keine Gottesurteile mehr, vgl. Trusen, S. 204
26 vgl. Siebel, S. 128f., und Schormann, Krieg, S. 36; vgl. Ahrendt-Schulte, Hexenprozesse, S. 207 und 211
27 zit. nach Schormann, Krieg, S. 37; die 13 Punkte sind aufgeführt bei Schormann, Krieg, S. 36f., und Becker, Hexenverfolgung, S. 107
28 vgl. Becker, Hexenprozesse, S. 117
29 vgl. Schwerhoff, Köln, S. 123ff., und Siebel, S. 34
30 zit. nach Herrnstadt, S. 96
31 vgl. Exodus 22,17
32 vgl. Ahrendt-Schulte, Hexenprozesse, S. 208
33 vgl. Siebel, S. 83f.
34 vgl. Schwerhoff, Köln, S. 158
35 vgl. Hansen, Quellen, S. 586, zit. nach: Koelhoffsche Chronik
36 vgl. Irsigler/Lassotta, S. 237

Literaturverzeichnis

(Kursiv gefaßte Titel verweisen auf vollständige Einträge von Sammelbänden innerhalb des Alphabets.)

Ahrendt-Schulte, Ingrid: Hexenprozesse als Gegenstand historischer Frauenforschung. Der Fall Ilse Winter in Donop 1589. In: *Hexenverfolgung und Regionalgeschichte*. S. 199-210

Ahrendt-Schulte, Ingrid: Hexenprozesse als Spiegel von Alltagskonflikten. In: *Hexenverfolgung und Regionalgeschichte*. S. 347-358

Ahrendt-Schulte, Ingrid: Hexenprozesse. In: Frauen in der Geschichte des Rechts. Von der Frühen Neuzeit bis zur Gegenwart. München 1997. S. 199-220

Ahrendt-Schulte, Ingrid: Schadenzauber und Konflikte. Sozialgeschichte von Frauen im Spiegel der Hexenprozesse des 16. Jahrhunderts in der Grafschaft Lippe. In: *Der Hexenstreit*. S. 174-210

Ahrendt-Schulte, Ingrid: Weise Frauen – böse Weiber. Die Geschichte der Hexen in der Frühen Neuzeit. Freiburg 1994

Ahrendt-Schulte, Ingrid: Zauberinnen in der Stadt Horn (1554-1603). Magische Kultur und Hexenverfolgung in der Frühen Neuzeit. Frankfurt/New York 1997

Altink, Sietske: Huizen van illusies. Bordelen en prostitutie van Middeleeuwen tot heden. Utrecht 1983

Amman, Jost: Stände und Handwerker. Eigentliche Beschreibung aller Stände auf Erden, Frankfurt/Main 1568. Repr. München 1896

Amman, Jost: Das Ständebuch. Mit Reimen von Hans Sachs. Leipzig 1960

Amman, Jost [Bilder]: Der Römischen Catholischen Kirchen jemahls gewesene Ständ und Orden (Clerum totius rom. Ecclesiae). Frankfurt/Main 1666

Anderson, Bonnie S./Zinsser, Judith P.: Die eigene Geschichte. Frauen in Europa. Frühgeschichte bis 18. Jahrhundert. Frankfurt/Main 1995

Ariadne. Almanach des Archivs der deutschen Frauenbewegung. Heft 21, Mai 1992

Aries, Philipp: Geschichte des Todes. München 1980

Asen, Johannes: Die Beginen in Köln. In: Annalen des Historischen Vereins für den Niederrhein, 111 (1927), S. 81-180; 112 (1928), S. 71-148; 113 (1928), S. 13-96

Auf der Suche nach der Frau im Mittelalter. Fragen, Quellen, Antworten. Hrsg. von Bea Lundt. München 1991

Bab, Bettina/Regenbrecht, Katharina: Rheintöchter, Schifferinnen, Badenixen und Kindsmörderinnen. Kölner Frauenleben am Rhein. Köln 1999

Becker, Gabriele/Bovenschen, Silvia/Brackert, Helmut u.a.: Aus der Zeit der Verzweiflung. Zur Genese und Aktualität des Hexenbildes. Frankfurt 1977

Becker, Hans-Michel: Köln contra Köln. Von den wechselvollen Beziehungen der Stadt zu ihren Erzbischöfen und Kurfürsten. Köln 1992

Becker, Thomas Paul: Hexenverfolgung im Erzstift Köln. In: *Hexenverfolgung im Rheinland*. S. 89-136

Becker, Thomas Paul: Hexenwahn: Der Abschiedsbrief der Katharina Henot, 16. März 1927. In: *Quellen zur Geschichte der Stadt Köln*. S. 220-226

Becker, Thomas Paul: Internetseite: »Es ist allhie gar ein kaltes Volk.« Gegenreformation und katholische Reform unter Ferdinand von Wittelsbach, Erzbischof und Kurfürst von Köln 1595-1650. http:\members.aol.com\tombeee\ferdinand.html

Becker, Thomas Paul: Internetseite: Katharina Henot, Opfer der Hexenverfolgung in der Stadt Köln. http:\members.aol.com\tombeee\hexverf\köln.html

Becker, Thomas Paul: Konfessionalisierung in Kurköln. Untersuchung zur Durchsetzung der katholischen Reform in den Dekanaten Ahrgau und Bonn anhand von Visitationsprotokollen 1583-1761. Bonn 1989

Behringer, Wolfgang: Köln als Kommunikationszentrum im späten 16. Jahrhundert. Die Anfänge des Kölner Post- und Zeitungswesens im Rahmen der frühneuzeitlichen Medienrevolution. In: Köln als Kommunikationszentrum. Studien zur frühneuzeitlichen Stadtgeschichte. Hrsg. von Georg Mölich/Gerd Schwerhoff. Köln 2000. S. 183-210

Behringer, Wolfgang: Neun Millionen Hexen. Entstehung, Tradition und Kritik eines populären Mythos. In: Geschichte in Wissenschaft und Unterricht. Jg. 49, 1998, S. 664-685

Bender-Wittmann, Ursula: Frauen und Hexen – feministische Perspektiven der Hexenforschung. In: *Hexenverfolgung und Frauengeschichte*. S. 11-32

Bernhardt, Markus: Gelehrte Mediziner des späten Mittelalters. Köln 1388-1520. Zugang und Studium. In: *Gelehrte im Reich*. S. 113-134

Berriot-Salvadore, Çvelyne: Der Medizinische und andere wissenschaftliche Diskurse. In: *Geschichte der Frauen*. Bd. 3. S. 367-407

Beschlüsse des Rates der Stadt Köln 1320-1550. Bd. 1 bearb. von Manfred Huiskes, Bd. 2-5 bearb. von Manfred Groten. Köln 1988

Biedermann, Hans: Hexen. Auf den Spuren eines Phänomens. Traditionen, Mythen, Fakten. Graz 1974

Birkelbach, Dagmar/Eifert, Christiane/Luecken, Sabine: Zur Entwicklung des Hebammenwesens vom 14. bis 16. Jahrhundert am Beispiel der Regensburger Hebammenordnungen. In: Beiträge zur feministischen Theorie und Praxis. Bd. 5: Frauengeschichte. München 1981. S. 83-98

Blöcker, Monika: Frauenzauber und Zauberfrauen. In: *Der Hexenstreit*. S. 99-146

Blühende Gelehrsamkeit. Eine Ausstellung zur Gründung des Studium generale der Dominikaner in Köln vor 750 Jahren. Text: Walter Senner. Hrsg. von den Freunden des Kölnischen Stadtmuseums e.V. und der Dominikanerprovinz Teutonia, Köln. Köln 1998

Bodewig, Herbert/Overath, Josef: Ausgewählte Quellen zur Kölner Diözesangeschichte. Siegburg 1980

Boesch, Hans: Kinderleben in der deutschen Vergangenheit. Jena 1924

Borger, Hugo/Zehnder, Frank Günter: Köln, die Stadt als Kunstwerk: Stadtansichten vom 15. bis 20. Jh. Köln 1982

Brackert, Helmut: Der »Hexenhammer« und die Verfolgung der Hexen in Deutschland. In: Philologie und Geisteswissenschaft. Demonstration literarischer Texte des Mittelalters. Hrsg. von Heinz Rupp. Heidelberg 1977

Brandl, Leopold: Die Sexualethik des heiligen Albertus Magnus. Eine moralgeschichtliche Untersuchung. Regensburg 1955

Brietzmann, Franz: Die böse Frau in der deutschen Literatur des Mittelalters. Berlin 1912. Repr. New York 1967

Briggs, Robbin: Die Hexenmacher. Geschichte der Hexenverfolgung in Europa und der Neuen Welt. Berlin 1998

Briggs, Robin: Witches and Neighbours. The Social an Cultural Context of European Witchcraft. London 1996

Burghartz, Susanne: Hexenverfolgungen als Frauenverfolgung? Zur Gleichsetzung von Hexen und Frauen am Beispiel der Luzerner und Lausanner Hexenprozesse des 15. und 16. Jahrhunderts. In: *Der Hexenstreit*. S. 147-173

Bußmann, Magdalena: Die Frau – Gehilfin des Mannes oder eine Zufallserscheinung der Natur? Was die Theologen Augustinus und Thomas von Aquin über Frauen gedacht haben. In: *Auf der Suche nach der Frau im Mittelalter*. S. 117-133

Chaix, Gérald: Köln zwischen Reformation und Gegenreformation. In: *Chronik Köln*. S. 151/2

Chronik Köln. Hrsg. von Carl Dietmar. Gütersloh/München 1991

Daly, Mary: Gynökologie, eine Meta-Ethik des radikalen Feminismus. München 1981

Dankert, Werner: Unehrliche Leute. Die verfemten Berufe. Bern, München 1963

Das Ende der Hexenverfolgung. Hrsg. von Sönke Lorenz und Dieter R. Bauer. Stuttgart 1995

Das Kostüm. Eine Geschichte der Mode. Hrsg. von James Laver. München o.J.

Davidson, Jane P.: Hexen in der nordeuropäischen Kunst, 1470-1750. Freren 1988

Decker, Rainer: Die Haltung der römischen Inquisition gegenüber Hexenglauben und Exorzismus am Beispiel der Teufelsaustreibungen in Paderborn 1657. In: *Das Ende der Hexenverfolgung*. S. 97-115

Delumeau, Jean: Angst im Abendland. Reinbek 1985

Der Name der Freiheit 1288-1988. Aspekte Kölner Geschichte von Worringen bis heute. Handbuch zur Ausstellung des Kölnischen Stadtmuseums. Hrsg. von Werner Schäfke. Köln 1988

Die Chronik der Frauen. Hrsg. von Annette Kuhn. Dortmund 1992

Die ehemaligen Kirchen, Klöster Hospitäler und Schulbauten der Stadt Köln. Die Kunstdenkmäler der Stadt Köln. Ergänzungsband, bearb. von Ludwig Arntz. Düsseldorf 1937, Repr. Düsseldorf 1980

Dienst, Heide: Feindseligkeiten zwischen Frauen (Innsbruck 1485). In: Die ungeschriebene Geschichte. Historische Frauenforschung. Dokumentation des 5. Wiener Historikerinnentreffens. Wien 1984. S. 208-213

Dietmar, Carl: Kölner Mythen oder wie Legenden entstehen. Köln 1999

Dinzelbacher, Peter: Heilige oder Hexen. In: Mittelalterliche Frauenmystik. Paderborn u.a. 1993. S. 285-303

Dinzelbacher, Peter: Die Realität des Teufels im Mittelalter. In: *Der Hexenhammer*. S. 151-175

Duden, Barbara: Geschichte unter der Haut. Ein Eisenacher Arzt und seine Patientinnen um 1730. Stuttgart 1987

Endres, Rudolf: Heinrich Institoris, sein Hexenhammer und der Nürnberger Rat. In: *Der Hexenhammer*. S. 195-216

Ennen, Leonard: Geschichte der Stadt Köln. Bd. V. Düsseldorf 1880

Ennen, Edith: Zauberinnen und fromme Frauen – Ketzerinnen und Hexen. In: *Der Hexenhammer*. S. 7-21

Feustel, Gotthard: Käufliche Lust. Leipzig 1993

Fischer-Homberger, Esther: Krankheit Frau. Zur Geschichte der Einbildungen. Darmstadt 1884

Flügge, Sibylla: Rechtsgeschichte aus Frauensicht – was erzählen Hebammenordnungen der Frühen Neuzeit? In: Ringvorlesung Universität Köln SS 98. Hrsg. von der Frauenbeauftragten der Universität zu Köln. Köln 1998. S. 31-38

Frank, Isnard: Femina est mas occasionatus – Deutung und Folgerungen bei Thomas von Aquin. In: *Der Hexenhammer*. S. 71-102

Franken, Irene: »Was aber bleibt von den Spuren unseres Namens«. Eine Rede zum Gedenken an Anna Maria van Schürmann (1607-1678). In: *Köln der Frauen*. S. 241-254

Fuchs, Eduard: Die Frau in der Karikatur. Sozialgeschichte der Frau. München 1928. Repr. Frankfurt/Main 1973

Fuchs, Peter: Köln – 2000 Jahre : Die Bildchronik. Köln 1997

Gelehrte im Reich. Zur Sozial- und Wirkungsgeschichte akademischer Eliten des 14. bis 16. Jahrhunderts. Zeitschrift für historische Forschung. Beiheft 18. Berlin 1996

Geschichte der Frauen. Hrsg. von Georges Duby und Michelle Perrot. Bd. 2: Mittelalter. Hrsg. von Christiane Klapisch-Zuber. Frankfurt/Main 1997

Geschichte der Frauen. Hrsg. von Georges Duby und Michelle Perrot. Bd. 3: Frühe Neuzeit. Hrsg. von Arlette Farge und Natalie Zemon Davis. Frankfurt/Main 1997

Geschichte der Hexenverfolgung ist von Vorurteilen geprägt. In: Kirchenzeitung Köln vom 9.Juni 2000. Nr. 23 S. 14

Geschichte der Mädchen- und Frauenbildung. Hrsg. von Elke Kleinau und Claudia Opitz, Bd. 1: Vom Mittelalter bis zur Aufklärung. Frankfurt/New York 1996

Ginzburg, Carlo: Der Inquisitor als Anthropologe. In: Geschichte schreiben in der Postmoderne. Beiträge zur aktuellen Diskussion. Hrsg. von Christoph Conrad und Martina Kessel. Stuttgart 1994. S. 203-218

Goller, Engelbert: Jakob Henot (gestorben 1625) – Postmeister von Köln. Ein Beitrag zur Geschichte der sogenannten Postreformation um die Wende des XVI. Jahrhunderts. Bonn 1910

Göpel, Marie Lise: Frauenalltag durch die Jahrhunderte. Ein Bilder-Lesebuch mit Bildern aus dem Archiv für Kunst und Geschichte. Ismaning 1986

Grimm, Jacob/Grimm, Wilhelm: Deutsches Wörterbuch. Leipzig 1877. Repr. München 1984

Habiger-Tuczay, Christa: Magie und Magier im Mittelalter. München 1992

Handwörterbuch des deutschen Aberglaubens (HDA). Hrsg. von E. Hoffmann-Krayer u.a. 10 Bde. und Register. Berlin, Leipzig 1927-1942

Hansen, Joseph: Der Malleus Maleficarum, seine Druckausgaben und die gefälschte Kölner Approbation vom Jahre 1487. In: Westdeutsche Zeitschrift für Geschichte und Kunst. Bd. 17. Trier 1898. S. 119-168

Hansen, Joseph: Quellen und Untersuchungen zur Geschichte des Hexenwahns und der großen Hexenverfolgungen im Mittelalter. Bonn 1901

Hansen, Joseph: Zauberwahn, Inquisition und Hexenprozeß im Mittelalter und die Entstehung der großen Hexenverfolgung. München/Leipzig 1900

Harmening, Dieter: Hexenbilder des späten Mittelalters – Kombinatorische Topik und ethnographischer Befund. In: *Der Hexenhammer*. S. 177-194
Hauschild, Thomas/Staschen, Heidi/Troschke, Hexen. Katalog zur Ausstellung. Hamburg 1979
Haustein, Jörg: Bibelauslegung und Bibelkritik. Ansätze zur Überwindung der Hexenverfolgung. In: *Das Ende der Hexenverfolgung*. S. 249-267
Hehl, Ulrich von: Die Hexenprozesse der frühen Neuzeit. Rheinische Aspekte eines europäischen Phänomens. In: Festgabe Heinz Hürten zum 60. Geburtstag. Hrsg. von Harald Dickerhof. Frankfurt/Main u.a. 1988. S. 243-264
Heinemann, Evelyn: Hexen und Hexenangst. Eine psychoanalytische Studie des Hexenwahns der frühen Neuzeit. Göttingen 1998
Heinsohn, Gunnar/Steiger, Otto: Die Vernichtung der weisen Frauen. Hexenverfolgung, Kinderwelten, Menschenproduktion, Bevölkerungswissenschaft. München 1985
Caesarius <Heisterbacensis>: Von Geheimnissen und Wundern des Caesarius von Heisterbach. Ein Lesebuch von Helmut Herles. Bonn 1992
Henningsen, Gustav: Das Ende der Hexenprozesse und die Fortsetzung der populären Hexenverfolgung. In: *Das Ende der Hexenverfolgung*. S. 315-328
Hentig, Hans von: Die Strafe. Bd. 1. Berlin u.a. 1954
Heppekausen, Ulf: Die Kölner Statuten von 1437. Ursachen, Ausgestaltung, Wirkungen. In: Geschichte in Köln. H. 45, 1999. S. 5-13
Herborn, Wolfgang: Die politische Führungsschicht der Stadt Köln im Spätmittelalter. Bonn 1977
Hering, Sabine/Maierhof, Gudrun: Die unpäßliche Frau. Sozialgeschichte der Menstruation und Hygiene 1860-1985. Pfaffenweiler 1991
Herrnstadt, Rudolf: Die Entdeckung der Klassen. Die Geschichte des Begriffs Klasse von den Anfängen bis zum Vorabend der Pariser Julirevolution 1830. Berlin (Ost) 1965
Hexen und Hexenprozesse. Hrsg. von Wolfgang Behringer. München 1988
Hexen und Hexenverfolgung im deutschen Südwesten. Aufsatzband zur Ausstellung des Badischen Landesmuseums 1994. Ostfildern 1994
Der Hexenhammer. Entstehung und Umfeld des Malleus maleficarum von 1487. Hrsg. von Peter Segl. Köln, Wien 1988
Hexenprotokoll s. Kölner Hexenverhöre des 17. Jahrhunderts
Der Hexenstreit. Frauen in der frühneuzeitlichen Hexenverfolgung. Hrsg. von Claudia Opitz. Freiburg/Basel/Wien 1995
Hexenverfolgung und Frauengeschichte. Beiträge aus der kommunalen Kulturarbeit. Hrsg. von Regina Pramann. Bielefeld 1993
Hexenverfolgung im Rheinland. Ergebnisse neuerer Lokal- und Regionalstudien. Dokumentation einer Studienkonferenz in Zusammenarbeit mit dem Landschaftsverband Rheinland/Kulturabteilung. Bergisch Gladbach 1996
Hexenverfolgung und Frauengeschichte. Beiträge zur kommunalen Kulturarbeit. Hrsg. von Regina Pramann. Bielefeld 1993
Hexenverfolgung und Regionalgeschichte. Die Grafschaft Lippe im Vergleich. Hrsg. von Gisela Wilbertz/Gerd Schwerhoff und Jürgen Scheeler. Bielefeld 1994
Hexenwahn – Hexenverfolgung. Zeugnisse aus der Stadtbibliothek

und dem Stadtarchiv Nürnberg 1987. Nürnberg 1987

Hexenwelten. Magie und Imagination vom 16. bis zum 20. Jahrhundert. Hrsg. von Richard von Dülmen. Frankfurt/Main 1993

Himmlers Hexenkartothek. Das Interesse des Nationalsozialismus an der Hexenverfolgung. Hrsg. von Sönke Lorenz u.a. 2. Auflage. Bielefeld 2000

Hoerner, Ina: »Ich war stolz als Kind auf diese Ahnin...« Die Nachfahrinnen der ›Hexe von Köln‹. In: *Köln der Frauen*. S. 223-230

Hört Ihr die Kinder weinen. Hrsg. von Lloyd de Mause. Frankfurt 1980

Howell, Martha C.: Women, Production, and Patriarchy in late Medieaval Cities. Chicago 1986

Hufnagel, A.: Die Bewertung der Frau bei Thomas von Aquin. In: Theologische Quartalsschrift 156, 1976. S. 133-147

Hufschmidt, Katrin: »... das liederliche und müßige Leben abzustellen.« Vom Spinnhaus zum ›modernen‹ Frauengefängnis. In: *Köln der Frauen*. S. 185-192

Hufton, Olwen: The Prospect before Her. A History of Women in Western Europe 1500-1800. New York 1995

Institoris, Heinrich (alias Kramer): Malleus Maleficarum. Unter Mithilfe Jakob Sprengers aufgrund der dämologischen Tradition zusammengestellt. Wiedergabe des Erstdrucks von 1487 (Hain 9238). Hrsg. von André Schnyder. Göppingen 1991

Irsigler, Franz/Lassotta, Arnold: Bettler und Gaukler, Dirnen und Henker. Randgruppen und Außenseiter in Köln 1300-1600. Köln 1984

Jelsma, Auke J.: Heilige und Hexen. Die Stellung der Frau im Christentum. Konstanz 1977

Johag, Helga: Die Beziehung zwischen Klerus und Bürgerschaft in Köln zwischen 1250 und 1350. Bonn 1977

Jütte, Robert: Ärzte, Heiler und Patienten. Medizinischer Alltag in der frühen Neuzeit. München 1991

Kammeier-Nebel, Andrea: Frauenbildung im Kaufmannsmilieu spätmittelalterlicher Städte. In: *Geschichte der Mädchen- und Frauenbildung*. S. 78-90

Kammeier-Nebel, Andrea: Sophia Korth – Ein Frauenleben zwischen Blaubach und Bürgerstraße im 16. Jahrhundert. Das Buch Weinsberg als frauengeschichtliche Quelle. In: *Köln der Frauen*. S. 121-130

Ketsch, Peter: Frauen im Mittelalter. Quellen und Materialien. Bd. 1: Frauenarbeit im Mittelalter. Düsseldorf 1983

Keussen, Hermann: Topographie der Stadt Köln im Mittelalter. Bd. 1. Bonn 1910/1918 Repr. 1986

Klein, Adolf: Vom Praetorium zum Paragraphenhochhaus – Ein Blick auf 2000 Jahre Kölner Justizgeschichte. Hrsg. zum 75. Jahrestag der Einweihung des Justizgebäudes am Reichensperger Platz. Köln 1986

Klersch, Joseph: Volkstum und Volksleben in Köln. Ein Beitrag zur historischen Soziologie der Stadt. Bd. 2. Köln 1967

Klose, Hans-Christian: Die angebliche Mitarbeit des Dominikaners Jakob Sprenger am Hexenhammer nach einem alten Abdinghofer Brief. In: Paderbornensis Ecclesia. Beiträge zur Geschichte des Erzbistums Paderborn. Festschrift für Lorenz Kardinal Jaeger. München/Paderborn/Wien 1972. S. 197-205

Kokula, Ilse: Weibliche Homosexualität um 1900 in zeitgenössischen Dokumenten. München 1981

Köln: Der Ratsturm. Seine Geschichte und sein Figurenprogramm. Hrsg. von Hiltrud Kier/Bernd Ernsting und Ulrich Krings. Köln 1996

Köln der Frauen. Ein Stadtwanderungs- und Lesebuch. Hrsg. von Irene Franken und Christiane Kling-Mathey. Köln 1992

Kölner Hexenverhöre des 17. Jahrhunderts. Bearbeitet von Jürgen Macha und Wolfgang Herborn. Köln 1992

Kruse, Britta-Juliane: »das ain fraw snell genes« – Frauenmedizin im Spätmittelalter. In: *Lustgarten und Dämonenpein*. S. 130-153

Labouvie, Eva: Männer im Hexenprozeß. Zur Sozialanthropologie eines ›männlichen‹ Verständnisses von Hexerei. In: *Der Hexenstreit*. S. 211-245

Lange, Thomas: Hexenverfolgung im Unterricht. Ein regionalgeschichtliches Thema im Wandel von kulturgeschichtlicher Aufklärung zum ethnologischen Lernen. In: Geschichte in Wissenschaft und Unterricht. Jg. 46, 1995. S. 402-420

Larner, Christina: Witchcraft and Religion. The Politics of Poplar Belief. London 1987

Löher, Hermann: Wehmütige Klage der frommen Unschuldigen. Ein Schöffe kritisiert die Hexenjagd. Amsterdam 1676. Repr. Aachen 1997

Lustgarten und Dämonenpein: Konzepte von Weiblichkeit in Mittelalter und früher Neuzeit. Hrsg. von Annette Kuhn und Bea Lundt. Dortmund 1997

Möbius, Helga: Die Frau im Barock. Stuttgart u.a. 1982

Möhring, Hannes: Diskussionsbericht. In: *Der Hexenhammer*. S. 241-252

Mölich, Georg: Hexenverfolgung im Rheinland. Einleitung. In: *Hexenverfolgung im Rheinland*. S. 9-11

Monter, E.William: The Pedestal and the Stake: Courtly Love and Witchcraft. In: Becoming Visible. Women in European History. Hrsg. von Renate Bridenthal und Claudia Koonz, Boston 1977. S. 119-136

Müller, Daniela: »So angeln sie sich die Weiber und fangen sie in ihren Irrtum ein.« Katharerinnen im Rheinland. In: *Lustgarten und Dämonenpein*. S. 263-282

Müller, Daniela: Beginenmystik als ketzerische Frauentheologie? In: *Auf der Suche nach der Frau im Mittelalter*. S. 213-232

Müller, Daniela: Ketzervorwürfe und Beginenbewegung. In: *»Zahlreich wie die Sterne des Himmels«*. S. 107-122

Müller, Michael: Die Lehre des heiligen Augustinus von der Paradiesehe und ihre Auswirkung auf die Sexualethik des 12. und 13. Jahrhunderts bis zu Thomas von Aquin. Regensburg 1954

Norberg, Kathryn: Prostitution. In: *Geschichte der Frauen*. Bd. 3. S. 475-492

Nyssen, Friedhelm: Lieben Eltern ihre Kinder? Quellendiskussion zur Geschichte der Kindheit. Frankfurt/Main 1989

Oestmann, Peter: Hexenprozesse am Reichskammergericht. Köln/Weimar/Wien 1997

Oorschot, van Theo G. M.: Ihrer Zeit voraus. Das Ende der Hexenverfolgung in der Cautio Criminalis. In: *Das Ende der Hexenverfolgung*. S. 1-17

Opitz, Claudia: Evatöchter und Bräute Christi. Weiblicher Lebenszusammenhang und Frauenkultur im Mittelalter. Weinheim 1990

Opitz, Claudia: Frauenalltag im Spätmittelalter (1250-1500). In: *Geschichte der Frauen*. Bd. 2. S. 283-339

Opitz, Claudia: Hexenverfolgung als Frauenverfolgung? Versuch einer vorläufigen Bilanz. In: *Der Hexenstreit*. S. 246-270

Pauls, Emil: Zauberwesen und Hexenwahn am Niederrhein. In: Beiträge zur Geschichte des Niederrheins. Jahrbuch des Düsseldorfer Geschichtsvereins Bd. 13. Düsseldorf 1898. S. 134-232

Paulus, Nikolaus: Die Rolle der Frau in der Geschichte des Hexenwahns. In: Historisches Jahrbuch der Görres-Gesellschaft. Bd. 29, 1908. S. 72-95

Piendl, Max: Thurn und Taxis 1517-1867. Archiv für deutsche Postgeschichte, Heft 1/1967. Frankfurt/Bonn [1967]

Pitz, Ernst: Diplomatische Studien zu den päpstlichen Erlassen über das Zauber- und Hexenwesen. In: *Der Hexenhammer*. S. 23-70

Pohl, Herbert: Zauberglaube und Hexenangst im Kurfürstentum Mainz. Ein Beitrag zur Hexenfrage im 16. und beginnenden 17. Jahrhundert. Stuttgart 1998

Pracht, Hans-Peter: Täntze, Todt und Teuffel. Die grausame Spur der Hexenverfolgung in der Eifel. Aachen 1991

Prüll, Cay-Ruediger: Die ›Karriere‹ der Heilkundigen an der Kölner Universität zwischen 1389 und 1520. In: Gelehrte im Reich. S. 135-158

Quellen zur Geschichte der Stadt Köln. Hrsg. von Joachim Deeters und Johannes Helmrath. Bd. 2: Spätes Mittelalter und frühe Neuzeit (1396-1794). Köln 1996

Rehm, Gerhard: Beginen am Niederrhein. In: *»Zahlreich wie die Sterne des Himmels«*. S. 57-84

Rheinische Justiz. Hrsg. von Dieter Laum und Adolf Klein . Köln 1994

Riedl, Gerda: Der Hexerei verdächtig. Das Inquisitions- und Revisionsverfahren der Penzliner Bürgerin Benigna Schultzen. Göttingen 1998

Roeck, Bernd: Säkularisierung als Desensibilisierung. Der Hexenwahn aus der Perspektive der Sensibilitätsgeschichte. In: *Das Ende der Hexenverfolgung*. S. 169-182

Rogge, Roswitha: Hexenverfolgung in Hamburg? Schadenzauber im Alltag und in der Justiz. In: Geschichte in Wissenschaft und Unterricht. Jg. 46, 1995. S. 381-399

Ruhrberg, Christine: Verkörperte Theologie. Zum ›Leben‹ der Christina von Stommeln. In: *Lustgarten und Dämonenpein*. S. 240-262

Sallmann, Jean-Michel: Hexen. In: Geschichte der Frauen. Bd. 3, S. 461-474

Schade, Sigrid: Schaden(s)zauber und die Magie des Körpers. Hexenbilder der Frühen Neuzeit. Worms 1983

Schama, Simon: Overvloed en Onbehagen. De Nederlandse cultuur in de Gouden Eeuw. Amsterdam 1988

Schilling, Wolfgang: New Tractat von verführter Kinder Zauberei. Köln 1629

Schirmer, Eva: Mystik und Minne. Frauen im Mittelalter. Berlin 1984

Schmidt, Alfred: Die Kölner Apotheken von der ältesten Zeit bis zum Ende der reichsstädtischen Verfassung. Bonn 1918

Schmitz, Wolfgang: Der Buchdruck. In: 450 Jahre Kölner Reformationsversuch. Zwischen Reform und Reformation. Hrsg. von Hans-Georg Link/Hermann Deeters/Theodor Schlüter. Ausstellungskatalog Historisches Archiv der Stadt Köln. Alfter b. Bonn 1993. S. 80-82

Schnyder, André: Malleus Maleficarum. Von Heinrich Institoris (alias Kramer) unter Mithilfe Jakob Sprengers aufgrund der dämologischen Tradition zusammmengestellt. Kommentar zur Wiedergabe des Erstdrucks

von 1487 (Hain 9238). Göppingen 1993.
Schnyder, André: Der ›Malleus maleficarum‹: Unvorgreifliche Überlegungen und Beobachtungen zum Problem der Textformen. In: *Der Hexenhammer*. S. 127-149
Schormann, Gerhard: Ein Abwehrversuch gegen Hexenprozesse in Jülich-Berg. In: *Hexenverfolgung im Rheinland*. S. 134-147
Schormann, Gerhard: Freiheit des Geistes. Geistesfreiheit in Köln? Katholische Reform, Gegenreformation, Hexenprozesse. In: *Der Name der Freiheit*. S. 367-377
Schormann, Gerhard: Der Krieg gegen die Hexen. Das Ausrottungsprogramm des Kurfürsten von Köln. Göttingen 1991
Schormann, Gerhard: Hexenprozesse in Deutschland. Göttingen 1986
Schulte, Regina: Bevor das Gerede zum Tratsch wurde. In: Frauengeschichte – Geschlechtergeschichte. Hrsg. von Karin Hausen und Heide Wunder. Frankfurt /Main, New York 1992. S. 67-73
Schwerhoff, Gerd: Geschlechtsspezifische Kriminalität im frühneuzeitlichen Köln. In: Von Huren und Rabenmüttern: Weibliche Kriminalität in der frühen Neuzeit. Hrsg. von Otto Ulbricht. Köln 1995
Schwerhoff, Gerd: Hexenverfolgung in einer frühneuzeitlichen Großstadt: Das Beispiel der Reichsstadt Köln. In: *Hexenverfolgung im Rheinland*. S. 13-56
Schwerhoff, Gerd: Hexerei, Geschlecht und Regionalgeschichte. Überlegungen zur Erklärung des scheinbar Selbstverständlichen. In: *Hexenverfolgung und Regionalgeschichte*. S. 325-353
Schwerhoff, Gerd: Köln im Kreuzverhör, Kriminalität, Herrschaft und Gesellschaft in einer frühneuzeitlichen Stadt. Bonn/Berlin 1991
Schwerhoff, Gerd: Rationalität im Wahn. Zum gelehrten Diskurs über die Hexen in der frühen Neuzeit. In: Saeculum 37, 1986. S. 45-82
Schwerhoff, Gerd: Vom Alltagsverdacht zur Massenverfolgung. Neuere deutsche Forschungen zum frühneuzeitlichen Hexenwesen. In: Geschichte in Wissenschaft und Unterricht. Jg. 46, 1995. S. 359-380
Schwering, Max-Leo: Handwerk in Köln. Köln 1984
Schwert in Frauenhand. Weibliche Bewaffnung. Hrsg. von Gabriele Frohnhaus/Barbara Grotkamp-Schepers und Renate Philipp anläßlich der Ausstellung im Deutschen Klingenmuseum Solingen. Essen 1998
Segl, Peter: Heinrich Institoris. Persönlichkeit und literarisches Werk. In: *Der Hexenhammer*. S. 103-126
Segl, Peter: Einführung in das Tagungsthema. In: *Der Hexenhammer*. S. 1-6
Shahar, Shulamith: Die Frau im Mittelalter. Frankfurt/Main 1983
Siebel, Friedrich Wilhelm: Die Hexenverfolgung in Köln. Diss. jur. Bonn 1959
Siefener, Michael: Zur Rechtspraxis der Hexenverfolgung in Deutschland. In: Geschichte in Köln. H. 2, 1987. S. 43-73
Sigleur, Johannes/Engelbrecht, Ernst: Die Hexe von Köln. Leben und Tod der Katherine von Henoth. Ein Tatsachenbericht aus den Tagen der Hexenbrände. In: Kölnische Illustrierte Zeitung 1936 Nr. 26, S. 824-825, 834-837, Nr. 27, S. 876-878, Nr. 28, S. 900-901, 903, 905, Nr. 29, S. 942-945, Nr. 30, S. 974-977, Nr. 31, S. 1000-1003, Nr. 32, S. 1046-1050

Signon, Helmut: Köln macht Geschichte. Geschichte und Geschichten aus zwei Jahrtausenden am Rhein. Frankfurt/Main 1977

Soldan-Heppe: Geschichte der Hexenprozesse. 2 Bde, München 1912. Neudruck Darmstadt 1972

Sonnet, Martine: Mädchenerziehung. In: *Geschichte der Frauen*. S. 119-150

Spee, Friedrich von: Cautio criminalis. Dt. von Josef Ritter. Darmstadt 1967

Sprenger, Jacob/Institoris, Heinrich: Der Hexenhammer (Malleus Maleficarum). Aus dem Lat. übertragen von J. W. R. Schmidt. Berlin 1906. Repr. München 1982

Steidinger, Susanne: Hexenverfolgung in der frühen Neuzeit. In: Frauen in der Geschichte VIII. Zwischen Muttergottheiten und Männlichkeitswahn. Frauengeschichtliche Unterrichtsmodelle für die Sekundarstufe I. Hrsg. von Bodo von Borries/Annette Kuhn. Düsseldorf 1986. S. 81-152

Stein, Claudia: Sozialhistorische Aspekte der städtischen Prostitution in der Frühen Neuzeit am Beispiel Kölns. In: Rheinisches Jahrbuch für Volkskunde. Hrsg. von H.L. Cox. Bd. 31, 1995/6. S. 7-72

Stelzmann, Arnold: Illustrierte Geschichte der Stadt Köln. Köln 1976.

Stollberg-Rilinger, Barbara: »Das Weib nimmt eine Art Gipfel im Guten und Bösen ein.« Marienverehrung und Hexenentwurf bei dem Kölner Dominikaner Jakob Sprenger. In: *Köln der Frauen*. S. 87-98

Stremmel, Jochen: Malleus maleficarum. In: *Der Name der Freiheit*. S. 378-379

Stremmel, Jochen: Cautio criminalis. In: *Der Name der Freiheit*. S. 379-380

Studien zur Sozialgeschichte eines kulturellen Deutungsmusters. Hrsg. von Claudia Honegger, Frankfurt/Main 1978

Thomas, Keith: Religion and the decline of magic, London 1971

Treusch-Dieter, Gerburg: Wie den Frauen der Faden aus der Hand genommen wurde. Die Spindel der Notwendigkeit. Berlin o.J. [1983]

Trusen, Winfried: Rechtliche Grundlagen der Hexenprozesse und ihrer Beendigung. In: *Das Ende der Hexenverfolgung*. S. 203-226

Ulbrich, Claudia: Frauen- und Geschlechtergeschichte. Teil 1: Renaissance, Humanismus und Reformation. Literaturbericht. In: Geschichte in Wissenschaft und Unterricht. Bd. 45, 1994. S. 108-120

Van Nahl, Rudolf: Zauberglaube und Hexenwahn im Gebiet von Rhein und Maas. Spätmittelalterlicher Volksglaube im Werk Johan Weyers (1515-1588). Bonn 1983

Vom Recht im Rheinland. Katalog zu einer Ausstellung des Kölnischen Stadtmuseum. Köln 1969

Weinmann, Ute: Mittelalterliche Frauenbewegung – Ihre Beziehung zur Orthodoxie und Häresie. Pfaffenweiler 1990

Völker-Rasor, Anette: Bilderpaare – Paarbilder: Die Ehe in Autobiographien des 16. Jahrhunderts. Freiburg 1993

Wallraf-Richartz-Jahrbuch. Westdeutsches Jahrbuch für Kunstgeschichte. Bd. XXVI, Köln 1964

Walz, Rainer: Der Hexenwahn im Alltag. Der Umgang mit verdächtigen Frauen. In: Geschichte in Wissenschaft und Unterricht. Jg. 43, 1992. S. 157-168

Walz, Rainer: Hexenglaube und magische Kommunikation im Dorf der frühen Neuzeit. Die Verfolgungen in der Grafschaft Lippe. Paderborn 1993

Weber, Hartwig: »Von der verführten Kinder Zauberei«. Hexenprozesse gegen Kinder im alten Württemberg. Sigmaringen 1996
Weber, Hartwig: »Von der verführten Kinder Zauberei«. Hexenprozesse gegen Kinder im alten Württemberg. Sigmaringen 1996
Weinsberg, Hermann von: Kölner Denkwürdigkeiten aus dem 16. Jahrhundert. 5 Bde. Leipzig, Bonn 1886-1926

[Weinsberg, Hermann von:] Das Buch Weinsberg. Aus dem Leben eines Kölner Ratsherrn. Im Auftr. der Stadt Köln hrsg. von Johann Jakob Hässlin. München 1990 (zit. als von Weinsberg/ Hässlin)

Wensky, Margret: Die Stellung der Frau in der Stadtkölnischen Wirtschaft im Spätmittelalter. Köln, Wien 1980.

Wensky, Margret: Frauen in der Hansestadt Köln im 15. und 16. Jahrhundert. In: Frauen in der Ständegesellschaft: Leben und Arbeiten in der Stadt vom späten Mittelalter bis zur Neuzeit. Hrsg. von Barbara Vogel und Ulrike Weckel. Hamburg 1991. S. 49-68

Wiesner, Merry E.: Women and Gender in Early Modern Europe. Cambridge 1993.

Wisselinck, Erika: Hexen. Warum wir so wenig von ihrer Geschichte erfahren und was davon auch noch falsch ist. Analyse einer Verdrängung. München 1986

Wolf, Hans Jürgen: Geschichte der Hexenprozesse. Hamburg 1995

Wolf-Graaf, Anke: Die verborgene Geschichte der Frauenarbeit: Eine Bildchronik. Weinheim/Basel 1983

Wollschläger, Hermann Maria: Hansestadt Köln. Die Geschichte einer europäischen Handelsmetropole. Köln 1988

Wrede, Adam: Neuer kölnischer Sprachschatz, Köln o. J.

Wunder, Heide: »Er ist die Sonn', sie ist der Mond«. Frauen in der Frühen Neuzeit. München 1992.

Wunder, Heide: Friedrich von Spee und die verfolgten Frauen. In: Die politische Theologie Friedrich von Spees. Hrsg. von Doris Brockmann und Peter Eicher . München 1991. S. 117-131

Wunder, Heide: Überlegungen zum Wandel der Geschlechterbeziehungen im 15. und 16. Jh. aus sozialgeschichtlicher Sicht, in: Wandel der Geschlechterbeziehungen zu Beginn der Neuzeit, hrsg. von Heide Wunder und Christine Vanja. Frankfurt/Main 1991. S. 12-26

»Zahlreich wie die Sterne des Himmels«: Beginen am Niederrhein zwischen Mythos und Wirklichkeit, Dokumentation einer Studienkonferenz in Zusammenarbeit mit dem Landschaftsverband Rheinland/Referat Heimatpflege. Hrsg. von der Thomas Morus Akademie. Bergisch Gladbach 1992

Zeiller, Martin: Merians anmüthige Städte-Chronik: Köln 1642. In: Köln in alten und neuen Reisebeschreibungen. Hrsg. von Eka Donner. Düsseldorf 1990. S. 35-39

Zender, Matthias: Gestalt und Wand. Das Kölnische »Niederland« in Gestalt und Sonderart seines Volkslebens. In: Rheinische Vierteljahresblätter. Bd. 36, 1972. S. 249-280.

Zerlett, Rolf: Köln von den Römern bis heute. Historische Daten. Köln 1990

Zglinicki, Friedrich von: Geburt: Eine Kulturgeschichte in Bildern. Braunschweig 1983

Weitere interessante Internetseiten:

http://www.sfn.uni-muenchen.de/hexenverfolgung/ dito

Witchcraft in early modern Europe and America. First version compiled by Jeffrey Merrick, Univ. Wisc. Milwaukee, enlarged and amended by Richard M. Golden, Univ. of North Texas = http://www.hist.unt.edu/witch01.htm

Die Hexenprozesse von D. Nix: http://www.zpr.uni-koeln.de/%7Enix/hexen/

Material ist in folgenden Archiven zu finden:

Historisches Archiv der Stadt Köln

Hauptstaatsarchiv Düsseldorf

Heubes-Archiv im Stadtarchiv Düsseldorf

Historisches Archiv des Erzbistums Köln

Geheimes Staatsarchiv Preußischer Kulturbesitz. Abteilung Merseburg (Früher: Zentrales Staatsarchiv, Dienststelle Merseburg)

Abkürzungsverzeichnis

CCC	Constitutio Criminalis Carolina
HAStK	Historisches Archiv der Stadt Köln
HwG	Hohes weltliches Gericht
VuV	Bestand »Verwaltung und Verfassung« im HAStk

Bildnachweis

Zum Teil war es nicht möglich, die Herkunft der Abbildungen zu ermitteln. Wir bitten Fotografen und Archive, sich beim Verlag zu melden.

Altink, S. 102
(Jost) Amman's Stände und Handwerker, 1568 (Repr. 1896): S. 135 oben
Amman, Jost: Clerus totius rom. ... (... Ständ und Orden ...) Frankfurt/Main 1661, S. 46
Archiv der Autorinnen: S. 14, 53 unten, 75, 78, 131, 134 unten, 164 oben, 169 unten
Arens, S. 18 oben
Biedermann, S. 72, 85 rechts, S. 199 unten
Blühende, S. 89, 94
Georg Boenisch, Tatort Köln, Köln 1977, S. 199 oben
Boesch, S. 66
Borger: S. 8-9, 16, 24, 30, 165, 189
Clemen, Paul, Die ehemaligen Kirchen, Klöster, Hospitäler und Schulbauten der Stadt Köln, Die Kunstdenkmäler der Stadt Köln, Düsseldorf 1937, S. 44
Die Chronik der Frauen, Titel links
Ehlert: S. 65, 119, 155
Feustel: S. 113 rechts, S. 14 rechts, 137 unten
Fuchs, E. : S. 114 links, 115, 120, 122, 127 oben, 175 oben und unten
Fuchs, P.: S. 22, 32, 34
Gemäldegalerie Berlin: S. 18 unten
Germanisches Nationalmuseum, Nürnberg: S. 124
Geschichte der Frauen. Bd. 2: S. 136 oben
Göpel: S. 15, 33 oben, 125
Handwerk in Köln: S. 90, 113 links, 184
Helse en hemelse frowen: S. 76 Mitte und rechts
Heubes-Archiv, Düsseldorf: S. 42
Hexenwahn-Hexenverfolgung: S. 80, 110 oben
Historisches Archiv der Stadt Köln: S. 58 (Dokument KA 138), S. 179 (Dokument Hexenprotokoll G 187 Verhör Entgen Lenarts)
Irsigler/Lassotta: S. 52, S. 201, S. 202
Köln-Chronik: S. 23
Kölnisches Stadtmuseum, S. 167, 188
Kunstsammlungen der Veste Coburg: S. 166
Labouvie, Eva: Andere Umstände. Eine Kulturgeschichte der Geburt, Köln/Weimar/Wien 1998, S. 64, 144 unten
Löher: S. 54, 110 unten, 183, 219
Metropolitan Museum of Art, New York: S. 74
Möbius: S. 13, 53 oben, 134 oben
Museum der bildenden Künste, Budapest: S. 33 unten
Panofsky, Erwin, Das Lebe und die Kunst Albrecht Dürers, München 1977, S. 163
Pracht: S. 76, 87, 109, 180, 222 oben und unten
Privatsammlung, Niederlande: S. 177 (vgl. Helse en hemelse Vrouwen. Rijksmuseum Het Catahrijnenconvent. Utrecht 1987)
Rheinisches Bildarchiv: S. 35 unten, 40, 43, 45, 67, 105, 118, 203
Schade: Titel rechts, S. 83, 85 Mitte, 86, 97, 116, 176 oben
Sigleur/Engelbrecht: S. 107
Signon: S. 20, 43, 91, 181
Staatliche Kunstsammlung Dresden: S. 112 links
Staatliche Kunstsammlungen Kassel, Schloß Wilhelmshöhe: S. 62
Staatliche Museen Preußischer Kulturbesitz, Berlin, Gemäldegalerie: S. 129
Städelsches Kunstinstitut, Frankfurt/Main: S. 112 rechts
Steidinger: S. 63, 82, 138
Tengler, Der neü Leyspiegel: S. 101, 161, 194
Universitätsbibliothek Köln: S. 95
Vom Recht im Rheinland: S. 180, 185
Weber: S. 68, 71, 158, 159
Wolf: S. 26, 27, 49, 85 links, 93, 117, 144, 170, 172, 174, 192, 203 unten, 225, 226
Wolf-Graaf: S. 36, 76, 135 unten, 146, 169 oben, 220
Wollschläger: S.19, 100
Zglinicki, S. 133, 136 unten, 137 oben und unten, 140 oben, 143, 148, 152, 164 unten, 173